在线商户商品信息呈现对
消费者购买意愿影响的研究

Research on the Impacts of Online
Commodity Information Presentation on
Consumers' Purchase Intention

喻　昕　著

Wuhan University Press
武汉大学出版社

图书在版编目（CIP）数据

在线商户商品信息呈现对消费者购买意愿影响的研究／喻昕著. — 武汉：武汉大学出版社，2019.12（2023.8 重印）

ISBN 978 - 7 - 307 - 21352 - 4

Ⅰ. 在… Ⅱ. 喻… Ⅲ. 商品信息 - 影响 - 网上购物 - 消费者行为论 - 研究 Ⅳ. F713.365.2

中国版本图书馆 CIP 数据核字（2019）第 286963 号

责任编辑：黄朝昉 牟 丹 责任校对：孟令玲 版式设计：天 韵

出版发行：**武汉大学出版社** （430072 武昌 珞珈山）

（电子邮箱：cbs22@ whu. edu. cn 网址：www. wdp. com. cn）

印刷：廊坊市海涛印刷有限公司

开本：710 × 1000 1/16 印张：15.5 字数：253 千字

版次：2019 年 12 月第 1 版 2023 年 8 月第 2 次印刷

ISBN 978 - 7 - 307 - 21352 - 4 定价：48.00 元

前　　言

　　互联网技术的飞速发展打破了传统信息传播的时空局限，彻底改变了以往信息传递的方式，网络购物平台已经发展成为在线商户与消费者互动沟通的重要渠道，成为商户商品销售、服务支持和联合创新的重要载体。在商户向消费者提供的所有有关商品和服务的信息中，消费者需要怎样的信息、消费者想通过怎样的形式获得信息，是在线商户通过商品信息管理满足消费者需求的重要环节。因此，在线商户希望通过网络购物平台对商品信息呈现进行合理规划，营造快乐和信任的网络购物环境和氛围，最终实现成功的商品营销。

　　然而，网络信息数量过于庞大，若消费者在浏览商品信息的过程中出现干扰信息，就可能对消费者的购买决策产生一定负向的影响，因此，在线商品信息呈现是否合理有效对商户和消费者而言都尤为重要。为了实现商品信息在网络购物平台中的合理展示，到底应该向消费者呈现哪些商品信息？如何才能促使消费者最终达成购买意愿？目前，在线商户还未形成一套完善且行之有效的管理办法。在学术领域，学者们已经认识到商户商品信息呈现是影响消费者行为意愿的重要因素。但是，现有研究仍存在相关理论零散、系统研究框架不完善、实证检验匮乏等缺陷和不足。

　　为了给在线商户商品信息管理提供实践对策，弥补理论研究缺失，本书首先介绍了此次研究的目的、安排了详细研究的内容、设计了规范研究的方法；其次，对传播学、心理学和管理科学相关理论及文献研究进行了梳理、归纳和总结，厘清了在线商户商品信息呈现对消费者购买意愿影响因素研究的脉络，确定了本研究的思路和方法；再次，明确了在线商户商品信息呈现、消费者在线购物体验、消费者在线购买意愿的内涵和维度，构建了在线商户商品信息呈现对消费者购买意愿影响的理论模型框架，并对理论模型中各个变量提出了关系假设；最后，进行了量表开发、数据采集、数据分析和实证检验，并提出了管理启示和营销策略。在研究方法方面，采用二手资料分析、一手数据收集、逻辑推理、比较分析、定性调研和定量分析等方法，在注重理论方法科学灵活应用的同时，也充分考虑了基于消费者需求的在线商户商品信息管理的实践发展趋向，注重理论与实践相结合、定性和定量综合验证，来确保整个研究的完整性、科学性。本书主要包括以下几个部分：

第一，梳理了基础理论和研究文献。首先，对传播学和心理学的相关理论进行了整理和归纳，从丰富媒介理论、传播说服理论、社会临场感理论及"刺激－机体－反应"模型范式四个方面来奠定理论基础；其次，对现有研究中在线商户商品信息呈现、消费者在线购物体验和消费者在线购买意愿三个方面进行研究综述；最后，总结现有研究中的不足，为后续研究提供理论基础。

第二，建立了理论模型框架。基于理论基础和相关研究综述，明晰了在线商户商品信息呈现、消费者在线购物体验和消费者在线购买意愿的内涵和维度划分。借鉴"刺激－机体－反应"模型范式，构建了在线商户商品信息呈现对消费者购买意愿影响的理论模型，提出了22条关系假设。在线商户商品信息呈现形式的可视性和交互性，在线商户商品信息呈现内容的事实型信息、服务型信息、评价型信息和担保型信息对消费者的社会临场感产生刺激作用，而消费者的社会临场感会引起消费者的愉悦感和信任感，最终，消费者的愉悦感和信任感会促使消费者产生在线购买意愿。

第三，开发了相关变量测度量表。在各维度变量相关研究的基础上，参照被广泛认证的量表，依照规范量表开发的流程，开发出适合本研究的测量量表。通过小组讨论和两轮的问卷预测，运用信度分析、探索性因子分析和验证性因子分析的方法，将不合理的题项去除，并通过科学合理、由浅入深的问卷询问方式，对问卷进行了合理性设计，最终确定了具有较高信度和效度的调查问卷，为后续的实证研究检验提供了保证。

第四，验证了理论模型和关系假设。根据本研究设计的调查问卷，采集了数据，最终获得558份有效样本。首先使用结构方程模型和A-MOS软件对理论模型和关系假设进行了检验，然后使用SPSS软件进行中介效应检验，最终22条假设通过（但其中2条假设存在着部分中介效应的问题），并对关系假设检验结果进行了讨论。

第五，讨论了研究结果并提出了管理启示。在验证在线商户商品信息呈现对消费者购买意愿影响的理论模型之后，对研究结果进行讨论，并根据这些研究结果，为在线商户做好商品信息管理工作提供了管理实践启示。首先，在线商户要丰富商品信息呈现形式，应当将商品信息以多种媒介手段进行编辑，要求客服人员积极使用互动工具，网页设计方面也应方便消费者使用；其次，优化在线商品信息呈现内容，商品属性信息应一目了然，对商品的评价信息应公开透明，尽可能满足消费者对商品担保的需求，提供七天无条件退换等服务，为商品编辑小知识、小贴士，以增强消费者好感度；此外，提升消费者在线购物情感体验，商户应营造人性化的购物氛围，让消费者在浏览商品信息的过程中，有身临其境之感，加强消费者与商户商品之间的情感联结；最后，增强消费者社会临场感，商户在编辑商品信息时，要尽量设计新颖独特的信息，提升与消费者之间的信息沟通，体现客户关怀，提升客户关系管理的能力，帮助消费者营造温馨、可靠的购物环境，最终形成消费者的正向口碑宣传作用。

第六，总结了研究创新点和局限性。从理论方面总结了三个创新点：在线商户商品信息呈现的内涵和维度划分；依照以往文献中的量表开发范式，设计并检验在线商户商品信息呈现的量表，包括6个维度，20个测试题项；构建了在线商户商品信息呈现对消费者购买意愿影响的模型框架，并实证检验了在线商户商品信息呈现对消费者购买意愿的影响机理。最后，指出了本文的局限性。

目　　录

第1章 绪　　论

　　本章主要介绍本研究的背景，通过对国际国内研究成果现状的综述与分析，结合现有研究成果提出本研究的问题，阐述本研究的目的、意义与方法，最后说明研究的框架。

1.1　研究背景

1.1.1　研究的实践背景

　　互联网的普及给人们的生活带来了翻天覆地的变化。截至 2016 年 12 月，我国网民规模已达 7.31 亿人，2016 年全年新增网民数量为 4299 万人。在过去的 10 年中，人口增长率虽然已趋于平缓，人口红利逐渐减少，可是网民的增长规模与趋势不改，只是近几年才开始有趋于稳定的迹象出现，但是网民的上网总时间与人均时间均稳步提升。图 1.1 所示为近四年网民平均每周上网时长。同时通过中国互联网发展状况统计调查显示，网民人均互联网消费能力也正在逐步提升，无论是总消费量还是人均消费量都在稳步提升，在网购、O2O、网络娱乐等领域人均消费都有显著增长。

　　随着互联网技术的发展，网络购物亦得到迅猛发展。广大网民消费观念的转变，促使网络购物从萌芽，到逐渐壮大，再到与传统的线下购物并驾齐驱，直至今日已经成为年轻一代消费者采购的主流方式。电子支付越发安全、物流服务越发完善，网络零售业异军突起，网络购物得到了空前发展。艾瑞咨询《2017 年中国网民消费升级和内容升级洞察报告》中指出，购物渠道向线上转移，综合电商在零售商中的地位稳定，超过 75% 的网民通过综合电商平台购物，与过去五年相比，通过线下实体店购物的群体减少了 14.2%。分别有 56.5% 和 53% 的网民认

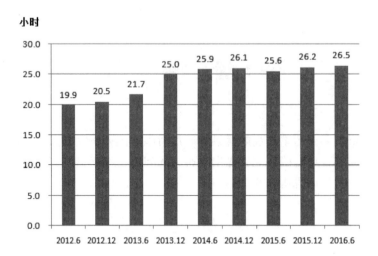

图 1.1　网民平均每周上网时长

来源：CNNIC 中国互联网发展状况统计调查 2016.6

为，与过去五年相比，他们消费时的行为变化（品类、金额、渠道等）主要是因为购物渠道更丰富、买东西更方便（如图 1.2 所示）。此外，还有 46.2% 的网民认为，他们消费时的行为变化主要与商品品类的日渐丰富有关。消费链条上各个环节的优化，改善了人们的购物体验，从而影响了人们的消费方式和消费理念。网民消费行为更加理性，更注重格调，同时敢于尝新。

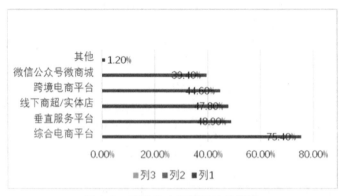

图 1.2　2017 年中国网民购物渠道

资料来源：艾瑞咨询《2017 年中国网民消费升级和内容升级洞察报告》

根据第 39 次中国互联网络发展报告的统计，截至 2016 年年底，我国的企业已经基本实现计算机应用的普及，77% 的企业通过互联网了解商品和服务的信息，73.3% 的企业会通过互联网发布信息和即时通信。报告还显示，全国有 45.6% 的企业会进行在线采购，并且有 38.7% 的企业会通过互联网来进行企业营销。

互联网的普遍应用改变了人们的社会联系方式，人们从传统的面对面的沟通方式转为在线社交，在线社交网络得以迅速发展。随着 Facebook、BBS、微博、微信等在线应用的普遍流行，人们将越来越多的精力投入社交网络，社交网络已经深入每个人的生活，在全球领域展现了其强大的魅力和远大的前景。传统互联网上的社交网站主要展现了人们与陌生人之间的社会关系，当前，4G 移动通信技术的发展和智能手机的应用促进了移动端社交网络的迅速普及，主要展现了人们日常生活中紧密的社会关系，成为当前人们沟通和获取信息的最主要渠道。

在消费升级的大潮下，商品种类愈加丰富，信息媒介越发多元化。艾瑞咨询的调查显示，2016 年我国电子商务市场交易规模已达 20.2 万亿元，比上一年度增长了 23.6%，网络购物占据其中的 23.3%，达 4.7 亿元的规模。2017 年网络购物已占社会零售消费品的 14.2%，成为推动市场发展的重要力量。网络购物对商品零售业发展的贡献越来越大，逐渐成为目前商品零售业的主流渠道。网民的物质条件逐步提升，对于内容导购，66.9% 的网民会根据自己的实际需求决定是否购买内容导购的推荐商品。

根据 2019 年初淘宝发布的《2018 淘宝数据报告》，2018 年活跃在淘宝的消费者超过 6 亿人，这意味着在全中国有近一半的人口在 2018 年使用了淘宝进行消费和购物。报告明确指出，90 后已经成为消费的主力，报告幽默地表示"80 后日渐佛系，90 后成为消费主力"，80 后已经成为淘宝消费的第二梯队。同时，使用淘宝的女性每天平均打开淘宝 10 次，而男性也有 7 次之多。周三成为淘宝成交量的峰值时段，是每个星期平均登录人数和完成购买人数最多的一天。70 后、80 后、90 后进入了消费迭代，与其年龄、中国的社会经济都有相关性。70 后用户还在买牛仔裤，80 后用户陆续组建家庭成为满巢期家庭开始购买童装，而 90 后则依然我行我素爽快的下单购买着口红和零食。

使用网购平台进行购物消费已经成为消费潮流的新趋势，这不仅体现在日益增长的使用网购平台购物的消费者的规模和使用率上，同时这也体现在消费者通过网购平台购买的商品及服务种类的日渐丰富上。单个消费者使用网购平台购买的商品及服务的类别越来越丰富，从人们日常生活所用的服装鞋帽、日用百货到数码电子产品、家用电器以及机票酒店预订、演出票电影票预订等日常生活的服务，甚至到珠宝配饰等奢侈饰品类商品，使用网购平台购买各种商品及服务类别的消费者分布的比例均存在显著增长态势。其中，消费者购买电影、演出票等生活服务类服务以及珠宝奢侈品类商品的增长率最高，甚至呈现翻倍增长态势。由此可以看出，消费者使用网购平台购买的商品及服务类别从价格较低廉的日用百货类、书籍音像制品类逐渐向价格较高的电脑、通讯数码产品及配件类、家用电器类、珠宝首饰类等品类扩散，并逐步从服装鞋帽类向食品/保健品类渗透。数据表明消费者使用网购平台购买商品及服务品类也在不断丰富和细化，逐渐向各种商品及服务品类全面发展，并逐步向全方位覆盖消费需求的方向发展，由网购平台中占有量较高的实用型商品类别如服装衣帽类和日用百货类逐渐向电影、演出票和餐饮美食服务类等享乐型商品及服务品类扩张。由此可见，网购平台已逐步渗透到日常生活的每一个角落，成为人们必不可少的必需品。

即时通讯、搜索引擎、在线购物、在线支付等各种网络服务已经渗透到人们生活的每个角落，越来越多的企业开始关注网络渠道营销推广活动，企业开始通过微信、微博、电子商务平台、品牌网站等方式进行企业知识宣传、产品推广和销售创新，试图通过在线宣传的方式吸引消费者的目光。在企业品牌网络营销实践中，有些品牌利用网络信息平台聚集人气，强化品牌和消费者之间的关系互动，助推了企业品牌营销活动。戴尔公司的网络平台战略就是一个非常贴切的案例。以直销模式享誉全球的戴尔公司，一直以来十分重视与消费者之间的关系，在网络时代，戴尔也有着它独特的办法与消费者进行信息交换，将商品信息在网站上更好的呈现，也是戴尔想要做好的事情。十多年来，戴尔公司相继规划和投入使用了多个网络信息平台，包括戴尔社区、英文企业博客"戴尔直通车"（www.direct2dell.com）、IdeaStorm 社区、中文博客"戴尔直通车"（www.direct2dell.com/chinese）、Twitter、微博以及 Facebook 等。为了获得倾听、学习和互动的机会，戴尔公司注重平等性的深入沟通，鼓励来自各级管理层、技术研发部门、客户关系部门以及销售团队的员工以写手身份在网络平台上为消费者介绍企业文化、战略和业绩，展示戴尔的产品和服务，分享公司工作及其个人生活的体验，并且提出讨论话题吸引消费者互动交流。戴尔的网络平台战略效果显著，博客网站上客户浏览发帖门庭若市，上万浏览量的主帖比比皆是；Twitter 平台成立两年时间，便拥有了将近 150 万的粉丝，创造了单月 300 万美元的收入奇迹；在 IdeaStorm 社区，消费者踊跃发布同戴尔产品相关的技术、服务和业务运营方面的创新性建议，曾有上百万人次参与了创意投票。在移动互联网飞速发展的今天，戴尔公司运用 Web2.0 数字交流工具，拉进了同消费者的沟通距离，实现了企业与消费者的品牌价值共创。

可以看出，在移动互联网飞速发展的时代，许多品牌企业利用网络信息平台吸引了大量消费者积极参与，实现了企业和消费者的品牌价值共创。而有些品牌的网络信息平台却是门可罗雀，消极参与者比例较大，在一定程度上削弱了品牌价值（Preece，2004）[①]。人人网曾是千橡集团旗下运营的一家 SNS 社交网站，致力于为国内互联网用户提供发布日志、保存照片、分享影音资源的多功能信息交流互动平台。2011 年 5 月 4 日，人人网在美国纽约交易所成功上市，开盘价为 19.5 美元。截至当天 21 点 50 分，人人网市值 74.82 亿美元，成为中国互联网市值仅次于腾讯和百度的公司。此时的人人网已经发展成为中国最大的社交网站。然而，在人人网后期运营过程中，网站内容发布和目标用户选择问题日益严重。一方面，网站内容管理混乱，不断打压生活化内容，过分强调新闻性内容，严重缺少原创性内容，低端层面内容过度泛滥；另一方面，目标用户定位不清，社交产品滞后，用户体验较差，校外用户缺失，校内用户流失。在这些内容和产品运营问题影响下，人人网的用户黏性开始不断降低，网站活跃度日益下降。截至 2015 年 3 月 27 日，人人网市值缩水近 80%。

从上述三个案例可以看出，网络信息平台上的内容呈现是影响消费者参与平台互动的重要影响因素。戴尔公司在微博、论坛等信息平台上鼓励内部员工提供专业的 IT 信息、最新的营销信息和有趣的生活信息

---

① PREECE J, NONNECKE B, ANDREWS D. The top five reasons for lurking: improving community experiences for everyone [J]. Computers in Human Behavior, 2004, 20 (2): 201 – 223.

等，强生公司的 BabyCentery 社群面对妈妈群体提供孕期知识、育儿资讯、实用工具和各种互动信息，他们出色的网络信息平台内容管理吸引了消费者积极参与，为企业的品牌营销活动提供了出色的贡献；但是，人人网混乱的内容管理、滞后的产品更新、较差的内容体验，造成了网站用户的不断流失，很大程度上削弱了品牌的市场价值。

虽然网络技术空前发展，网络信息数量爆炸式增长，但是，对广大网络使用者来说，超过半数的信息属于无用信息、冗余信息。对广大消费者而言，过多无用的商品信息和品牌信息会使自身对商品本身的判断产生一定影响，最终在制定购买决策时产生偏差。在线商户对信息管理该做到哪些方面还有所疑问，相较于品牌商有计划的品牌信息呈现而言，许多在线商户的商品经营现状属于非知名品牌或是无品牌，也有一部分无自主品牌的代购商户，他们对于商品信息的管理更是一塌糊涂，这种管理意识的缺失使得这类在线商户明显缺少竞争力，商品销售增长滞缓，网络店铺流量少，乃至无人问津。以上的情况，是线上商户和广大在线购物的消费者都希望避免的。在此背景下，在线商户针对消费者的信息管理策略也应该与时俱进，如何更好地为消费者提供商品信息，用什么方式为消费者提供商品信息，都是广大在线商户急需思考和解决的问题；同时，消费者在这些信息的刺激下，也会做出相应的购买决策。为此，也引出了本文的研究主题：在线商户商品信息呈现对消费者购买意愿影响的研究。

1.1.2 研究的理论背景

消费者行为是指消费者在寻找、选择、购买、使用、评估和处置与自身满足相关的产品或者服务时所表现出的行为，而这一系列行为活动过程就是消费者的决策过程。日常生活中，消费者的购买决策行为是多种多样的，不同消费者之间的购买行为存在着差异。一般研究认为，消费者在购物决策过程中，主要会经历需求识别、信息搜寻、评价、购买决策、购后行为五个阶段，如图 1.3 所示。这一过程中消费者所能掌握的商品信息对最终购物决策有重要作用。消费者信息获得的途径可分为内部信息处理和外部信息接收。内部信息处理的主要途径通常是消费者自身的记忆、经验和知识。外部信息一部分是亲朋好友提供的口碑信息，而主体则是商户提供的商品信息。在网络购物过程中，消费者获取商品信息的主要方式是通过搜索，利用关键字搜索得到的结果通常会罗列很多项目，其中大部分并不能良好地适配消费者的真实需要，这就使消费者需要花费大量的时间来寻找所需要的商品，无形中增加了网络购物的时间成本，同时过长的在线浏览时间也会使消费者的在线购物体验感降低；而对于商户而言，不能将准确的信息传递给消费者，没有合适的手段对目标消费人群开展营销，将会直接导致消费者采购率低的问题。

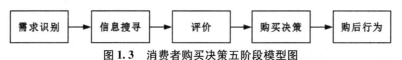

图1.3 消费者购买决策五阶段模型图

由于现代技术发展所带来的在网络购物中的时空分离，使得人们在虚拟环境中并不能实现人与人、人与物的直接接触，而转变成了通过不同媒介的人机接触。消费者购物时通过多种方式获得信息以做出决策，虚拟环境使沟通过程发生了重大的改变。消费者与商户之间的面对面沟通所能传递的一系列感官线索被弱化，而在线购物过程中，消费者可能会面对许多不熟悉和复杂的商品，这就使在线购物相对于非在线购物缺失部分购物的愉悦体验。商户需要通过网络媒介进行信息编辑以达到与消费者沟通的目的。

针对在线购物的研究，早期主要集中于促使交易成功的关键因素。许多研究着眼于技术接受模型，来分析如何提升在线购物网站效率以关注消费者与商户之间的交换。之前对消费者在线购物体验的研究主要关注通过功能性和基于绩效的网站设计启示来减少使用者的认知负担[①]。罗姆等（Romm 等，1997）认为网络平台上的信息充裕程度对消费者参与互动具有重要影响[②]。赵晓煜等（2010）在针对网络购物信息内容呈现中社会线索的研究，证实了商品信息呈现的社会线索的印象型线索和交互型线索都会影响消费者的行为意向[③]。学者廖以臣（2012）通过信

① Nielsen J. Designing web usability：The practice of simplify［M］. Indianapolis Indiana：New Riders Publishing，2000.

② Romm C，Pliskin N，Clarke R. Virtual communities and society：Toward an integrative three phase model［J］. International Journal of Information Management the Journal for Information Professionals，1997，17（4）：261 - 270.

③ 赵晓煜，曹忠鹏，李慢. 购物网站中的社会线索与顾客行为意向的关系研究［C］. 2010.

息内容呈现对消费者在线信任影响进行研究，发现 C2C 在线商店的信息内容呈现对消费者的在线信任是不容置疑的[①]。廖以臣等（2015）通过对在线视频广告的研究，发现幽默搞笑类的内容呈现是影响视频浏览者扩散视频的关键因素[②]。

虽然国内外学者对线上、线下商品信息呈现方面的研究取得了显著进展，但针对在线商户的商品信息呈现及呈现后对消费者行为意向具体的影响效果方面的研究，迄今为止，却甚为少见，深入探寻在线商户商品信息呈现对消费者在线行为意向的研究尚存在理论的不足。

1.1.3 现有研究的局限性

首先，现有针对在线商户商品信息管理的研究比较零散，没有系统的总结和分类，商品信息呈现没有准确的定位和分类，对其所涵盖的内容和特性也没有深入的分析，存在着理论缺陷。部分学者关注了信息呈现的内容，对其进行了适当的总结和分类，并探讨了这些信息与消费者之间存在的关系；另一部分学者则从网站氛围和网站信息线索的视角研究了网络信息平台中信息呈现对消费者行为的作用。基于社会临场感的视角，本研究认为应该同时考虑在线商品信息呈现的形式和内容两个方面。此外，本书的研究范围是针对网络销售的商户的商品信息呈现问题，通过对现有中外文文献的总结，厘清在线商户商品信息呈现过程中所应运用的形式和内容，对广大在线商户具有重要的意义。

其次，现有针对网络平台中信息呈现的研究多集中于理论研究，学者们只对这部分信息进行分类说明，鲜少涉及实证研究。廖以臣等（2012）在对商品信息呈现和消费者关系的论述中，是通过深度访谈的方式对问题进行概述和解决的，并没有开发量表和实证研究，也就是说，现有的研究并没有对在线商品信息呈现是如何对消费者态度和行为产生作用进行深度剖析。因此，本文认为通过对在线商品呈现进行量表

---

① 廖以臣. 信息内容呈现对消费者在线信任的影响——以 C2C 网上商店为例 ［J］. 经济管理，2012（2）：159－165.

② 廖以臣，翟沁丽，严思怡. 内容重要还是形式重要——企业在线分享视频广告的分享扩散研究 ［J］. 中国地质大学学报（社会科学版），2015，15（2）：113－121.

开发并通过实证的方式证明在线商品信息呈现对消费者的态度和行为存在着十分重要的影响。

最后，广大学者针对在线商品信息呈现对消费者行为影响的研究理论相对单薄，没有形成系统的知识树和理论框架，深入剖析它们之间关系的理论都是单独存在，没有形成体系，存在一定的不足之处。现有的理论研究只是初步探讨了商品信息呈现与消费者态度与行为的简单影响，并没有深入探寻两者之间详细的作用关系，并且对消费者内在心理变化也没有深入的剖析。基于社会临场感理论，本研究认为消费者在浏览商户所呈现的商品信息的过程中，会发生一系列的内在心理变化，这种变化对消费者的态度和行为存在着一定的影响。因此，本书在研究过程中考虑了消费者的这种内在变化，为帮助商户更科学地进行商品信息管理工作提供保证。

1.2 研究目的与意义

本研究基于上述实践问题和理论缺失，适时地提出相关研究目的、理论意义和实践意义。

1.2.1 研究目的

本研究的主要目的是帮助在线商户更好地进行商品信息呈现工作，提高消费者的信息搜索效率，帮助消费者降低信息处理难度，吸引消费者前来购物。具体来说，本研究主要是研究在线商户到底如何做商品信息呈现工作，才能吸引消费者前来购物，或者说，消费者在网络购物过程中，更看重商户呈现的哪些信息，有了哪些信息的存在，才使消费者乐于购买这个商品。同时，为了对商品信息呈现比较零散的研究现状进行一定的整理，弥补现有的理论缺失，本研究将通过对国内外相关文献的回顾和梳理，以在线商户商品信息管理为背景，基于社会临场感的理论，引入传播学理论，对在线商户商品信息呈现进行新的诠释，对消费者在线购物体验的内在作用关系进行新的解析，并在此基础上，构建在线商户商品信息呈现对消费者在线行为意向影响的理论模型，以此理论模型为基础，提出在线商户商品信息管理策略。一方面为在线商户商品信息呈现研究领域增添新的视角和内容，另一方面也为众多在线商户正确制订商品信息呈现策略，进而为提升在线营销工作质量提供实践指导。综合看来，本书所呈现的研究，试图对以下几个问题做出回答：

（1）针对在线商户商品信息管理，商户商品信息呈现应该包括哪些方面的因素？这些因素是怎样作用于消费者的内心活动和行为活动的？

（2）针对消费者在线购物的过程，消费者社会临场感如何产生？消费者的社会临场感又会影响其哪些心理和行为的产生？这种作用与影响是否十分重要？

（3）在线商户如何制定科学合理且有效的商品信息管理策略？

基于以上所提出的研究问题，本研究将首先运用定性分析方法对所建立模型的合理性进行检验；然后，通过规范的问卷调查法来进行相关数据的采集工作，并采用结构方程算法，利用 AMOS 软件对理论模型进行分析检验，验证本研究中所提出的理论模型和关系假设，探讨各因素对消费者购买意愿的影响。

1.2.2　研究意义

本书通过梳理现有的关于在线商品信息呈现的研究文献，总结在线商户商品信息管理的实践缺失和学术理论研究中存在的盲点和不足，以传播学、心理学和管理科学等学科的理论为研究基础，构建在线商户商品信息呈现对消费者购买意愿影响的理论模型。研究表明，网络购物中的一方——商户商品信息呈现的方式与方法不同程度地影响着网络购物中的另一方——消费者的购买意愿。网络购物平台允许商户对其在网上发布的商品进行合理的描述和分类，以保证用户快速准确地搜索到自己需要的商品①。在线商户的商品信息呈现，实际上是在给消费者传递一系列的信息，而这些信息为消费者对商品产生信任及做出购买决策提供依据。由此可见，在线商户如何将商品信息更好地呈现给消费者，对商户开展更具效率的在线营销活动具有重要意义。

————————

① 鲁晓明，王博文，詹刘寒. 淘宝网商品信息组织分析 [J]. 图书情报工作，2013（s2）：244－248.

（1）理论意义

本研究具有重要的理论意义。首先，通过对社会临场感理论的研究和分析，本研究认为社会临场感的产生需要外界的刺激或是进行一定的培养，在网络购物的研究背景下，本研究对网络商户所提供给消费者的商品信息进行形式和内容两方面的探索，将其作为引发消费者社会临场感的前因变量，同时针对在线商户商品信息概念和分类还没有一个明确且广泛的认定，本研究结合传播学现有的理论对在线商户商品信息呈现做出新的诠释；其次，本研究针对在线商户商品信息呈现进行了量表开发，为对这个概念进行相关的实证研究打下了坚实的基础。最后，通过应用"刺激－机体－反应"的模型范式，构建在线商户商品信息呈现对消费者购买意愿影响的理论模型，深入探讨每个变量之间的作用关系，并对数据样本进行假设的检验，最终得出研究结果，不仅丰富了社会临场感理论的应用，同时验证了"刺激－机体－反应"模型在管理学科的研究中应用，对消费者购买意愿的研究领域进行拓宽，具有较高的学术意义。

（2）实践意义

在互联网不断向前发展的今天，通过互联网购物已经成为广大消费者重要的购物途径之一，广大在线商户也意识到运用网络平台开展商品宣传、服务支持是实现与消费者产品价值共创的重要渠道。因此，对于商户而言系统科学地向消费者传递商品信息成为商户开展网络营销管理中一个十分重要的问题；而对于消费者而言，能够利用获取信息的方式快速有效地搜索到所需产品，能够准确无误地理解商品信息，对消费者的购物体验有重要的影响，可见在线商户商品信息呈现的重要性。首先，本研究从社会临场感理论入手，期望通过在线商户商品信息呈现的形式和内容，刺激和培养消费者的社会临场感，帮助消费者高效地理解商品信息，并营造一个让消费者愉快并且信任的购物环境，最终实现消费者购买达成。其次，本研究希望通过科学系统地向在线消费者呈现商品信息，帮助在线商户去除冗余信息、干扰信息，同时为消费者提供科普信息，降低消费者信息处理难度。最后，本研究搭建在线商户商品信息呈现对消费者购买意愿影响的理论模型，通过调查问卷回收样本数据并运用科学的方法进行分析检验，得出有利于指导在线商户商品信息管理的研究结论，通过科学归纳信息形式和信息内容对消费者购买意愿的详细影响路径和作用关系的实证结论，得出指导广大在线商户凝聚商品人气，提高用户活跃度的方法，对广大在线商户提高自身竞争力，实现与消费者共创价值有着重要的实践意义。

1.3　研究内容与方法

根据本书提出的研究问题和所要达到的研究目的，本书将基于网络社区的商品信息管理问题、消费者心理响应和消费者行为等变量纳入一个研究框架体系之中，探讨商品信息管理问题与消费者行为之间的内在关系，以及影响关系和程度，并据此进行实证检验，根据实证结果提出在线商户信息管理的具体措施。

1.3.1　研究内容

基于上面提出的问题以及所要实现的研究目的，首先，本书对相关理论进行了回顾和评述，并对所涉及的相关研究进行了梳理，为本研究构建理论模型和提出关系假设奠定坚实的理论基础。

其次，基于现今已有的商品信息呈现领域的研究，从现代传播学和管理学的相关概念出发，综合考虑在线商户商品信息呈现对消费者行为意向的影响因素及其可能的影响路径。在此基础上，结合社会临场感理论以及消费者在线购物体验的相关研究，以传播学、心理学相关理论和概念为基础，构建在线商户商品信息呈现对消费者购买意愿影响的模型框架并提出研究假设。

再次，通过实证分析的方法，采用问卷调查的方式收集样本数据，利用 SPSS 和 AMOS 统计工具对样本数据进行处理，通过进行描述性统计分析、信度分析、探索性因子分析、验证性因子分析、结构方程模型检验，验证本研究的理论模型和关系假设，探讨各因素对消费者购买意愿的影响和作用。

最后，基于研究结论为在线商户和网络购物平台提供管理实践启示，在总结不足和研究局限的基础上，为进一步的研究提出展望。

按照实证研究的规范，本研究在内容安排上遵循绪论、理论基础及相关研究综述、理论模型构建与关系假设提出、问卷设计与数据收集、实证分析、结果讨论与启示、结论与展望这一步骤进行，具体各部分内容安排如下：

第一章　绪论：这一章根据在线商品信息管理中信息呈现对商户开展营销的现实问题，总结了现有的学术发展动向，发现现存的实践问题和理论缺失，提出本研究所要研究的问题，并说明研究的目的，阐明研究是具有一定的实践和理论意义的，对研究的写作内容进行合理的安排，说明研究过程中运用的方法，最后总结本研究的技术路线。

第二章　理论基础及相关研究综述：根据绪论中提出的问题，这章首先对现代传播学、心理学和管理科学的相关概念进行综述，然后对所运用的相关理论进行回顾，明确在线商户商品信息呈现对消费者行为意向的影响的相关理论基础。

第三章　理论模型构建与关系假设提出：在理论回顾与文献综述的基础上，这章首先对在线商户商品信息呈现对消费者行为意向的影响进行提取并对其含义进行解释。在此基础上，以"刺激－机体－反应"模型范式为基础，结合社会临场感理论，构建在线商户商品信息呈现对消费者购买意愿的影响理论模型，并在理论模型的基础上，提出本研究的关系假设。

第四章　问卷设计与数据收集：本章介绍本研究要通过实证分析方法来对理论模型和关系假设进行验证，依照规范的量表开发流程设计本研究所需量表，对获取的数据依次进行信度分析和效度分析，对问卷题项进行相应的调整，以保证问卷的科学性。

第五章　实证分析：这章介绍研究所采用的数据分析方法，对模型验证所使用的研究方法进行筛选和介绍，然后对采集到的样本进行数据分析，利用 AMOS 软件对理论模型进行验证，并使用正式调查问卷所采集到的样本对理论模型和关系假设进行检验，得出最终的实证结论。

第六章　结果讨论与启示：这章对研究结果进行思考和总结，通过深入讨论假设结果，得出相关管理启示。

第七章　结论与展望：这章主要是对最终研究结论、研究的理论创新和贡献，以及研究不足和展望进行介绍。

研究框架如图 1.4 所示。

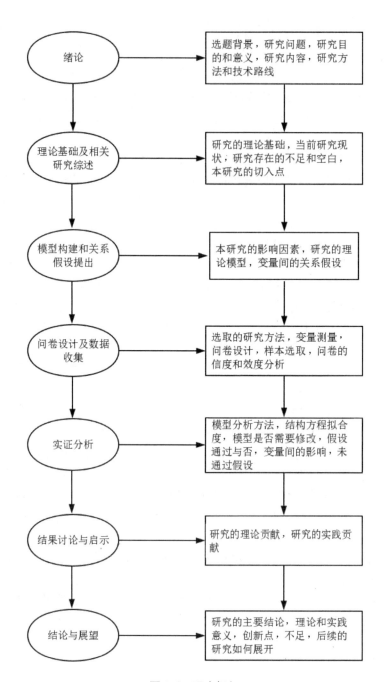

图 1.4　研究框架

1.3.2　研究方法

基于研究的需要，纵观国内外学者对商品信息呈现问题的研究理论，从社会临场感理论视角进行的这方面研究出现的理论模型和实证研究还不是很多。依据所要阐明的研究内容，综合运用社会临场感理论，"刺激－机体－反应"理论模型范式，本着规范研究与实证研究相互结合、定性分析与定量分析相互结合的原则，运用一手数据收集、二手资料分析、逻辑推理、比较分析、思辨性归纳演绎整理、理论移植等方法[7]，结合相关研究的理论观点，在此基础上提出各变量间的关系假设，并构建在线商户商品信息呈现对消费者购买意愿影响的理论模型框架。

本书在进行验证理论模型和关系假设过程中，首先采用了一手资料收集、小组访谈、专家访谈等方法对在线商户商品信息管理问题进行反复讨论和发掘；然后，采用文献资料分析、研究成果对比等方法对在线商户商品信息呈现、消费者在线购物体验、消费者在线购买意愿与相关研究理论模型进行归纳和分析；接着，通过逻辑推理、二手资料分析、思辨性归纳演绎整理、理论移植等方法提出本文的关系假设，并构建在线商户商品信息呈现对消费者购买意愿影响的理论模型框架；然后，采用事实性归纳演绎整理、专家访谈等方式，利用SPSS和AMOS软件对样本数据进行信度和效度分析，确定了本研究的调查问卷；之后，利用结构方程模型计算方法，AMOS和SPSS软件的综合应用，对研究中构建的理论模型和提出的各个变量间的关系假设进行实证检验，并对结果进行深入的分析和讨论；最后，基于实证研究分析得出结论，为在线商户制订科学和精准的营销策略提供管理启示。

第一章　绪论　通过观察法和对二手资料的总结挖掘在线商品信息管理中信息呈现对商户开展营销面临的现实问题，总结了现有的学术发展动向，发现现有的实践问题和理论缺失，提出本研究所要研究的问题，并说明研究的目的，阐明研究是具有一定的实践和理论意义的，对研究的写作内容进行合理安排，说明研究过程中运用的方法，最后总结本研究的技术路线。

第二章　理论基础及相关研究综述　运用二手资料分析、逻辑推理的方法，总结绪论中提出的问题。这章首先对现代传播学、心理学和管理科学的相关概念进行综述，然后对所运用的相关理论进行回顾，明确在线商户商品信息呈现对消费者行为意向的影响的相关理论基础。

第三章　理论模型构建与关系假设提出　运用二手资料分析、逻辑推理、比较分析、思辨性归纳演绎整理、理论移植的方法，在理论回顾与文献综述的基础上，这章首先对在线商户商品信息呈现对消费者行为意向的影响进行提取并对其含义进行解释。在此基础上，以"刺激－机体－反应"模型范式为基础，结合社会临场感理论，构建在线商户商品信息呈现对消费者购买意愿的影响理论模型，并在理论模型的基础上，提出本研究的关系假设。

第四章　问卷设计与数据收集　运用访谈法和问卷调查法对本研究的理论模型和关系假设进行验证，依照规范的量表开发流程设计本研究所需量表，对获取的数据依次进行信度分析和效度分析，对问卷题项进行相应的调整，以保证问卷的科学性。

第五章　实证分析　运用定量分析方法对模型验证所使用的研究方法进行筛选和介绍，然后对采集到的样本进行数据分析，利用 AMOS 软件对理论模型进行验证，并使用正式调查问卷所采集到的样本对理论模型和关系假设进行检验，得出最终的实证结论。

第六章　结果讨论与启示　运用定性分析和思辨性归纳演绎整理的方法对上文的研究结果进行思考和总结，通过深入讨论假设结果，提出相关管理启示。

第七章　结论与展望　运用归纳总结法对本研究所得的最终研究结论、研究的理论创新和贡献，以及研究不足和展望进行介绍。

本研究的技术路线如图 1.5 所示。

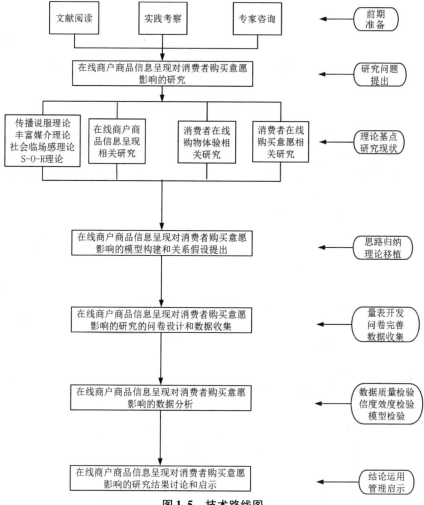

图1.5 技术路线图

第 2 章　理论基础及相关研究综述

根据第一章所提出的研究问题，及本研究的目的和主要研究内容，本章将对相关的概念与理论进行梳理和演绎，以期厘清本研究脉络，确立本研究基础，找到研究空白，为影响因素的提取、假设的提出及模型的构建奠定理论基础。

2.1　理　论　基　础

在线商户商品信息呈现对消费者购买意愿影响的研究需要依据规范、科学、系统的理论基础和框架思路，因此，本节将对丰富媒介理论、传播说服理论、社会临场感理论和"刺激－机体－反应"模型四个基础理论做出综述。

2.1.1　丰富媒介理论

在互联网蓬勃发展的今天，人们的日常工作、家庭生活、休闲娱乐都已经与互联网发生了极大的交叉。毫不夸张地说，在今天的中国城市中生活，离开了互联网将寸步难行，人们已经完全适应了通过互联网来解决自己的衣食住行问题。各个互联网企业，也通过不断创新和技术上的突破，给消费者们带来了难以想象的互联网使用体验。仅以互联网广告为例，我国 2018 年互联网广告总体规模已经达到了 3694 亿元，仍在持续快速地增长，年增长率为 24.2%，保持了较快的增长速度。但由于中国宏观经济结构调整与去杠杆周期的影响，加之流量红利结束，互联网广告市场整体增长较 2017 年减缓了 5.76 个百分点，占GDP 比重约为 4.2%。广告的形式也越来越丰富，广大商家通过前所未有的创新形式给媒介注入了新的活力。图 2.1 为 2018 年度广告媒介形式比例图。

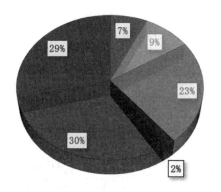

■分类 ■视频 ■搜索 ■内容 ■电商 ■展示

图2.1　2018年度广告媒介形式比例图

从图2.1可以看出，我国2018年互联网广告业已经呈现出多形式媒介发展平台的趋势，形式丰富的广告模式在互联网的蓬勃发展中取得了长足进步。人们越来越丰富的需求，促使商家们希望通过媒介的多种形式，丰富消费者的人机交互体验，他们意识到单纯的内容营销形式的广告不足以刺激消费者的感官需求。一方面随着科技发展，互联网可使用的媒介越来越丰富，另一方面广告商需要通过标新立异来拔得头筹，不然大多数广告内容可能就淹没在浩如烟海的网络信息之中了。

在网络时代，丰富媒介一般是指文字、图片、动画的无交互、链接式的信息形式，以及嵌入式的视频、动画、小游戏等交互式的信息。随着技术的不断发展，我们能预见未来我们会有更多形式丰富的技术来帮助媒介带来新的交互体验，从单项展示性向双向交互式的媒介信息交流方式转变。

丰富媒介理论（Media Richness Theory）是人际沟通过程中，通过媒介工具的使用，使人们能够更好地理解传播过来的信息内容。最初，它是组织传播学沟通的经验理论，但随着研究的深入，被发现是个人对媒介使用的一种偏好预测理论。丰富媒介理论可以简单地理解为丰富度高的媒介传递信息时，用户可以通过媒介带给用户的感官刺激，减少信息处理的难度，并且帮助用户克服不同的教育经历和社会背景带来的信息模糊，使双方短时间内达成比较理想的沟通效果。相反，丰富度较低的媒介需要更长的时间来帮助受众获得准确信息，某些复杂信息可能会使沟通双方沟通不畅，因此，丰富媒介理论也是媒介种类分类的一种方式。

丰富媒介理论是代夫特与伦格尔（Daft，Lengel）于 1984 年基于组织沟通研究首先提出的。媒介的丰富度是一个媒介客观的、固定的资产，同时代表一个媒介工具传播讯息量及内容的能力。媒介可以根据丰富度来分类，媒介丰富度会影响用户对媒介的选择、传播的过程及其任务的结果。Robert 和 Dennis（2005）认为媒介丰富理论是一个媒介传播信息内容的能力，在面对大量的传播任务时，管理者在如何减少模糊性和不确定性的前提下进行的传播媒介与渠道的取舍，就是媒介丰富理论的概念①。代夫特和伦格尔（1983）提出丰富度的衡量标准包括四个方面：信息提供的多线索性，信息反馈的能力，信息传递中语言组织的能力，信息传递的个性化②。代夫特和李格丽（Daft、Lengel，1986）提出信息传播媒体是否能够更好地传递信息取决于两个维度，不确定性（uncertainty）和多义性（equivocality）。不确定性是指当信息传播媒体对信息解释的框架已经构建好，但缺乏可处理的信息，在这种情况下，信息是处于不充足状态的[16]。多义性则是指信息传播媒体对信息或信息解释的框架存在着多种情况，并且各框架间还可能存在着相互冲突的情况，即信息是存在多种解释的。信息传播任务与信息媒体丰富度的匹配程度决定着信息传播沟通的效果，人们需要根据信息传播时信息所处情况决定选择合适的信息传播媒体，避免出现信息量不充足、信息量过大或是信息过于复杂等情况[15]。奥赛·阿皮亚博士（Osei Appiah Ph. D，2006）认为媒介信息丰富对人们信息接收影响程度可以按照面对面、视频、语音、文字由强到弱排列，媒介的丰富程度决定受众接收信息的能力，媒介越是丰富受众越会获得良好的体验，从而获得更高的说服力③，从面对面沟通到最低层级的布告、公告，丰富媒介理论经历了电话、电子邮件、书信、便条、备忘录、报表这些内容，这是最初的媒介丰富度层级图。图 2.2 为丰富媒介理论层级图。

---

① Robert L P, Dennis A R. Paradox of richness：a cognitive model of media choice ［J］. IEEE Transactions on Professional Communication，2005，48（1）：10 – 21.

② Daft R L, Lengel R H. Information richness：A new approach to managerial behavior and organizational design. ［J］. Research in Organizational Behavior，1983，6（1）：191 – 233.

③ Osei Appiah Ph. D. Rich Media, Poor Media：The Impact of Audio/Video vs. Text/Picture Testimonial Ads on Browsers'Evaluations of Commercial Web Sites and Online Products ［J］. Journal of Current Issues & Research in Advertising，2006，28（1）：73 – 86.

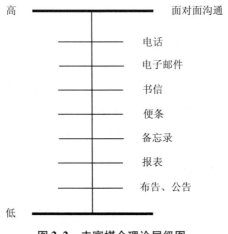

高　　　　　　　　　　　　　　面对面沟通

电话

电子邮件

书信

便条

备忘录

报表

布告、公告

低

图 2.2　丰富媒介理论层级图

从媒介特征出发，我们可知每一个媒介都有不同的信息承载量。从组织沟通的角度，代夫特和伦格尔（1983）指出丰富的媒介，是通过给用户提供多重线索、回馈和多样化的语言，让用户更容易理解和处理信息并同管理者达成共识。因此，管理者应该使用面对面的方式来处理较为复杂的议题；相对的，一些例行工作，则可以通过文书、电话等方式进行沟通。

广大学者对以网络时代到来为主的丰富媒介理论探讨也随着传播技术的发展不断丰富。最初，电子邮件被作为主要的研究对象，它存在同步或者非同步的可能，与面对面交流和电话相比，媒介丰富度相对贫瘠，但同时它也具备可保留性、可搜索性和可处理性等特点，使人们普遍愿意使用。接着，即时通信工具进入了广大研究人员的视线，视频通话是十分接近面对面沟通的信息交流方式，因此，媒介丰富程度很高，使其一时成为研究热点。而今，多元化的网络沟通方式和移动互联网的广泛普及，让学者们对丰富媒体理论的研究越来越充实。

丰富媒介度是指信息经过媒介传播和处理到达用户后，在一定时间内改变用户信息理解程度的能力。丰富度高的媒介能够帮助用户克服不同的知识背景和社会阶层，或者能将不清楚的问题变得容易理解，这样就可以使沟通过程中的各方在更短的时间里理解对方意图，达成共同意见。当然，如果媒介丰富度低，则需要用户使用更长时间来辨别信息的含义是否夹杂了主观思想，同时，对于多方沟通达成一致也比较困难。

现在，由于互联网时代的到来，丰富媒介理论有了新的活力，也具备了更多重的含义，它的媒介形态、组织结构和环境特点随着时代的脚步不断发生着变化。

特别要指出，丰富媒介理论中，强调了"多渠道呈现信息的能力"，就目前我们所接触的社会化媒体中，可以说对信息传递方式的多样化要求越来越高。用户能以多么准确的精度在初次接触信息时理解信息，是多样化媒介应用期望达到的效果；满足不同层次人群的不同需求，配合他们的理解和接受能力，是多渠道信息能力所要诠释的问题。此外，现在人们对信息的要求不仅仅是准确、迅速这样简单的要求，更多的还包括了人与人之间沟通交往时的娱乐性需求。利用多媒体方式，显然也是彰显这种趣味性的方法之一，所以，使用文本、表情、图像、视频等方式的多种信息呈现渠道，是丰富媒介理论在新时期所表现出来的新特性。

媒体丰富度理论认为人们对信息传播媒体的选择是基于信息传播媒体的特征和信息传播任务本身内容匹配程度基础上的理性行为。伴随着新的信息传播媒体的诞生，媒体丰富度理论的维度已经无法对信息传播媒体的选择以及不同类型的信息传播媒体具备的信息传播效果进行充分解释。研究发现信息传播媒体的选择受到个人因素和技术因素的影响，人们会习惯性选择某种特定的信息传播媒体，或者根据不同的信息任务类型习惯性选择不同的信息传播媒体。这表明，人们对信息传播媒体的选择并不是完全的理性行为，还会受到主观因素的干扰。同时，前人有关媒体丰富度理论的实证研究出现了结果不一致的情况。在此背景下，丹尼斯等（Dennis，2008）对信息传播进行了重新的思考，认为信息传播绩效并不是与信息传播任务本身有关的，而是与信息传播过程和信息传播媒体能力的匹配程度有关的，并提出信息传播的两个基本过程，包括信息传递过程（conveyance process）以及信息收敛过程（convergence process），其中信息传递过程是指信息传播媒体能够传递不同形式的新信息并以此来构建和修正信息传播参与者当前认知模型的过程；而信息收敛过程则是指信息传播媒体能够让个人对预处理过的信息进行讨论，形成理解的过程。媒体同步性理论对媒体丰富度理论中提出的信息传播媒体信息技术能力的维度进行了扩展，这使得信息传播媒体信息技术能力的有关维度更加贴合现今对研究新兴的信息传播媒体所需要完成的信息传播任务与其自身信息技术能力匹配等相关问题的现实情形和需求。

丰富媒介可以使沟通变得更快速，让用户更轻松地理解模糊信息，有助于解决一些高模糊性任务，但同时，低模糊性任务，过于丰富的媒介会使信息过载，导致用户难以第一时间掌握关键信息，因此使用简单媒介效果更好。在国外，广大学者不仅将丰富媒介理论应用于组织传播学，也在其他领域进行了研究。陆等（Lu、Dou、kumar，2011）对媒介丰富程度、互动性在网页设计中的应用进行了研究，发现丰富度高、互动性强的网页设计效果远高于一般的网页设计①。国内也有学者对丰富媒介理论进行研究，刘顺忠（2015）通过研究在线沟通方式和商品特征对消费者网络购物意向的影响中，得到了丰富的媒介会让消费者获得更多的商品信息的结论。在电子商务领域中，丰富媒介理论适用于指导在线客服和消费者沟通方式的选择，视频最为生动，信息传播效果最好②。1998年Dennis等人首次提出媒体同步性理论（Media Synchronicity Theory，MST）并在2008年进一步完善了该理论。2012年，MIS Quarterly第36卷第2期的主编评论中指出媒体同步性理论是信息系统管理领域形成的一种匹配理论，它能更好地解释工作环境下有关信息传播效果的相关问题。从理论形成的角度来看，媒体同步性理论是Dennis等在媒体丰富度理论的基础上发展并改进得出的。多义性的情况下，为使信息传递过程涵盖的各成员能够就所传递的信息的理解及解释达成共识，平等主义要求各成员之间需要对信息传播媒体所传递的信息进行沟通和谈判，所以选择丰富度更高的信息传播媒体更加合适。不确定性的情况下，信息传播过程只要求各成员中的一人能够提供、定位或创建充足的信息，所以选择更精简的、丰富度较低的信息传播媒体更加合适。图2.3为信息处理与组织设计模型图。

---

① Lu Y，Dou X，Kumar S. Using Media Richness and Interactivity in Website Design：Promoting Physical Activity Among College Students［J］. Computers in Human Behavior，2011，41：40－50.

② 刘顺忠. 在线客服沟通方式和商品特征对顾客网络购物意向影响的研究［J］. 消费经济，2015（4）：30－34.

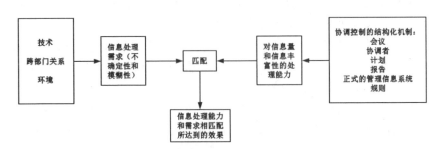

图 2.3　信息处理与组织设计模型图

目前，丰富媒介理论被广泛应用于解释网络社交媒体的研究中，比如媒介丰富度是如何影响媒介选择和传播行为的，对新媒体的出现和崛起的解释也经常见于各类研究。

（二）信息传播媒体信息技术能力的扩展

丹尼斯等（Dennis，1998）人对信息传播媒体的信息技术能力的划分，经过了三个阶段。第一阶段，丹尼斯等提出信息传播媒体信息技术能力主要包括信息反馈的速度（immediacy of feedback）、对话并发性（cocurrency）、符号多样性（symbol variety）、持续性（persistence）以及可重编辑性（rehearsability），其中研究重点是信息反馈的速度以及对话并发性。第二阶段，丹尼斯等（Dennis，1999）从信息传播媒体特征角度出发，将信息传播体的信息技术能力分为信息反馈的速度、符号多样性、并行性（parallelism）、可重编辑性（rehearsability）及可重编辑性（reprocessability），研究指出当信息的信息起源及终点皆是个人时，由于信息的传播是经由信息源、信息传播渠道以及信息接收者实现的，所以他们都是信息传播的媒体。[①] 第三阶段，Dennis 等（2008）基于 Shannon – Weaver 的沟通理论，完成了对 Daft 等提出的媒体丰富度理论中信息传播媒体的信息技术能力的扩展，提出了五项信息传播媒体信息技术能力，分别为传输速率（transmission velocity）、并行性、符号集（symbol set）、可重编辑性及可重处理性，并指出五项信息技术能力影响信息传播 – 沟通过程中的信息传递和信

---

① Dennis A R . Rethinking media richness：Towards a theory of media synchronicity [C] // Hawaii International Conference on System Sciences. IEEE Computer Society，1999.

息解读。

媒体同步性理论有助于解释信息传播媒体的信息技术能力对工作环境下小组的工作绩效、信息系统的应用对信息传播绩效、社交媒体的信息传播绩效以及对营销绩效的影响。柳等（Ryoo，2010）认为信息传播媒体的媒体同步性在信息任务特征和信息沟通技术使用的关系以及信息沟通技术使用和知识创造的关系中具有调节作用。闵庆飞（2013）应用媒体同步性理论深入探讨全球虚拟团队（GVT）沟通绩效的影响因素以及各因素间的作用关系及机理，结果表明信息传播媒体的媒体同步性主要受到媒体能力中的传输速率和并行性的影响；沟通过程与媒体同步性的匹配程度对团队沟通绩效存在正向影响关系；GVT成员的语言运用能力、信息传播媒体的使用经验和明确的信息沟通规范会影响信息传播媒体的使用①。

（三）媒体同步性理论及其关键变量

媒体同步性理论模型是一个全面的关于信息传播媒体模型，划分了信息任务和信息传播媒体，同时纳入其他影响信息传播－沟通的因素。媒体同步性理论与媒体丰富度理论不同，重点关注信息技术在信息传播－沟通中的作用，认为信息传播绩效是受到信息传播渠道与信息传播媒体自身信息技术能力匹配程度影响的，传输速率、并行性、符号集、可重编辑性及可重处理性作为信息传播媒体自身信息技术能力，也是决定信息传播绩效的主要影响因素之一。

信息沟通绩效受"沟通过程"与"媒体同步性"匹配的影响，而"媒体同步性"受到"信息传播媒体的信息技术能力"的影响。在"信息技术能力"的聚集中，"信息技术能力"分为"信息传输能力"与"信息处理能力"两种，其中"传输速率"与"并行性"属于"信息传输能力"，"可重编辑性"与"可重处理性"属于"信息处理能力"，而"符号集"即具有"信息传输能力"同时也具有"信息处理能力"。媒体同步性理论认为其他因素会对信息传播媒体的信息技术能力与信息传播－沟通过程的匹配程度具有调节作用，如个人对信息传播媒体的熟悉程度、对信息传播媒体的培训、社会规范以及个人对信息传播媒体的

---

① 闵庆飞，张克亮，王建军. MST视角的GVT沟通影响因素案例研究［J］. 管理案例研究评论，2013，6（05）：380－392.

过往使用经验。

下面，本文主要对媒体同步性理论关键变量中的信息传播媒体的信息技术能力变量进行梳理：

（1）传输速率（transmission velocity）是根据香农和韦弗的能力这一概念提出的，是指信息传播媒体将信息由信息源（即信息传播的起点）传递至信息目的地（及信息传播的终点）的速度。在过去的研究中，传输速率通常被表述为迅速或快速（一般指信息的反馈）和信息的交互性。信息传播媒体的传输速率会缩短信息传递所耗费的时间，提高信息源与信息接收者之间沟通的即时性，对媒体同步性具有正向影响。

（2）并行性（parallelism）则是以香农和韦弗提出的通过信息传播媒体所传递的信息的频率数为基础而来的，是指在同一时间点下，信息传播媒体能够将来自多个信息源的信息以信息传播媒体为信息传播渠道传递至信息接收者的程度。并行性也被视为信息传播媒体的宽度或者多个信息传输过程。信息传播能力的并行性会增加同一时间下传输信息的信息源，扩大信息量，对媒体同步性具有负向影响。

（3）符号集（symbol set）是基于香农和韦弗的符号类型概念与代夫特和里格特（1986）的线索和语言多样性（又称信息传播的渠道能力）概念提出的，是指信息传播媒体允许信息源向信息目的地传递不同编码类型的信息的相关能力，例如信息传播媒体能够传递文字、图片、声音和视频等。信息传播媒体的符号集能够提高信息源和信息目的地处理信息时的效率，帮助信息源和信息目的地更快达成共识，对媒体同步性具有正面影响。

（4）可重编辑性（rehearsability）则是建立在瑞思（Rice，1987）提出的信息可编辑性这一概念的基础上发展出来的，是指信息传播媒体允许信息源在传递信息前对其即将传递的信息进行调整和预演的程度，例如信息源能够在传递信息前对该信息进行重新编写或预览。信息传播媒体的可重处理性会分散信息处理信息时的焦点，对媒体同步性具有负面影响。

（5）可重处理性（reprocessability）则基于瑞思（Rice，1987）和Sproull 及斯普鲁尔和基斯勒（Sproull 及 Kiesler，1991）提出的外界记录这一概念上归纳而来的，是指信息传播媒体允许信息源和信息目的地在发出信息后对信息进行再加工的程度，这一能力通常出现在沟通任务环境下或是在沟通任务结束后，具有可重处理性的信息传播媒体允许信息源和信息接收者在信息传递后重新阅读或重新理解该信息。这一信息技术能力会分散信息源和信息接收者处理信息的注意力，对媒体同步性具有负面影响①。

媒体同步性理论认为信息传播绩效受到信息传播媒体同步性与信息传播中沟通过程匹配程度的影响，而媒体同步性取决于信息传播媒体自身的信息技术能力中的"传输速率"、"并行性"、"符号集"、"可重编辑性"及"可重处理性"的影响。其中"传输速率"和"符号集"正向影响信息传播媒体的同步性，而"并行性"、"可重编辑性"及"可重处理性"则负向影响信息传播媒体的同步性。

研究者们对媒体同步性理论模型进行了验证，并得到了相对一致性的结论。莫西和吉尔（Murthy 和 Kerr，2003）在团队情境下对初始的媒体同步性理论模型进行验证，其结果支持媒体同步性理论模型中的观点。卡尔森和乔治（Carlson 和 George，2004）以媒体同步性初始模型中的部分内容为基础，探讨欺骗情境下的信息沟。闵庆飞（2013）在团队情境下，对修正后的媒体同步性理论整体模型进行验证，结果支持媒体同步性理论模型中的内容。

由此可见，丰富媒介理论是商品信息呈现的基础，广大商户应该结合丰富媒介理论来合理地安排商品信息呈现。在互联网时代，缺少面对面沟通这种最高的信息线索获得途径，为了更好地让消费者减少处理商品信息的难度，商品信息呈现是需要技巧的。

2.1.2 传播说服理论

（一）信息传播理论

信息传播是当代网络购物中消费者能够进行购物行为的前提，企业与在线商户及消费者之间的沟通和交流，都依赖于网络信息传播。这一部分的开始我们将通过对基础的信息传播学理论进行分析和梳理，来确定商户与消费者之间在信息传播过程中所扮演的角色，以便在后续的研

---

① Parise S，Kiesler S，Sproull L，et al. Cooperating with life – like interface agents ［J］. Computers in Human Behaviour，1999，15（2）：123 – 142.

究中，对其有基本的思考和定位。

在现代传播学中，由哈罗德·拉斯韦尔（Lasswell，1948）提出的5W理论具有重要的意义，它是传播学理论的基础，是最基本的信息传播模式。Lasswell在他的传播学著作《船舶在社会中的结构与功能》中用一句话让很多人铭记至今，即"谁？说些什么？通过什么渠道？对谁说？有什么效果？"从而引出传播学的主流维度分析内容，即控制分析、内容分析、媒介分析、受众分析和效果分析这五大研究路径。同时，上述的一句话也引出了信息传播过程中的五个要素，即信源（Who）、信息（Says what），信道（In which channel）、信息接收者（To whom）和效果（With what effects）。这五个要素的具体内涵是：信源，即信息的传播者、信息的源头、信息的原始发布者，是信息传播的起点也是信息的主导者，信息的来源既可以是某个个体，也可以是一个组织。这部分的研究就是上述提到的控制分析。信息，即信息传播的内容，信息是信息传播活动的中心，由一组有意义的符号组合而构成，这里的符号包括语言符号和非语言符号。这部分研究就是内容分析。信道，即信息传递过程中所必须经过的中介或借助的物质载体。在拉斯韦尔时代，大众信息传播主要依靠报纸、杂志、广播、电视等方式，这时的传播还是主流媒体拥有绝对话语权的传播，信息传播的频率和次数远不如当今时代，进入网络时代之后，网络已经成为目前的主要信道，信道的多样性增加了信息传播的频率。这部分研究是媒介分析。接收者，及信息传递的受众。信息接收者是信息传播过程中的目的地和最重要的对象，是信息传播活动的主要目的和中心环节。这部分研究是受众研究。效果，即从信源发出的信息经过信道传到接收者，而引起的接收者在思想观念、行为方式等方面的变化，效果是检验信息传播活动是否成功的重要指标。这部分研究是效果研究。

5W模式理论的提出，对现代传播学具有深远意义，表明了人类信息传播活动是由五个要素构成，并明确了他们的先后关系，之后的研究都以此为原点出发。图2.4为拉斯韦尔的5W模式。

信源 → 信息 → 信道 → 接收者 → 效果

图2.4　拉斯韦尔的5W模式

之后，有学者对5W模式进行进一步加工。美国贝尔电话实验室的 Shannon 在研究电报通信时，基于传播技术使用过程中的一个信息传播模型。这个模型是其在与 Weaver 共同思考之下提出来的。

Shannon – Weaver[①] 的信息传播模式中，延续了拉斯韦尔的5W模式的主体，信源、信道和接收者，代表意义也是相同的，不同的地方是 Shannon – Weaver 的信息传播模式提出了三个全新的信息传播要素，分别是编码、解码和噪声。他们的传播顺序依次是信源、编码、信道、解码、接收者，而噪声是信道中的干扰，这符合 Shannon 在研究电报通信时所遇到的情况。下面对其他单个要素进行介绍。从信源发出的信息需要先经过编码转换成为信号，在经过接收器的解码转换成为信息之后，再传递给接收者，在此过程中，信息在编码和解码时都可能受到外界因素的干扰，这种干扰，即噪声。与拉斯韦尔的5W模式相比，噪声的引入尤为关键，这些干扰因素确实可能使信息接受受到阻碍，妨碍人际交流。图2.5 为 Shannon – Weaver 的信息传播模式。

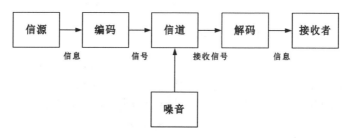

图2.5 Shannon – Weaver 的信息传播模式

Defleur 的互动过程模式是在 Shannon – Weaver 的信息传播模式的基础上，将接受者的反馈活动纳入信息传播模式中，体现了信源与接收者之间双向互动的性质，同时也强调在信息传播的双向路径中，都会存在噪声的干扰，这是信息传播过程中不可忽视的一个部分。图2.6 为 Defleur 的互动过程模式。

---

① Shannon C E , Weaver W , Wiener N . The Mathematical Theory of Communication [M]. s. n. , 1949.

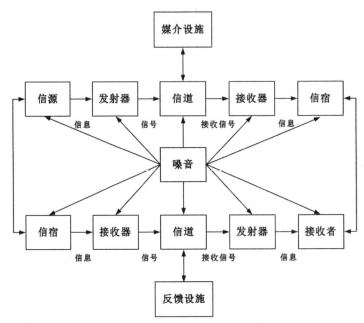

图2.6　Defleur 的互动过程模式

　　对于在线商户商品信息对消费者购买意愿的研究，正是以信息传播模式为基础理论的营销问题研究。构成在线商户商品信息呈现对消费者购买意愿的各个因素，与新信息传播模式中的七个要素是具有相似性的。其中，在线商户是信源，是信息的发布者和信息行为的主导者之一，在线商户控制着商品信息的传播方式和内容；商品信息呈现即信息，是在线商户组织消费者购买的核心内容之一，做好商品信息呈现，才能让消费者看到并了解商品，进而才可能购买。网络购物平台是信道，是商户和消费者进行信息交流的载体；接收者是消费者，也是商户进行商品信息呈现的最终目标对象；而消费者是否购买则可以看作效果。消费者与商家进行沟通则是反馈内容。因此，本人对在线商户商品信息呈现对消费者购买意愿研究中的各个主体有了比较明确的划分。

（二）古典说服理论

　　所谓说服，是指好好地向对方说理，使之接受，试图使对方的态度、行为朝特定方向改变的一种影响他人行为意图的沟通。说服是现实生活中人们互相作用的重要方式之一，在营销、教育、谈判、调解、恋爱等各种行为中都离不开说服。在心理学上，说服主要被理解为改变态度的一种方式，即"通过交换意见，参观访问、收听广播、观看影视、阅读报刊、浏览网页等方式改变人们的偏见及转变不正确观念与信念的方法"。

说服学是一门既古老又很年轻的学问。它在历史的不同时期焕发出了不同的光彩，通过对早期古典说服学的简单梳理，我们可以通过回望历史的方式，了解说服学对人类语言学、哲学、传播学等学科做出的理论铺垫和贡献。早在有文字记载的历史开始，我们就对说服学有了认识，对语言文字和说话的艺术，有了了解。说服学最早的理论是记录在埃及的一份草纸上的，上面记载着如何利用语言技巧赢得大人物的宠信。古希腊时期，苏格拉底、柏拉图和亚里士多德对修辞学和演讲技巧方面的论述都对"说服学"做出过贡献。其中，亚里士多德所著的《修辞学》就是西方公认的第一部系统的说服学著作，书中提到人们更容易被具有"详细的计划和高超的技巧"的演讲所感染，并认为演讲人的可信性、煽动性情感以及是否了解听众是演讲者应当注意的三个关键问题。这本书中记载的许多方法，时至今日仍被采用，并且对今天的说服准则依然有极大的指导意义和实践价值。书中说明了演讲者可以利用自身的高洁品格来说服受众，这一理论至今仍是说服过程中极为有效的准则，这也是现代媒体必须具有公信力的基本准则，现代媒体将其融入大众媒体使用的各种场合和范围，成为能够说服他人和公众的重要影响因素之一。在研究说服手段时，人为证明了三要素之一，一般称"信誉证明"或"信誉手段"（音译为伊索思，ETHOS），指演说者利用本人的品格来说服听众。《修辞学》中还提到，被说服者出于某种心境，即情感证明，也就是说服对象在不同心理状态下对信息的接纳方式、接纳程度都是不同的，说服者应该根据被说服对象的自身特点进行有的放矢的说服。

说服者应当是"明智""道德""善意"的存在，才能被受众所接受，这间接地向我们说明，说服是一种传播者和受众的互动行为，而不是单方面行为。《修辞学》这本书主要强调的是说服者的技巧和能力，而不是真正地关心说服者的个人道德修养。

我国的说服学可追溯至先秦时期，大量的经典著作记载着中华大地上能人异士们折冲樽俎、纵横捭阖游说天下的传播活动。我国古代并未形成一部专门的著作来探讨说服学，但有一部叫《鬼谷子》的书在历史上存在争议。张仪、公孙衍等纵横家的故事跃然纸上，其才智胆略和游说技巧都在如《左传》《战国策》等典籍中出现。先秦诸子围绕"言""辞""谏""说""名""辩"六种说服模式四处游说，并在其中加上了"术"，也就是各种原则和技巧。仔细研读这些故事可以看出，说服者的信誉、道德等方面在说服过程中起到了重要的作用。虽然古希腊的著作和我国先秦时代的著作之间并没有什么交集，但是本质上探讨的问题却又有不谋而合之处。仔细分析、认真揣摩不难看出，先秦时代的著作认为名正则言顺，在我国历史上也有这样的传统，注重"名"，这很大程度上和亚里士多德的演讲者的道德、信誉等要求是一致的。而在说服的实践上，我国更注重效果，注重社会传播效果。孔子有云"一言可以兴邦，一言可以亡国"。荀子也提出过"君子之辩"和"小人之辩"的区别。古代的演说家、纵横家们更喜欢把信息的传播与社会政治、家国兴衰紧密联系在一起。同时，这些纵横家在游说过程中会运用辩证法，即通过技巧来增强传播效果，并且会揣测被游说者的心思，采用合理的说服策略，做到有的放矢。古代中国的说服学非常重视对社会道德的影响，儒家"正名"、墨家"立名"、法家"刑名"都是将信息的传播与社会政治伦理联系在一起的。

说服的方式可以分为三种。第一种是运用语言文字的方式，如讲解、报告、谈话、讨论等。第二种是运用行动的方式，即通过实际行动感染被说服者。第三种是运用事实的方式，即通过调研、访问、参观等，达到说服目的。

说服学发展至今日，无论是东方还是西方都认可在说服活动中，说服者的主导地位、信息传播的主动权和控制权都掌握在信息传播者手上。虽然，东西方都认识到了说服活动中说服的主体和说服的受众之间的关系，但是这其中也涉及许多伦理问题，对说服的深层次思考和说服本身的作用和应该应用到哪些方面，而不该滥用已经拥有的说服能力，是我国古典说服理论长期思考的一个问题。

（二）传播说服理论的定义

说服能够改变人的态度，影响其行为方式，社会心理学家对"说服性沟通"的研究表明，产生说服效果的路径主要有两条：一是说服的中心路径，在特定的情境中，如果说服者的逻辑论证强而有力，说服对象专注于沟通中的事实，能积极梳理与把握沟通中的逻辑论证，则他们容易被说服，且说服结果的稳固性更持久，对行为的影响也更深远；二是说服的外周路径，如果说服对象不关心沟通中的事实，只关注信息的表面特征，即关注那些能令人不假思索就能接受的外部线索，常常因说服者的个人魅力或情景因素导致被说服，这种说服结果的稳固性较差，态度改变也是肤浅而短暂的。采取何种说服路径与说服目的、任务、要求等息息相关，需要根据具体情况加以选择。

现代的说服学研究一般认为起源于第一次世界大战期间。经过了社会整体大跨步的前进和科技的快速发展，当时由于宣传对公众对战争支持或对敌人仇恨方面的作用显得尤为重要，政府和公众对宣传的巨大功效产生了兴趣。那个时代的传播说服理论主要是考虑政治上的吸引力，从政治角度对民众入手在那个时代获得了很大的成果，为政治而宣传成了学者们研究的焦点。而大规模的传播说服理论研究主要是"二战"的紧张时期。各国政府需要通过宣传的方式获得民众对战争的支持，而传播说服理论对公众态度的决定、态度的转变和态度的影响都有着很好的效果，而这一切最终决定了公众的行为，这些最初为政治目的的研究，为现代传播说服理论奠定了基础。

在现代传播学中，社交沟通研究的重要奠基人之一，霍夫兰（Hovland，1948）定义社交沟通（social communication）为"个体（沟通者）通过传输刺激因素（通常为语言标识）改变其他个体（被沟通者）行为的过程"[1]。沟通过程应当是"谁向谁说了什么，有什么影响"这个模式。该理论是现代传播学的基石，为后续的传播学和现代网络信息的传播奠定了重要的理论基础。

传播说服理论最初是由霍夫兰、贾尼斯和凯利（Hovland、Janis 和Kelly，1953）在其著作《传播与说服》一书中提出的。这一理论将影响传播效果的要素划分为：信息传播主体、传播内容和传播客体。并且在这一著作中还进一步阐明了这三个要素不仅影响信息主体的行为，还影响信息主体的态度和意愿，这就是信息传播的效果[2]。不仅如此，他们还在此基础上研究了决定信息的其他影响作用——信息传播效果。霍

---

[1] Hovland CI. Social Communication [J]. Proceedings of the American Philosophical Society, 1948, 92 (5): 371－375.

[2] Hovland, CarlIver. Communication and persuasion [M]. 北京：中国传媒大学出版社，2013.

夫兰等人的后续研究中，总结了信源、信息、信道和信宿是信息传播的四个重要组成部分，且每个因素都能引起受众的态度变化。这一理论的提出，得到了学者们的认同，并将其应用在各个领域。其中，在与市场营销学的交叉研究中，邓肯等（Duncan, et al., 1998）在霍夫兰等人的研究基础上，就传播说服理论进行了深化和细致的分类，具体分类为信源、信息、传播渠道、噪声和信宿[①]。

后续有学者在研究中也指出了其他的逻辑体系、刺激和反应体系以及发送和接收体系。在线信息的传播过程中，消费者接受信息是一种态度改变的过程，是一个被说服的过程，这种态度可以归纳为认知、情感和行为倾向三个方面。在传播说服理论中，信源、信息、信道和信宿都是影响受众的变量。信源因素应该是专业并且可信赖的，信息方面则是内容的实质、内容的呈现形式，信道方面则是便捷快速，信宿则是自身状态和其对信源的评价等。

如今，随着互联网时代的到来，有关网络信息的相关研究越来越多。学者们通过不同的模型技术和研究方法，丰富了信息传播理论，构建了各种相关模型并进行验证。国内学者章晶晶通过研究，得出信源的专业性、可靠性、客观性和内容趣味性均会影响消费者的再传播意愿[②]。王真真（2012）也从信息数量、信息内容、信息时效、展现形式和信源特征五个方面探寻了其对消费者消费决策的影响[③]。国外学者张和塔尼亚（Cheung 和 Thadani, 2012）通过对在线信息相关文献的梳理和总结，最终发现在线信息两大最具影响力的因素可以总结为两种逻辑体系：刺激和反应体系，发送和接收体系[④]。

（四）基于传播说服理论的信源可信度理论

信源可信度是评价主体对评价客体是否可信的评价。在传播学领

---

① Duncan T, Moriarty S E. A Communication – Based Marketing Model for Managing Relationships [J]. Journal of Marketing, 1998, 62 (2): 1 – 13.

② 章晶晶. 网络环境下口碑再传播意愿的影响因素研究 [D]. 浙江大学, 2007.

③ 王真真. 中国旅游在线评论对旅游消费者购买决策影响的实证研究 [D]. 北京第二外国语学院, 2012.

④ Cheung C M K, Thadani D R. The impact of electronic word – of – mouth communication: A literature analysis and integrative model [J]. Decision Support Systems, 2012, 54 (1): 461 – 470.

域，信源可信度指信息传播过程中，信息传播者对传播来源信赖程度的主观评价。信源可信度理论的应用主要来自心理学、社会学、行为学、政治学、经济学等。同时，信源可信度理论也在不断地发展壮大。

在传播说服理论中本研究曾介绍过亚里士多德是说服学的起源，同时，信源可信度理论最初也起源于亚里士多德。亚里士多德认为演讲者的可信度必须建立在演讲的基础上，演讲者在演讲之前所说的和所做的并不是十分重要。演讲者作为信息源，而演讲内容的可信度就十分重要了。至此，亚里士多德把劝说分成三类：可信度（ethos）、情感（pathos）和逻辑（logos）。对信源可信度的学术研究始于20世纪，由于第二次世界大战时期，美国政府思考对战争和民众如何引导，开始进行影响公共舆论活动，支持参战的宣传口号，开展了对这一主题的重点研究。心理学家Carl Hovland和他的同事们在20世纪40年代工作于作战部门，然后在耶鲁大学继续进行实验研究。他们的研究建立在20世纪上半叶的"信源－信息－渠道－接收者"模型基础之上，并和Muzafer Sherif一起把这个模型发展成他们的劝服理论和社会判断理论的一部分。霍夫兰（Hovland，1953）认为信源可信度是受众对信息来源值得信赖与能够胜任程度的主观认识。自他们的研究开始，学者们从不同角度对可信度进行了定义。

霍夫兰对信源可信度的定义是受众对信息来源值得信赖和能够胜任的程度。奥哈尼亚对信源可信度的定义通常用来指信息发布者所具有的影响接收者对信息接受的积极、正面的特点。

现在传播说服理论致力于信息来源可信度的研究，主要是广大学者认为其直接影响了说服效果。信源可信度理论解释了沟通的说服力如何受沟通来源感知可信度的影响[1][2]。所谓沟通，不论以什么形式出现，通过什么媒介传递，其可信度都受到对信源的感知的影响[3]。与目标市

① Hovland CI, Weiss W. The Influence of Source Credibility on Communication Effectiveness [J]. Educational Technology Research and Development, 1953, 15 (2): 142 – 143.

② Berlo DK, Lemert JB, Mertz RJ. Dimensions for Evaluating the Acceptability of Message Sources [J]. Public Opinion Quarterly, 1969, 33 (4): 563 – 576.

③ Lowry PB, Wilson DW, Haig WL. A Picture Is Worth a Thousand Words: Source Credibility Theory Applied to Logo and Website Design for Heightened Credibility and Consumer Trust [J]. International Journal of Human – computer Interaction, 2014, 30 (1): 63 – 93.

场进行沟通的过程中，消息的说服力主要取决于信息源的特征①。可信的来源是可信度构成的基础。可信度通常是用来衡量所传递的消息对受众的积极影响②。研究人员发现，信息说服力很大程度上取决于信源的可信度③。可信度是一个多维概念，影响消费者的态度、意图和行为。表 2.1 为可信度维度整理。

表 2.1 可信度维度整理

来　　源	可信度维度
Hovland CI，Weiss W，（1953）	专业性、叫信赖性
McGuire（1968）	专业性、可信赖性、吸引力、喜爱性
Berlo DK，Lemert JB，Mertz RJ，（1969）	安全性、资格性、动力
McCroskey（1975）	能力、性格、社交性、沉着、外向
Simpson EK，Kahler RC，（1981）④	专业性、动力、可信赖性、社交性
Ohanian R（1990）	专业性、可信赖性、吸引力
Bühlmann H，Gisler A（2005）	能力、外向型、暴露、性格、社交性
Desarbo WS，Harshman RA（2012）⑤	专业性、可信赖性、亲和性、吸引力

资料来源：《移动社交网络用户对联系人产品推荐信息反应意向影响因素研究》，吉林大学

从表 2.1 可以看出奥哈尼亚（Ohanian，1990）对信任的理解更倾向于"诚实""可依赖""值得信任"这样的概念。现在大多数学者也接受了这一看法，认为对信源可信度的描述，第一因素应该是信任。而后，是专业能力，是表达信源的能力能被受方感知的情况。一般描述为

① Kelman HC. Process of Opinion Change［J］. Public Opinion Quarterly，1961，25（1）：57 – 78.

② White JD，Tashchian A，Ohanian R. An Exploration Into the Scaling of Consumer Confidence：Dimensions，Antecedents，and Consequences［J］. Journal of Social Behavior & Personality，1991，6（3）：509 – 528.

③ Petty RE，Cacioppo JT. Communication and Persuasion：Central and Peripheral Routes to Attitude Change［J］. American Journal of Psychology，1986，101（1）：113 – 128.

④ Simpson EK，Kahler RC. A Scale for Source Credibility，Validated in the Selling Context［J］. Journal of Personal Selling and Sales Management，1981，1（1）：17 – 25.

⑤ Desarbo WS，Harshman RA. Celebrity – brand Congruence Analysis［J］. Journal of Current Issues & Research in Advertising，2012，8（1）：17 – 52.

"合格"、"专业"或者是"专家"。第三个重要的因素应该是信源的吸引力，比如风趣或是优雅的风格可以放大信息的作用，让接收方可以更快速地理解和感受到信息的真实含义。这个因素一般描述为相似性，即信息发送者和信息接收者在某种程度上可以信息兼容；或是熟悉性，即收发双方之间的熟悉程度，可以理解为如果两方比较熟悉，会出现"一点就透""心有灵犀"的信息接收传收效果。上述三个因素被学者们广泛认可，也被广泛应用于各个领域之中。

网络信息呈现归根结底是对海量信息细致高效地总结，是为了更好地服务受众群体。从传播学角度来说，商品信息呈现的过程就是商户加工编辑商品信息并向消费者发布的过程，因此商户就是信源，通过对商品信息本身合理的加工和精致的归纳，借由丰富的媒介传递给广大消费者。传播说服理论说明了商户商品信息呈现的重要性，信源需要可靠、有用，具有功能性，这就要求商户在作为信源这一角色编辑商品信息时也必须提供专业的、可信的信息给广大消费者。同时，信源的可信度中还说明了相似性和熟悉度等问题，通过对这些因素深入研究后不难发现，不仅要单纯地将信息传递给消费者，还要将信息通过建立某种关系的形式传递给消费者，让消费者耳目一新，而要建立这种所谓的关系，一般情况下在人机交互中是比较难以形成的，而人人交互中通过人类亲切的表情、生动的肢体语言，则相对容易建立，所以信源不仅是单纯的文字编辑，还是文字编辑的艺术，要通过对信源编辑的合理运用，帮助广大商户抓住消费者的心。

（五）基于传播说服理论的详尽可能性模型

详尽可能性模型是由著名心理学家理查德·E. 派蒂（Richard E. Petty）和约翰·T. 卡乔鲍（John T. Cacioppo）提出并进行修正的[①]。派蒂和卡乔鲍（Petty 和 Cacioppo，1986）在书中谈及有关提出详尽可能性模型的动机和背景时写道，"1986 年的新年夜，美国总统里根和苏联主席戈尔巴乔夫通过电视对本国人民发表新年演讲。于是，人们开始谈论这两位领导人在电视演讲中谈到的话题真的可以有效地影响国民的态度吗？信息的传递真的可以影响接收者的态度吗？如果是，那么又是哪些因素

---

① Petty R E，Cacioppo J T . The Elaboration Likelihood Model of Persuasion［J］. Advances in Experimental Social Psychology，1986（19）：123～205.

决定了这些信息传递过程中的有效性呢？是领导人的特征因素吗？是信息自身的某些特质吗？如果这些信息真的引起了信息接收者态度的转变，那么这种转变是否会持续下去并且进一步导致信息接收者行为的变化吗？"上述这些问题，都是值得思考的，主要把握信源、信息以及信道这三个要素，通过研究他们的特点，来试图回答这些问题。

自 20 世纪 60 年代开始，传播说服的研究主要是基于心理学的研究范式，通过对态度和行为的观察来展开思考的。之后，心理学逐渐对"说服"失去兴趣。研究者们普遍认为产生这种现象的原因包括两个方面：一是"态度"的研究中，研究者们对态度本身的概念产生了质疑，并且对了解一个人的态度是否能够预测一个人的行为产生争议，如果态度不能预测或者改变人的行为，那么态度这个概念就应该被放弃使用。二是很多的实证研究结果自相矛盾，使得广大学者觉得态度这个概念并不具备广泛的指导意义。

在研究态度与个体行为之间的关系时，一个被广泛应用的理论就是 Ajzen 的计划行为理论（Theory of Planned Behavior，TPB）。计划行为理论是一个说明态度与行为的理论。这个理论目前在各个社会学科里广泛应用，社会学、行政管理、人力资源管理等都有应用该理论的文献，这些文献主要用于解释态度、信念和行为之间的关系在该领域中的应用。很多研究者都用这个理论来有效预测个体的行为意图和行为结果。之后学者对计划行为理论也有了更深层次的挖掘，对其进行了拓展，如理性行为理论、自我效能等。虽然，广义上的计划行为理论已经发展得比较成熟，但是，部分研究者们认为计划行为理论在个体态度形成的影响因素的相关概念方面是含糊不清的，应用方法上也是存在着一定的研究缺陷。因此，学者们就开始考虑从其他的角度和学科入手，来思考态度和个体行为关系之间到底应该如何联结。

在传播说服研究领域，详尽可能性模型（The Elaboration Likelihood Model，ELM）是应用最为广泛的理论之一，是一个双路径的说服理论。这两条路线分别是中心路线和外围路线。二者的差异主要表现在信息处理的详尽度不同。在传播学中，当一个处理信息能力高且主观能动性强的个体在进行信息处理和判断时，通常会选择中心路线，会带着严肃的思考和批判的思维运用逻辑来评价这些信息，会做出理性的判断。而当一个个体采取比较消极的态度开始对信息进行处理时，那么这个个体选择的就是外围路线，这个个体会花费更少的时间和精力去进行判断，也不需要理论依据和考证，而是根据一些关于目标的行为的提示来形成态度认知。图2.7为详尽可能性模型（The Elaboration Likelihood Model，ELM）。

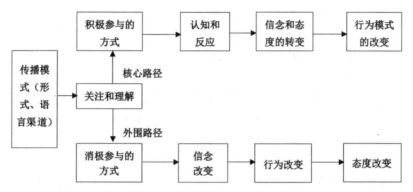

图2.7　详尽可能性模型（The Elaboration Likelihood Model，ELM）

帕萨德斯等（Pasadeos，2008）指出鉴于详尽可能性模型在新的相关研究中合理的引用以及应用，详尽可能性模型成为期刊编辑和审稿人乐于看到的一种研究理论，更是时常要求撰稿人使用。目前，这个经典模型已经被广泛地应用于各个领域。

详尽可能性模型的提出对研究说服与个体态度、行为之间的关系是具有重大理论及实践意义的。菲利普等（Philip，2014）认为详尽可能性模型的提出具有三点重要意义：第一，详尽可能性模型清楚并简明扼地描述了沟通-说服的过程并构建了良好的理论模型；第二，详尽可能性模型具有良好的描述性，能够很好地解释不同的沟通-说服结果，因此可以应用在多种研究情境中；第三，详尽可能性模型是基于学术领域中前人研究结果的基础上构建的，具有良好的理论基础。

近年来，学者们应用详尽可能性模型对社会生活中各个领域的信息传播问题进行研究，意图解释不同路径在详尽可能性模型中所表达的信息态度改变过程，并对其对个体态度、观念、行为意向与行为产生的影响进行探索。安格斯特和阿加瓦尔（Angst 和 Agarwal，2009）结合详尽可能性模型和信息隐私关注理论研究用户自我态度转变以及加入电子健康记录系统的可能性[1]。高哈和奇布（Goha 和 Chib，2017）利用详尽

---

① Angst C M，Agarwal R．ADOPTION OF ELECTRONIC HEALTH RECORDS IN THE PRESENCE OF PRIVACY CONCERNS：THE ELABORATION LIKELIHOOD MODEL AND INDIVIDUAL PERSUASION［J］．Mis Quarterly，2009，33（2）：339-370．

可能性模型在对健康社区上的信息进行研究时，将健康信息分为中心信息和外围信息，并在研究中指出态度的转变是浏览信息的受众在中心信息与外围信息线索的共同作用下实现的①。

贝克、安杰和崔（Baek H、Ahn J H、Choi，2012）发现网络用户获取信息的途径时，发现用户会依据不同的浏览目的来获取不同的信息来源，会自觉地给自己的浏览信息进行一等程度的分级，中心路径用来决定哪些评价更可取，外围路径用来缩小信息获取阶段的可选范围②。

哈林顿等（Harrington N G，Lane D R，Donohew L，et al.，2006）学者研究受众目标如何被健康信息吸引，从而触发信息处理，最终导致受众行为变化。

周鹏（2009）以详尽可能性模型为基础探究网站用户线上信任形成两阶段的差异，并构建了信任发展动态过程模型。班萨尔等（Bansal，2015）运用详尽可能性模型对隐私保障机制与消费者隐私信息披露的关系进行研究。刘子溪和朱鹏（2017）以微博为例，应用详尽可能性模型研究社交化媒体情境下信息可信度的相关因素。从微博内容、微博作者、社交网络传播三个维度，对影响微博话题可信度的因素进行研究。结果发现，微博内容信源的可信度对内容可信度存在显著正向影响，内容可信度对微博信息话题可信度存在显著正向影响，作者专业知识对作者可信度存在显著正向影响，作者可信度对微博信息话题可信度存在正向显著影响。

在《从 ELM 视角了解用户对手机银行的初始信任度》一文中，周涛用详尽可能性模型对用户对手机银行的初始信任进行绘图。初始信任在发展过程中会沿着中心路线和周边路线发生变化。中心路线包括信息质量和服务质量；而周边线索包括系统的质量，以及结构的保证和口碑。研究结果表明，隐私问题会极大地影响消费者与网站互动的积极性。因此，在与消费者互动时，银行常常使用密封件和保证报表来增加成功率。

黄旭立博士和林福仁（Shiu – li Huang 和 Fu – ren Lin，2006）对在线理解说服和谈判策略进行了两个实验。在基于详尽可能性模型构建的

---

① Goha D，Chib J. Central or peripheral? Information elaboration cues on childhood vaccination in an online parenting forum ［J］. Computers in Human Behavior，2017，69：181 – 188.

② Baek H，Ahn J H，Choi Y. Helpfulness of online consumer review：Readers' objectives and review cues ［J］. International Journal of Electronic Commerce，2012，17（2）：99 – 126.

在线 used – car – selling 场景中，为虚拟销售人员采取了劝说策略。结果表明，如果销售代理的策略符合客户的特点，客户的购买态度会发生改变并转化为卖方的利润增量①。

对于招聘组织对求职者的吸引力如何受招聘信息的特殊性的影响这一问题，研究者从营销的详尽可能性模型方面给出了不同的解释。罗伯森·克里斯托弗指出，详细的招聘信息的说服作用通过两种路线影响了接受者的态度：中心路线说服发生在接收消息的认识和对产品形成态度的认知过程，这是广告参数的直接反馈；而外围路线消息的接收者则通过对产品的看法发展线索以外参数的信息。这些影响最终促使应聘者增强对招聘的重视程度。

从研究现状来看，详尽可能性模型的研究还在不断完善中，在各个领域的应用也在逐年增长，研究领域主要集中在信息传播、商业广告、电子商务和网站设计等领域。目前来看详尽可能性模型依然是传播说服理论当中最受广大学者喜爱和认可的模型之一。作为传播说服的一个分支，详尽可能性模型极大地改变了对态度研究的现状。

（六）现有研究的情境

信息获取情境是指消费者购买行为产生的情境，对于消费者来说，有些信息是无意中偶然获得的，而有些信息是通过自己有意识地搜寻获得的。据统计，现在的零售商店中，约有 60% 以上的消费决定是消费者达到商店之后才做的。传统的信息传递，是杂志、电视等媒体上的广告，当然还有一线销售人员的努力推销以及在橱窗等醒目的位置上摆上标志。而信息时代消费者获得这种信息更多来自手机推送的方式。

个体层面对商品信息的反应，是商品信息效果在消费者身上的直接体现。沟通理论认为商品信息影响消费者决策的过程可被看作是消费者被说服的过程。关于商品信息效果的经典研究理论基础来源于霍夫兰为代表的耶鲁模型，即信源、信息、渠道和接收者是信息评价中主要的组成要素，将影响人们对信息的注意、理解和接收，从而最终影响他们的观点、认知和行为。随着互联网 2.0 的流行使用，消费者能够通过多种

---

① Huang S L，Lin F R，Yuan Y．Understanding Agent – Based On – Line Persuasion and Bargaining Strategies：An Empirical Study［J］．International Journal of Electronic Commerce，2006，11（1）：85 – 115.

网络平台创建、发布和分享商品信息内容，如在线论坛、虚拟社区、购物网站、社交网站等。通过对现有文献回顾发现，大量的产品推荐信息反应研究的情境集中在电子商务网站的在线消费者评论平台，虚拟社区和论坛，及第三方评论网站。其他情境的商品信息呈现并未受到学术界相应的关注。尤其是当前人们普遍应用移动社交网络获取信息的情况下，尽管企业已经开始了在这一情境下利用消费者对其产品推荐的营销努力，并且已经取得了相应的成绩，但国内外学术界鲜有对移动社交网络情境下商品推荐信息效果的研究。

2.1.3 社会临场感理论

（一）社会临场感理论的建立

社会临场感（Social Presence），又称社会存在、社会呈现、社会表露，我们最为常见的译法为社会临场感[①]。社会临场感作为传播学重要的理论之一，是由肖特、威廉姆斯和克里斯蒂（Short、Williams 和 Christie，1976）三人于 1976 年最先提出的[②]。肖特（1976）等人参与了一项由邮政部门所支持的项目，主要是为了研究电话和电话会议对绩效的影响。最终，通过大量实验，肖特等人得出社会临场感受信息传递能力的影响，人类的面部表情、姿态、服饰、非语言的有声线索，都会对社会临场感产生影响。他们指出，社会临场感是利用媒体沟通过程中，一个人被视为"真实的人"的程度及利用媒介沟通过程中自身与他人联结的感知程度。媒介因为使人们感受到的社会临场感不同，使人们在借助媒介进行交互过程中，有着不一样的信息处理能力。因此，有些媒介存在着高社会临场感，有些则社会临场感程度不高。而社会临场感较高的媒介通常被认为更具有社交性和更为人性化，而低社会临场感的媒介则被认为是非人性化的。随着互联网技术的发展，人们对在线学习、在线游戏、电子商户等在线活动越来越追求"身临其境"的感觉，而对社会临场感的合理把握和运用能够通过缩短沟通双方的社会距离来增强人们在在线活

---

① 腾艳杨. 社会临场感研究综述 [J]. 现代教育技术，2013，23（3）：64 – 70.

② Parker E B, Short J, Williams E, et al. The Social Psychology of Telecommunication [J]. Contemporary Sociology, 1978, 7 (1): 32.

动中对他人的感知，因此，社会临场感理论得到了广泛应用。为帮助学界把握该理论的应用现状，相当多的学者对社会临场感做出了评述。目前来看，社会临场感理论在多领域都有长足的发展和应用，也取得了不少成果，本书为整体研究考虑，将对该理论相关的研究成果进行评述。

（二）社会临场感理论的发展历史

从历史上来看，社会临场感作为传播学理论最初被利用在计算机媒介沟通 CMC（computer mediated communication）的研究中，通常用于解释 CMC 的非人性化属性，因为在 CMC 交流中，人们不可避免地无法获得沟通中的非语言信息及其相关的线索。相当多的学者将社会临场感引入在线学习的领域之中，并做了许多相关的实证研究。

上面提到了，肖特（1976）等人最早提出了社会临场感这个理论。但之后有学者对这个理论提出了质疑。古纳瓦迪纳和齐特（Gunawardena 和 Zittle，1997）通过实验的方法证实，社会临场感是参与者在基于媒介的交互过程中产生的对他人的心理感知，如参与者可以通过表情符号来变大缺失的非语言线索等。

沃尔特（Walther，1995）等人的研究显示，使用者利用计算机作为媒介与他人沟通，如果有足够的时间，则使用者可能产生亲密感，并且这种亲密感与人们面对面沟通时产生的亲密感相差无几，于是，亲密感成了测量社会临场感的重要指标之一[①]。希特（Heeter，2003）的研究发现临场感是一种随时变化的体验，并且可以在后天学习中获得[②]。后来随着研究的不断深入，学者们对肖特的理论展开了进一步的发展，以此正式确立了社会临场感理论。当人们处于在线环境时，通过表情符号、讲述语气或者使用幽默的语言来表达自我，在其他同样利用在线环境学习的人面前是可以展现真实的自我的，给他人很真实的感觉，并且能够感受到与他人相互联结[③]。表2.2 为社会临场感历史发展表。

---

① Walther J B. Relational Aspects of Computer – Mediated Communication：Experimental Observations over Time［J］. Organization Science，1995，6（2）：182 – 203.

② Heeter C. Reflections on Real Presence by a Virtual Person［J］. Presence，2003，12（4）：335 – 345.

③ L Rourke，T Anderson，DR Garrison，W Archer Asseising Social Presence I n Asynchronous Text – based Computer Conferencing.［J］. Journal of Distance Education，2001，14（3）：51 – 70.

表 2.2 社会临场感历史发展表①

时间	学者	研究焦点
20 世纪 70 年代末	Short 等人	关注远程通信
20 世纪 80 至 90 年代	Rutter Daft&Lengle Kiesler Walther	关注 CMC
20 世纪 90 年代中期 至 21 世纪初期	Gunawardena Rourke Swan	关注在线学习
21 世纪初期至今	Gefen Straub Fortin Hassanein	关注在线购物

综上所述，肖特等人最初建立的社会临场感理论，在广大学者的不断探索和研究中，已经绽放出新的光彩。社会临场感仅由技术因素决定，后经多位学者的实验证实，除去技术因素，一些外在的社会因素也可能产生部分影响。

(三) 社会临场感的定义

社会临场感作为最合适的描述人们是如何进行交互工作的理论，至今存在着不同的概念，不同领域的专家学者给出了不同的见解，表 2.3 从不同角度对社会临场感的种类进行了总结。

表 2.3 社会临场感的种类

种类	定义
社会丰富度临场感	临场感是媒介的固有特性
真实呈现临场感	媒介生成的人们感兴趣的事物的现实代表
移位临场感	你在这里、他在那里以及我们在一起的感觉
沉浸临场感	虚拟环境让人沉浸其中的感知和心理状态
媒介蕴含社会行动者临场感	媒介使用者对媒介中实际存在物的社会反应
媒介等同社会行动者临场感	媒介使用者对媒介提供的相关线索的社会反应，人们对媒介的反应——好像媒介可看作社会实体

---

① Lowenthal P R. The evolution and influence of social presence theory on onlineA learning. [J]. Social Computing Concepts Methodologies Tools & Applications，2010：124－139.

概念一：社会临场感是指人们利用媒介工具进行互动的过程中，一个人被视为"真实的人"的程度以及他与他人联结的感知程度[27]。肖特等人最初对社会临场感的定义，强调了它是一种媒介的属性，并且不同的媒介存在的社会临场感效果是不同的。后来，古纳瓦迪纳（Gunawardena，1995）等人深化了这一概念，认为社会临场感不仅是媒介属性，同时也是人与媒介交互过程中产生的心理感知，并且通过实验证明了这种心理感知是可以通过后天进行培养的。

概念二：社会临场感是指通过使用通信媒介，社区参与者试图在社交和情感上把自我投射为真实人的能力①。这一概念是加里森（Garrison，2000）在古纳瓦迪纳等人的观点基础上发展而来的，关注的焦点从媒介自身的能力发展到了媒介可能承载的社会线索及其传播的能力上来，并且试图克服媒介在传播过程中对交互活动产生的局限性。社会临场感至此发展成为不仅描述人们通过媒介对他人的感知，更是描述使用者的社会临场感感知还取决于自我的投射状态。

概念三：社会临场感是学习者在网上学习小组内的归属和认同知觉而导致的沉浸感②。罗杰斯（Rogers，2005）将社会临场感从社会认同的角度来进行定义，并与加里森的社会临场感概念进行了比较，得出了自我投射有共同的关注点，都是描述小组凝聚力，但两者之间也存在着差异，罗杰斯的定义只是对"自我"有了更多维度的定义和解释，自我投射可以表达个人身份、共享和社会身份。表2.4总结了社会临场感的定义。

表2.4 社会临场感的定义

种类	定义	学者
共在感	个人通过感官无媒介地感受到他人的存在； 与当前居于遥远地点的他人的现场交往感	Goffman（1959） Sallnas et al（2000）

① Garrison D R, Anderson T, Archer W. Critical Inquiry in a Text – Based Environment: Computer Conferencing in Higher Education [J]. Internet & Higher Education, 1999, 2 (2 – 3): 87 – 105.

② P Rogers, M Lea. Social presence in distributed group environments: The role of social identity [J]. Behaviour & Information Technology, 2005, 24 (2): 151 –158.

续表

种类	定义	学者
涉入感	基于媒介的他人显著性； 对另一个智能的感知可达性； 紧密性和直接性； 互相理解	Short et al（1976） Bicca（1997） Mehrabian（1967） Savicki & Kelley（2000）
行为契合度	互相依赖的对渠道行为互动	Palmer（1995）

从上述总结的社会临场感的多重概念中可以看出，社会临场感的概念在其发展过程中也在不断进化。随着人们对人机交互的不断认识，不断深入理解，人机交互对人类所能产生的情感还是有一定影响的。通过人—机—人的方式，信息发布者和信息接收者之间是可以建立亲密关系的，虽然对社会临场感的探索多来自于人们对在线学习的研究，但随着在线购物的崛起，我们不得不承认，人机交互的过程中人们所产生的情感，与社会临场感的产生也有着密不可分的关系。

（四）社会临场感多维度属性

单一维度的社会临场感一般将社会临场感看作媒介本身的特性，常常用来区别或者比较不同的媒介，这一点从肖特等人的研究中可见一斑。但是，许多学者将社会临场感带入不同的研究领域之中，发现社会临场感不仅仅只是媒介的属性，应该从多角度来审视它。

按照肖特等人的研究，依据当时的技术发展水平，社会临场感应被当作一种媒介的内在属性。不同的媒介所能负载的社会临场感程度有所不同，最终传递给沟通双方的线索也不一样，但是依然可以让对方感受到人的真实存在。媒介的不同影响着交互的完成度，这也就让交互双方对使用何种媒介产生了比较。最初，社会临场感用来划分媒介沟通效果的等级，面对面沟通强于视频会议，视频会议强于音频。根据这个理论，较高的社会临场感，更适合人们进行重要的交互工作。

古纳瓦迪纳和涂（Gunawardena 和 Tu，2000）等人的研究将社会临场感视为一种感知，并且认为媒介属性是无关紧要的，决定性因素应当为社会因素。涂在定义社会临场感时这样写到：发生在媒介环境中，人对人的知晓程度；在 CMC 中与另一个知性主体连接时的感觉、感知和反应①，充分说明了社会临场感是在使用媒介时产生的心理感知。古纳瓦迪纳则强调了社会临场感不仅是通过交互时对他人产生心理感知，也说明了社会临场感可以通过人的行为来建立和维系。

一般情况下，社会临场感的维度被认为是：交互、情感和凝聚力。最早是由 Short 等人提出的。涂（Tu，2000）在网络学习的研究中，为了测量社会临场感，设计了一套多维度特性的社会临场感实验，得到了影响社会临场感的因素有社会情境、在线传播、交互性，他在后来的研究中继续探索，通过研究网络学习，加入了系统私密性和私密性感知两个维度②。

比奥卡等（Bioccaet，et al.，2001）对社会临场感进行了完整的文献梳理，总结出社会临场感的三个维度：共在感、涉入度和行为契合度，并收集了所有与维度有关的测量指标。社会临场感是对他人此时此刻的感受，同时受到社会其他线索和参与者的影响③。

从进化视角，里瓦等（Riva，et al.，2003）将社会临场感看作一种进化的心理机制，由人脑神经控制，并试图将感官归类特性嵌入到内部功能空间。社会临场感是人类为了适应技术的发展，更好地完成学习和工作而使用的④。

在线社区的研究中，沈和哈里发（Shen 和 Khalifa，2008）提出了社会临场感包括三个维度，分别是感知、情感和认识⑤。古玛和本巴萨特（Kumar 和 Benbasat，2002）在亚马逊音乐网站商经实验发现，人际交流包括信息交互和关系沟通两个方面，他们通过对关系问题的研究提出了类社会临场感（Prar – social presence），并总结了其维度可以包括理解、紧密、卷入度和积极性四个方面，并且对这一新概念在媒介属性

---

① Tu C H. The Measurement of Social Presence in an Online Learning Environment［C］// 2002.

② Tu C H. On – line learning migration：from social learning theory to social presence theory in a CMC environment［J］. Journal of Network & Computer Applications，2000，23（1）：27 – 37.

③ Biocca F，Harms C，Gregg J. The Networked Minds Measure of Social Presence：Pilot Test of the Factor Structure and Concurrent Validity［J］. Interface & Network Design Lab，2001.

④ G Riva，G Castelnuovo，A Gaggioli，Mantovani Towards a cultural approach to presence. Paper presented at the presence 2002，Porto，Portugal，2002.

⑤ Shen K N，Khalifa M. Exploring multi – dimensional conceptualization of social presence in the context of online communities［C］. International Conference on Human – Computer Interaction：Applications and Services. Springer – Verlag，2007：999 – 1008.

的范围内进行了类比，同时在实证分析中也发现，推荐和用户评论能够帮助网站与访问者之间建立心理联结，从而体验网站的社会临场感①。

我国学者徐琦（2006）也从个体心理因素、群体对个体心理因素的影响及使用者之间的互动交流与写作等方面分析了社会临场感的构成因素，结果得到了"互动"、"真实度"、"亲切"和"协作"是社会临场感的主要构成要素②。

王广新（2008）利用实证方法对网络课程论坛内影响社会临场感的因素进行了一系列的剖析，得到了面对面与达意程度、互动性、非语言信息、亲切感、真实感这五个有效的影响因子，同时得出了学习者社会临场感与个人背景、社会支持都有正向相关性③。

韩等（Han，2015）对社交网站中社会临场感的影响因素进行了讨论，将社会临场感定义为用户感知到推特传达了一种人类接触、社交、温暖和敏感的感觉的程度，并提出了社交网站即时性特征和亲密性特征会对社会临场感产生影响。

人们借助不同媒介得到信息，产生的社会临场感也不尽相同。选择不同的媒介，会影响社会临场感并影响其后的行动，比如交换信息、做出决策等。社会临场感是人在进行人机交互的过程中，对机器产生亲密、协作、信赖等的拟人的情感。

（五）社会临场感理论的应用

杰芬等人（Gefen，et al.，2003）通过基于 TAM 模型构建了一个以社会临场感为中介变量的模型，来解决消费者在线上购物过程中可能产生的信任缺乏问题。他们认为，B2C 网站购物过程中消费者缺乏社会临场感可能会导致消费者信任降低，进而妨碍 B2C 网站的成交率。通过实证检验，他们发现社会临场感会带给消费者信任，并将技术接受模型融入其中，得到了感知使用和感知易用并没有信任感对消费者购买倾向影响大的结论。他们还在研究中强调，社会临场感理论说明的是技术，而技术接受模型说明了人们的认知，两者是互补关系。模型如图2.8所示：

---

① Kumar N，Benbasat I．Para - Social Presence and Communication Capabilities of a Web Site：A Theoretical Perspective［J］．E - Service，2002，1（3）：5 - 24．

② 徐琦．虚拟学习社区中的社会存在感研究［D］．曲阜师范大学，2006．

③ 王广新．网络课程论坛内社会临场感的结构与影响因素［J］．电化教育研究，2008（11）：48 - 52．

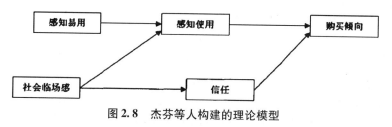

图 2.8 杰芬等人构建的理论模型

哈桑因和海德（Hassanein 和 Head ，2007）建立了一个研究模型，通过社会临场感和技术接受模型的结合研究了社会临场感对感知易用、信任和愉悦对态度的作用。结果显示，较高的社会临场感对感知使用、信任和愉悦有正向的影响，而感知使用、信任和愉悦都对消费者的购买意愿有着积极的影响，如图 2.9 所示。与面对面的交易活动相比，虚拟环境中普遍缺乏亲切感和社会交往感。由此可见，尽管面对面的商业活动和虚拟环境中的商业活动存在着明显的差异，但消费者的体验也同样受到内心变化的影响，并且社会交往感和亲切感对消费者的社会临场感有着重要的帮助。

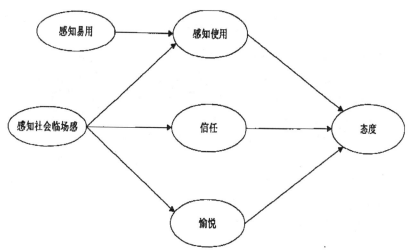

图 2.9 哈桑因和海德（2007）建立的研究模型

帕夫卢（Pavlou ，2007）等发现，在线交换关系中不确定性对购买意图有消极影响，但信任、网站信息量、产品特征诊断、社会临场感这四个因素能够减轻不确定性。其中，社会临场感能够缩短买卖双方间的社会距离，让买卖双方在线减缓关系与传统面对面人际关系相似，从而减轻不确定性，增强其购买意图。

　　蔡、李和金（Choi，Lee 和 Kim 2009）构建了研究在线推荐和消费者评论对消费者行为的影响模型，如图 2.10 所示。研究了社会临场感与消费者对网站中推荐信息和用户评论信息对消费者在使用倾向之间的关系，以信任作为中介变量，并引入了功利产品和享乐产品作为调节变量①。得到了较高的社会临场感对消费者再使用倾向有积极影响，社会临场感对信任感也有着积极影响，而信任感对再使用倾向有着正向影响的结论。

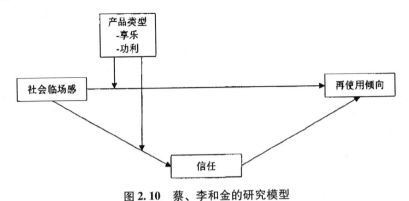

图 2.10　蔡、李和金的研究模型

　　我国学者邱凌云（2008）构建了一个消费者在线惠顾的拓展 TAM 模型，如图 2.11 所示，将社会临场感、信任、感知愉悦三个维度引入到 TAM 模型中，得到了社会临场感对信任和消费者在线倾向均有显著影响的结论。

　　周菲、李小鹿（2015）研究了社会临场感对网络团购消费者再购意向的影响，构建了社会临场感、消费者情绪和网络团购再购意向三者之间关系的模型（如图 2.8 所示），并进行了实证研究，得到了三个结论：①网站设计需要更具人情味，并应当做到与消费者实时沟通；②比起企业提供的信息，消费者更相信其他消费者的信息；③团购网站要开展线上线下的联合推广网站营销②。

---

　　①　Choi J，Hong J L，Yong C K. The Influence of Social Presence on Evaluating Personalized Recommender Systems ［C］. Pacific Asia Conference on Information Systems，Pacis 2009，Hyderabad，India，July. DBLP，2009：49.

　　②　周菲，李小鹿. 社会临场感对网络团购消费者再购意向影响研究 ［J］. 辽宁大学学报（哲学社会科学版），2015，43（4）：113 – 121.

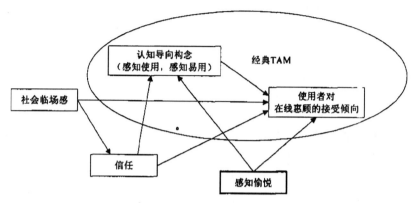

图 2.7　邱凌云的研究模型

图 2.11　周菲、李小鹿的研究模型

　　近些年，社会临场感对在线交互和协作的影响引起了学者们的广泛关注。Xie（2017）等人的实验研究表明，同伴间的交互不总是产生正面的情绪和情感，有时也会伴随着冲突和负面情绪。在同一个学习环境中，角色转换和身份认同的不协调可能会增加这种冲突和负面情绪的存在。因此，在整个同一环境下的同伴交互中，学生的身份协商起到了重要的作用，而社会临场感能够使身份协商过程中的紧张关系正常化，从而有助于化解交互中的冲突和负面情绪。

　　广泛地使用技术接受模型和理性行为理论等理论与社会临场感相结合探讨虚拟环境和一般社交环境是近几年学者聚焦的重点，其中社会临场感作为一个中心因素，成为人机交互搭建虚拟与真实的桥梁。

　　辛（Shin，2013）构造了一个关于 3DTV 的接受和使用预测模型，发现社会临场感、心流、感知有用性和感知愉悦这四者会对意图产生影响，进而对最终使用产生影响。社会临场感作为核心因素，在采纳和持续使用中，一直作为一个重要的影响因素，同时对意图和行为产生影响。

　　社会临场感在群体决策过程中也起到了相当重要的作用。米兰达等

（Miranda，et al，2003）从社会建构的视角出发，对会议环境、会议中的信息共享的深度和广度、决策质量这三者之间的关系进行了讨论。在面对面交流的基础上增加电子媒介通信会对信息共享的广度产生积极的影响，并最终影响决策质量。

哈吉（Hajli，2017）等则是提出新人对社会化商务平台更加重要。其通过对 Facebook 用户的点差发现，对社交网站的信任能够改善信息搜索，提高用户对社交网络平台的熟悉程度和社会临场感，从而增强其购买意图。这种对虚拟产品和虚拟世界的研究，广泛地使用了社会临场感的理论，虚拟世界中用户购买虚拟产品的意图也与社会临场感的提高有关，特别是那些拥有自己虚拟形象的虚拟产品和网站的用户。

还有一部分关于用户参与意图的研究，张（Zhang，2014）等的研究表明，社会化商务活动中，感知交互性、感知个性化和感知社交性等技术特征会对用户的虚拟体验，也就是社会临场感产生影响，从而影响他们的参与意图。克鲁克米尔（Kruikemeir，2016）等人研究了政治家如何利用推特交流对公民的政治参与意图产生影响，研究表明交互性的交流方式产生了较强的社会临场感和感知专业性，从而积极地影响了政治参与意图。

数字技术的出现和电子软件的应用为社会临场感理论焕发了新的生命力。这种强调增强现实、混合现实、虚拟现实等数字实现技术被认为具有革新人们生活的巨大潜力。为广大用户营造良好的人机交互环境，在虚拟世界里获得视觉、触觉、听觉等真实感受是社会临场感理论集中探讨的问题。

通过对国内外学者关于社会临场感的相关研究的总结，可以看出，广大学者认为社会临场感是消费者的一种心理状态，这种状态是消费者在网络购物的过程中产生的，本研究中，我们把认知体验等同为社会临场感，同时本研究认为社会临场感就是源于媒体本身，通过在媒介中植入丰富的信息使消费者产生"身临其境"的心理感受。

2.1.4 "刺激 - 机体 - 反应"模型

"刺激—机体—反应"（Stimulus - Organism - Response，简称"S - O - R"）模型最初是由"刺激—反应"（Stimulus - Response，简称

"S—R")这个模型发展而来的。Watson在《一个行为主义者眼中的心理学》这篇论文中第一次阐释了这一理论。人的心理活动是复杂且深不可测的,学者们应通过客观的方法去观察外在行为来侦测其内心,行为主义心理学应该观察和侦测人们的外在行为,同时,行为是受到外界环境影响而产生的活动,就此提出了"刺激－反应"模型范式。刺激是指来自外部环境给予个体的,而反应则是个体接收到这个外部环境信号产生的个体变化。同时他指出,心理学研究主要的目标是确定何为刺激,并得到刺激与反应之间存在的某种规律,以预测或者侦测两者之间的关系。在此后的研究中,学者们普遍认为"S—R"这个模型范式在探究人类心理过程中,过于简化了发生的过程,认为个体的思维、意识应当被考虑进来,"S—R"这一模型存在着一定的局限性。图2.12为"刺激－反应"模型。

图2.12 "刺激—反应"模型

"S—R"被视为简单的因果关系,仅表达了外在刺激和结果,没法表达个体的内在意识和心理活动。随着学者们的深入研究,"刺激－机体－反应"模型应运而生。梅赫拉比亚和拉塞尔(Mehrabian和Russell,1974)在环境心理学领域的研究中首次提出了"刺激－机体－反应"模型①。如图2.13所示。该模型中刺激就是外部环境对个体的作用,机体指每个受到刺激的个体的内在状态,反应指个体表现出的行为。该模型说明了外部环境刺激能够影响个体的内在状态,并进一步影响个体做出反应刺激所产生的内在状态的趋近行为。

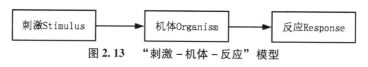

图2.13 "刺激－机体－反应"模型

从消费者心理学的角度出发,分析消费者的购买行为都由哪些因素主导,并都对消费者产生了什么样的影响,也是当代学者十分关注的问题。"刺激－机体－反应"模型的确定对消费者行为具有指导性作用。当代消费者行为的一般模式表明,消费者的最终行为,是在外部刺激

---

① Mehrabian A, Russell J A. An approach to environmental psychology [M]. MIT, 1974.

下，经过复杂的心理活动的过程产生的购买动机。消费者一般行为模式如图2.14所示。

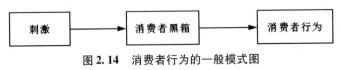

图2.14 消费者行为的一般模式图

（1）消费者感知外界刺激因素研究

首先，根据刺激来源于机体内部还是外部，可以分为两个大类：内部刺激与外部。根据"刺激－机体－反应"模型，本文只探讨来源于消费者的视觉、听觉、触觉、嗅觉、味觉等感受到的外部刺激。这些刺激会唤起消费者的一系列感觉，如记忆、思维、情感、意志等。如消费者初到一个商店，感受到的灯光明暗、色彩变化、声音背景、温度高低等，这些都是对消费者的外部刺激。由于本文的大环境为网络购物，以下对网络购物中，能够给消费者提供的外界刺激因素做简单回顾。

在许多研究中，消费者会因为各种刺激改变他们的购物行为，比如冲动购物、品牌转换等，信息的传播强度和商户的广告支出都可能成为消费者受到刺激的因素。显然，网络购物通过结合各种社交媒体，广泛的品牌平台和项目，大规模的供给等方式给消费者提供更多的机会和更多的利益，社交互动也是需求刺激，指参与者社会关系中的沟通、推荐和模仿行为。鉴于社交媒体SNS是当代的主流媒体和信息传播渠道，它具有很高的渗透性，参与者很容易从他们的社会关系中获得一定的商品信息。消费者在购买前和购买后与自己的亲朋好友讨论教育对于参与者来说也是强烈的刺激因素，亲朋好友很可能通过这种信息"推荐"了解商品，并最终实现购买，而且这种分享自身购物体验的信息传播，也能够使参与者获得很大程度上的心理成就感和满足感。

消费者在形成对广告品牌的态度时能够有意识地认真考虑广告提供的信息，即消费者以高参与度对待广告，他们对广告产品或目标的信息仔细思考、分析和归纳，最终导致态度的转变或形成，这种劝导过程被称为态度改变的核心途径。与核心途径相对的，是态度改变的外围途径。在外围途径中，态度的形成和改变没有经过积极地考虑品牌的特点及其优缺点，劝导性的影响是通过将品牌与广告中积极或消极的方面或技巧性暗示联系起来而产生的。

在个人情况与信息相关程度的基础上消费者会选择两条劝导路线：当动机和能力都较高时，消费者更趋向于遵从核心途径；核心途径包括诉诸于理性认知的因素——消费者进行一系列严肃的尝试，以逻辑的方式来评价新的信息。顾客的知识水平较高时往往倾向于理性的选择。当其中之一较低时，便趋向于遵从外围途径。外围路线通过把产品和对另一个事物的态度联系起来，从而涵括了感情因素。例如，促使新新人类购买其崇拜的青春偶像在广告上推荐的某种饮料的原因，实际上与该饮料的特性毫无关系，起作用的是对歌星的喜爱。这是因为人们在对该饮料本身的特性不太了解的情况下，只能通过该信息的外围因素（如产品包装、广告形象吸引力或信息的表达方式）来决定该信息的可信性。

20世纪60年代，阿恩特（Arndt，1967）提出通过人们相互之间的口口相传来传播产品推荐信息，是促进产品和服务销售的有效营销方式。他指出产品推荐信息是消费者关于产品或服务的口头的、人际的、非商业性目的的交流活动。班纳吉（Banerjee 1992）的研究指出人际关系产品推荐主要依赖于购买者或消费者个人的社会特定关系网络，由于有先人体验在先，因此，具有较高的可信度。安德森（Anderson，1998）提出产品推荐信息是个体消费者之间针对于产品或服务看法的非正式传播，包括正面和负面的观点，但不同于向公司提出正式的抱怨或赞赏。

因特网的出现和发展为产品推荐信息的发布和传播提供了丰富的渠道。消费者通过网络在线平台对产品或服务等进行评价及信息交流，发布在线产品推荐信息。阙克儒（2004）认为产品推荐信息是顾客愿意主动且积极的，以非商业为目的的向他人传播的产品信息。

（二）"刺激—机体—反应"模型的应用

埃罗格鲁（Eroglu，2001）等人第一次将S-O-R模型应用到在线购物的情境中，得到了特定的网络购物环境会让消费者产生不同的内在状态，最终导致不同的购物结果的结论[①]。图2.15为埃罗格鲁等人建立的理论模型。

---

① Eroglu S A, Machleit K A, Davis L M. Atmospheric qualities of online retailing：A conceptual model and implications［J］. Journal of Business Research，2001，54（2）：177–184.

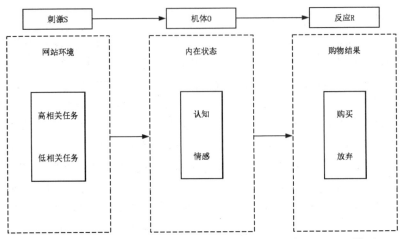

图2.15 埃罗格鲁等人关于网站环境对消费者购买的S－O－R模型

　　他们将网络商店环境设定为两个类，分别为高相关任务环境和低相关任务环境。高相关任务环境是给出消费者如商品价格、商品规格信息和一些相关的网站导航和能帮助消费者做出决定的与商家目的直接相关的事实信息。低相关任务环境则是给出消费者更多社会型线索信息，利用音乐、色彩等多媒体方式给消费者愉快的购物气氛，这些表面上与消费者做出购物决定没有直接关系，但是却可以有效提升购物网站的吸引力，让消费者有愉悦感。之后，他们通过构建模型证实了消费者在高相关任务环境下和低相关任务环境下是做出购买还是放弃的行为，这还受到消费者是什么个性的影响，他们将其分为投入型和环境影响型。投入型的消费者是目标明确的购买者，他们需要真实的信息来做出购物决策，其他信息他们一般会视而不见，所以当低相关任务环境过多地干扰到他们时，他们会放弃购买；而环境影响型消费者则需要轻松愉悦的购物氛围，如果网站给他们严肃和乏味的感觉时，他们会做出放弃购买行为。

　　此后许等人（Hsuan－Yu Hsu，et al.，2011）利用S－O－R模型建立了一个网站质量对消费者再次购买意愿影响的模型进行研究，并通过实证的方式进行了验证。模型架构如图2.16所示。研究中机体选取了消费情绪作为中介变量，最终显示正面的积极情绪有助于消费者的重复购买，而负面的消极情绪则负向影响消费者的重复购买①。

---

　　① Hsu H Y, Tsou H T. The effect of website quality on consumer emotional states and repurchases intention［J］. African Journal of Business Management，2011，5（15）：6195－6200.

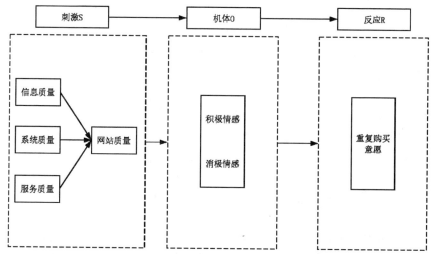

图 2.16 许等人网站质量对消费者重复购买意愿的 S－O－R 模型

孙凯在他的博士学位论文中，研究了移动互联网背景下品牌信息内容呈现对消费者参与的影响，利用 S－O－R 模型构建了以企业信息内容呈现、引导信息内容呈现、关系信息内容呈现为刺激的理论模型。研究模型如图 2.17 所示。这三者通过对品牌认知和品牌情感的影响，进而影响消费者参与。其中，对消费者内在个体反应的部分，孙凯与埃罗格鲁 Eroglu，等人都认同认知和情感是消费者内在心理活动。

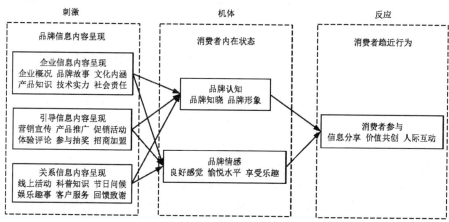

图 2.17 孙凯的移动互联网背景下品牌信息内容呈现对
消费者参与的影响理论模型

由此可见，"S－O－R"模型范式已经广泛地应用于社会学科的研究中，特别是应用于消费者心理和行为的研究中。"S－O－R"模型范式，具有较高的理论适配度，对研究的各个变量也能进行良好的解释。通过"S－O－R"研究范式建立的模型，主要研究是什么因素构成了对消费者的刺激，这些刺激对消费者的内在心理状态产生了什么影响，消费者的心理状态导致的趋近行为是什么。"S－O－R"模型范式可以通过合理的方式，应用于管理学科的研究，同时也适用于本研究的模型构成。

2.2　在线商户商品信息呈现相关研究综述

通过对基础理论的回顾，我们可以了解在线商户信息呈现的基本原理、基本形式与内容，下面将从商户商品信息呈现和在线商户商品信息呈现两个方面展开综述，以期能积极完整地概括商户信息呈现的基本问题。

2.2.1　商户商品信息呈现

1970年，美国经济学家约瑟夫等人分别从商品交易、劳动力市场和金融市场三个不同的领域思考，研究了商品信息问题，提出了"信息市场"的概念。

商品信息是指能够被接受者接收，并满足其某种特殊需要，有关商品及其生产、流通或消费的信息、情报、数据和知识等的总称。商品信息在描述商品方面，主要是利用予以构建商品描述商品本体，对消费者实现引导。商品信息有别于产品信息，商品信息主要针对的是消费者，会存在帮助消费者解决信息不对称问题的理解性信息，引导消费者对商品本身有全方面的认识，并了解商品可以满足哪些消费者的需求。产品信息则更多的是对产品本身的形态、功能、特性等方面的描述。

基本的商品信息呈现，包括商品的参数、商品的生产信息、商品条形码等。基本信息帮助消费者理解这个商品的构成（食品类商品还可以了解营养成分百分比）。生产信息帮助消费者了解商品的生产日期和何时到期以及该商品的生产地。条形码作为标准化信息标识在互联网时代有了新的应用领域。条形码可以用于购物比较和购物比价，还能够通过条形码获得该商品的使用方法、过敏信息、同系产品搭配信息等，同时当代的商品条形码还有查验功能，可以与中国商品信息服务平台进行数据对比，以免买到假冒伪劣产品。

伴随着信息社会的到来，网络传播媒介快速普及，人们不知不觉地从拟态环境中获取各式各样的无法直接接触到的信息，这些信息是传播媒介对象征性事件进行选择、加工和重构后的复制符号，可以通过人们的心理世界影响个体的意见①。心理学的研究表明，人类不能直接对信息产生理解，只能通过事物本身存在的特性、实际状态和其他事物的联系等进行信息构建和分析，从而形成对其的认知，换句话说，信息在人类了解世界时起到了中介作用。而从消费者的角度来审视这个问题，就会得出消费者本身就有可能对事物认知不足，并且自身的认知能力也有限，但是为了给予消费者更加舒适的消费体验，需要商户通过对大量的信息合理加工传递给消费者，使其了解商品，并最终选择购买商品。

互联网时代的到来，已经在潜移默化之中改变了消费者的购物习惯，便利的互联网环境为广大消费者提供了主动性、选择性、创造性更强的消费空间。在这一背景下，广大商户为了塑造和维持高质量的客户关系，必须向消费者传递大量有价值的商品信息，以此来满足消费者日益增长的认知需求和消费需求。雅各比等（Jacoby, 1977）指出，站在消费者的角度来思考商品信息呈现，由于自身认知能力的限制，消费者为了获得更好的消费体验，需要大量的信息来认识商品，以便做出购物决策②。

早期，广告学的一些学者对信息呈现做了一定的研究。雷斯尼克和斯特恩（Resnik 和 Stern，1977）认为通过广告呈现商品价格、功能、组织构成、使用信息、促销折扣、外包装等信息，可以帮助消费者更好地制定购买决策③。传统的货架商品呈现，消费者可以通过直接触摸商品或是商品外包装感受商品的存在，并且可以真实地感知商品的大小、材质等。这是一部分消费者喜爱并坚持在线下商店购买商品的主要原因。但前面也提到，现代人生活节奏快，城市交通虽然便利但存在拥堵

---

① 陈力丹. 舆论学：舆论导向研究［M］. 上海：交通大学出版社，2012.

② Jacoby J. The emerging behavioral process technology in consumer decision - making research ［J］. Advances in Consumer Research，1977.

③ Resnik A，Stern B L. An Analysis of Information Content in Television Advertising ［J］. Journal of Marketing，1977，41（1）：50-53.

的现象，很多人选择通过网络购物的方式来解决购物需要。部分学者通过对网络购物平台中，商品信息和消费者购买决策的影响的研究，得到了一些结论。

台湾学者邱毓频（2001）在研究网络资讯信息和消费者购物意愿的关系时发现，当消费者有一定的相关购物经验和知识储备时，他们会以此进行购物决策，而当消费者购物经验尚浅或知识不足时，他们会依赖他们所能获得的信息进行决策；为了满足消费者的这一需求，企业利用多媒体的方式进行线上信息呈现，内容主要为用户推荐信息、商品信息、商品相关知识等①。

高（Gao，2002）在其博士学位中提到商业网站的信息内容呈现是指网站为用户呈现不同种类的信息，呈现方式包括信息内容、产品呈现特征和系统设计特征②。其中，信息呈现内容指商品信息的种类，具体为价格/价值信息、功能信息和品质信息；信息呈现特征主要指利用不同媒介的信息传递，包括但不局限于动画、弹窗等形式；呈现系统设计主要指这类网站中帮助消费者的一系列辅助功能，如搜索引擎、产品信息分类、站内地图、在线客服等。

2.2.2　在线商户商品信息呈现

马翠嫦（2007）在研究中将网站信息呈现定义为信息使消费者有效地了解产品的优势和特征，在网络信息平台上展示商品信息的方法和过程，既涉及信息呈现的内容，也涉及信息呈现的形式，信息内容呈现主要强调其种类和信息量，其中包括产品信息、产品评论、辅助信息和其他的相关信息；信息形式呈现则侧重信息的表达方式和技巧，其中包括产品信息呈现的格式、方法和筛选比较工具③。表 2.5 为马翠娥的 B2C 网站产品信息呈现中的内容呈现。

---

① 邱毓频. 资讯丰富度对网路购物意愿之研究 [D]. 台湾：台湾交通大学传播研究所，2001.

② GAO Y. Linking information content, presentation attributes, and system design features with consumer attitudes in hypermedia commercial presentations [D]. New York：City University of New York，2002.

③ 马翠嫦. B2C 网站信息呈现与顾客信息搜寻关系研究 [J]. 现代图书情报技术，2007，2（4）：21 -27.

表 2.5　马翠嫦的 **B2C** 网站产品信息呈现中内容呈现的相关研究

研究对象	影响对象	学者（年份）
推荐信息、产品信息、产品知识、信息量	购物意愿	邱毓频（2001）
网络媒体宣传信息、网购咨询的便利性、丰富性、比较性、口碑	信息搜寻行为	周逸衡等（2000）
产品保证、品牌、涉入	风险减低策略	林如莹（2000）
产品品牌、商店形象、保证策略、产品种类	感知风险、购买意愿	李定家（2000）
网站导航、技巧提示	儿童信息搜寻行为	Alonzo（2002）

在商品信息呈现内容分类上，学者霍尔布鲁克和巴特拉（Holbrook 和 Batra，1987）将商品信息内容分为了事实型信息和评价型信息[①]。

廖以臣（2012）在研究 C2C 网上商店信息内容呈现时，将其总结为事实型信息、评价型信息和担保型信息。事实型信息是指商品本身的属性信息（如：规格、材质、容量等）；评价型信息是指消费者可浏览其他消费者关于消费的过往评价信息和购物平台对商户做出的评价信息，这些可以帮助消费者获得信誉评价的横向比较并进行风险评估。担保型信息是指消费者可以通过该类信息的公布得到商户担保，当然，部分担保型信息也可以成为消费者评估购买风险的依据。以淘宝网为例，其中的商户所呈现的事实型信息可归纳为安全购物指南，支付工具，免责声明，产品信息（产品价格、图片、介绍和历史成交价格），店铺类目；商户所呈现的评价型信息可总结为商户档案（信用评价、创店时间、联系方式），商户推荐，消费者评价，交易安全说明，商户联系方式；商户所呈现的担保型信息可归纳为消费者保障计划、七天无条件退换等。表 2.6 为廖以臣的商品信息呈现内容的具体分类。

---

① Holbrook M B, Batra R. Assessing the Role of Emotions as Mediators of Consumer Responses to Advertising [J]. Journal of Consumer Research, 1987, 14 (3): 404 – 20.

表 2.6　廖以臣的商品信息呈现内容具体分类

呈现内容	具体信息内容
事实型信息	安全购物指南，支付工具，免责声明，产品信息（产品价格、图片、介绍和历史成交价格），店铺类目
评估型信息	商户档案（信用评级、创店时间、联系方式），商户推荐，消费者评价，交易安全说明，联系方式
担保型信息	消费者保障计划，七天无条件退换

　　段涛和周洁如（2015）在探讨社交网品牌社区时提出了品牌信息发布的概念，认为品牌信息发布是企业利用网络品牌社区进行针对性品牌推广的最主流的网络营销方式，是企业在社交网络上建立品牌社区、放置品牌信息的行为；品牌信息发布的内容包括信息性内容和娱乐性内容两种，前者是为了吸引网络用户，满足用户获取品牌和产品信息，后者则是用于引导用户在线消费、积极参与品牌社区、塑造线上品牌[①]。张梦雪（2016）在研究在线沟通与消费者购买意愿的研究中，将商品信息内容呈现分为品牌信息、产品属性信息、评价信息和体验信息[②]。

　　孙凯（2016）对互联网环境下品牌信息内容呈现进行了合理的归纳，分别是：企业信息、引导信息和关系信息[③]。品牌信息内容呈现是企业开展营销活动的重要方式之一。企业信息内容呈现是指通过网络信息平台向消费者发布品牌企业自身的发展概况、品牌故事、文化内涵、新闻事件、产品知识、技术实力以及社会责任等方面基本信息的内容呈现行为；引导信息内容呈现是指向消费者发布品牌营销宣传、产品推广、促销活动、体验评论、参与抽奖以及招商加盟等方面引导信息的内容呈现行为；关系信息内容呈现则是用于感情沟通的线上互动、科普知识、节日问候、娱乐趣事、客户服务以及回馈致谢等方面关系维护信息的内容呈现行为。图 2.18 为孙凯的品牌信息内容呈现的构成示意图。

---

　　① 段涛、周洁如. 社交网品牌社区信息发布互动性对用户品牌认知的影响［J］. 西南民族大学学报（自然科学版），2015，41（2）：256 – 260.

　　② 张梦雪. 在线沟通与消费者线上购买意愿的关系研究［J］. 商，2016（19）.

　　③ 邱长波，孙凯，古安伟. 移动互联网环境下品牌信息内容呈现对消费者参与影响的理论模型研究［J］. 图书情报工作，2016（10）：40 – 46.

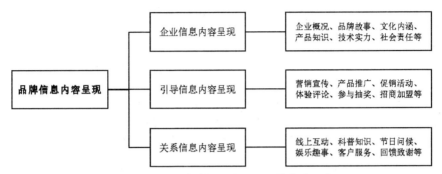

图 2.18　孙凯的品牌信息内容呈现的构成示意图

　　郑春东等人（2016）在研究网上商店产品展示时对网上商店产品展示的功能性特征定义为互动性和生动性。互动性是网上商店系统给消费者提供的自主性选择可以让消费者通过各种媒介手段来检验产品细节，方便消费者对产品信息做出处理[①]。生动性定义为多媒体的综合使用质量，并且说明了与简单的产品信息罗列比起来，生动的多媒体展示方式可以让消费者感受到更好的购物氛围，使产品对消费者更具有说服力，提高消费者对产品的评价。表 2.7 为郑春东等人对网上商店产品展示的功能性特征定义。

表 2.7　郑春东等人对网上商店产品展示的功能性特征定义

实现目的	核心手段	具 体 方 法
互动性	用户的自我操控	1. 控制图片距离：通过鼠标操控实现图片距离远近的不同效果。 　2. 改变产品图片观看视角：通过鼠标拖拽实现观看产品图片角度的改变，以达到全面、整体的观察效果。 　3. 通过一些按钮观察产品细节：通过鼠标操控实现产品细节的放大，使消费者能够清楚地看到产品局部情况。 　4. 更改一些产品设置：通过用户自己的操作实现部分产品设置的更改，例如展示的产品是电子闹钟，用户可以自行设置当前时间、闹铃时间等。

　　①　郑春东，胡慧莹，韩晴. 网上商店产品展示研究综述——基于对 SOR 模型的拓展[J]. 大连海事大学学报（社科版），2016，15（1）：62 – 68.

续表

实现目的	核心手段	具 体 方 法
生动性	多媒体的综合使用	1. 文字：通过文字对产品信息进行详尽描述。 2. 图片（静态）：对整体或局部产品进行静态图片展示。 3. 动画：对产品进行动态展示。 4. 声音：与产品本身密切相关的声音（不包括网站背景音乐）。 5. 视频：多数为产品视频广告，分为有解说、无解说两种。 6. 3D 展示：碍于技术实现问题，目前还没有大范围推广。

　　通过上述文献梳理，不难看出，广大学者从不同角度，利用不同方法，思考了在线商户是如何利用多媒体方式向消费者呈现他们想要传递的商品信息。一方面，信息内容方面专家学者主要将内容进行了具体分类。另一方面，专家学者们又从利用多媒体方式向消费者展示多层次信息的手段进行总结，考虑了信息呈现出哪些特性。商品信息内容方面，商户不断地洞察消费者的需求，尽可能地提供有助于消费者了解产品的信息，同时，商户贩售商品的购物平台，也在不断要求广大商户规范经营，呈现更多地为消费者提供购物信息和购物保障的信息。而信息呈现形式方面，由于互联网媒介技术的蓬勃发展，信息呈现的形式越来越多姿多彩，消费者可以选择的媒介形式越来越丰富，这样在进行人机交互的过程中，信息的理解和交互的准确性也在不断提高，而学者们通过对这些媒介形式的基本特性的总结，也获得了相应的结论。由此，在线商户商品信息呈现是多种多样且具有自身特性的，不是单一化、直线化的简单呈现的过程。

2.3　消费者在线购物体验相关研究综述

　　本节将从消费者购物体验和消费者在线购物体验两个方面展开综述。通过综述，我们将对本文中的消费者在线购物体验有更加深入的认识。

2.3.1　消费者购物体验

（一）消费者体验的概念

"体验"一词在字典中解释为（1）在实践中认识的事物；亲身经历。（2）体察；考察。体验主要强调个体对情境中事物的认知和感觉。消费者体验在国外受到很多学者的关注，诺里斯（Norris，1941）早在1941 年就曾指出，消费者体验最在乎的不是物品本身，而是相关的服务。在其后的十几年中，营销学者开始逐步关注这一概念，同时，很多企业，在将消费者纳入企业营销过程中最重要的主体之后，为了增强自身的竞争优势，为消费者提供独特的感受，也不断地探索如何增强消费者的体验。

国外学者对体验给出了一些定义。霍尔布鲁克和赫希曼（Holbrook 和 Hirschman，1982）在其研究中指出，体验是消费者购买商品或者服务时所形成的刺激和互动，以消费者自身为主体[①]。当时，众多学者对"体验"做了相当深入的研究，但并没有统一的定义，而"消费者体验"的界定也并不是十分明晰，直到派恩和吉尔摩（Pine 和 Gilmore，1998）《体验经济》一书的问世，"体验"实际上是当个人达到情绪、体力、智力甚至是精神的某一特定水平时，所能产生的美好感受[②]。同时书中提到，"一种全新的、新兴的经济形态正在生长中萌芽，它基于一种区别于以往的经济输出形式，是继产品和服务之后，出现的另一种积极提供物[③]。"它可以交换和传递价值和功能。可以说，体验与产品和服务类似，都要满足消费者的需求，符合消费者的消费结构和能力，但是体验与产品和服务业同样存在着区别，因为它是不可见的，体验只传递功能和质量，更重要的是，它传递一种精神和心理层面的享受和经历。

施密特（Schmitt，2000）在他的著作中也同样赞同了 Pine 等人的

---

① Holbrook M B, Hirschman E C. The experiential aspects of consumption: Consumer fantasies, feelings, and fun. [J]. Journal of Consumer Research, 1982, 9 (2): 132–140.

② B. 约瑟夫·派恩，詹姆斯 H. 吉尔摩，派恩，等. 体验经济 [M]. 北京：机械工业出版社，2016.

③ B. 约瑟夫·派恩，詹姆斯 H. 吉尔摩，派恩，等. 体验经济 [M]. 北京：机械工业出版社，2016.

想法并指出，"我们正处于一场革命当中，这场革命将致使传统营销领域的规则和模型全部淘汰，这场革命将导致体验营销取代传统营销模式。"体验是个体对刺激所产生的反应。他对体验的定义是，消费者在购物过程中对商户营销努力产生的个别化感受，这种感受源于消费者对购买过程的直接参与①。麦克鲁汉（Mcluhan，2000）也指出，消费者体验是消费者针对商品或者服务的一种领悟、一种心理上的体验②。La-salle 和 Britton 在论述中将每个人都看作是可以与企业或者商家发生互动的整体。2003 年提出"全面体验"的概念，2003 年提出及前面迈耶和施瓦格尔（Meyer 和 Schwager，2007）也在其研究中将体验定义为一种内在的心理反应，这种心理反应是消费者和商户进行直接或者间接接触时触发的③。

派恩和吉尔摩的研究奠定了"消费者体验"研究的基础，但是他们的一些观点也被业内的学者质疑，其中最具有争议的就是在将"体验"划分阶段时，他们只考虑了"难忘"和"值得记住"的事件，这种阶段划分明显对消费者的思考较少，没有考虑消费者也会起到创造性的作用，同时消费者联合起来更加具有创造性的作用。此后，普拉哈拉德和拉马斯瓦米（Prahalad 和 Ramaswamy，2004）在 2004 年就对消费者的共同智慧和共同创造性进行了深入研究，他们认为企业与其说是为消费者提供了某个产品，不如说企业其实是在为消费者提供一个可为其"体验"的平台，这个平台保证了消费者自身可以获得独一无二且不可复制的体验。当然，也有一些学者从其他角度思考了什么是消费者体验，认为消费者的判断对于企业所提供的体验也很重要，与消费者本身想要获得的体验相关，因此，卡鲁和科瓦（Caru 和 Cova，2007）在 2007 年就提出了"持续的消费体验"的概念，这个概念极大地拓展了"消费者体验"的范畴，演变成了消费者和企业共同创造的体验。

与国外相比，国内学者的研究主要集中于 2000 年以后，很多学者的研究成果还是值得我们思考的。最早的是裴娣娜（1998）在其研究

---

① Schmitt B H. Experiential Marketing：How to get Customers to Sense，Feel，Think，Act and Relate to your Company and Brands ［M］. New York：1999.

② Mcluhan B，Robert. Go Live with a Big Brand Experience ［J］. Marketing，2000：45 - 46.

③ Meyer C，Schwager A. Understanding customer experience ［J］. Harvard Business Review，2007，85（2）：116.

中指出体验是一种对愿望或者要求的感受①。朱世平（2003）认为，消费者购物体验是为了满足消费者的需求和内心，是发生在消费者和商户之间的互动过程②。梁健爱（2004）也提出了与派恩等人相同的定义，他还进行了概括，体验是个人对于某种刺激而产生的内在反应③。廖以臣（2005）对消费者购物体验的总结，虽然广大学者对这个消费者购物体验的细节定义各有不同，但普遍认为消费者购物体验是消费者在购物过程中的一种内心感受④。刘建新等人（2006）通过对顾客购物体验产生的本质、特征和涵盖的范围进行研究，指出"顾客购物体验"是指客户在商品和服务趋近于饱和后，在以个性化方式参与的消费实践或者过程中形成的期待的、美好的、难忘的感性和理性感受⑤。

虽然国内外学者的研究成果各有不同，对消费者体验这一概念不断地深化理解，但我们可以得出，消费者体验是发生在消费过程中的，能够满足消费者认知需求和情感需求的经历。首先，消费者购物体验的主体是消费者本身，客体是商家提供的商品或是服务；其次，购物体验是来自消费者的主观感受，不同的情境下消费者会产生不同的感受，同样的商户或是服务会给消费者带来不同的感受；最后，消费者购物体验会对消费者的后续消费行为产生一定的影响。消费者体验概念定义整理如表2.8。

表 2.8　消费者体验概念

消费者体验的概念	学者
消费者体验最在乎的不是物品本身，而是相关的服务。	Norris（1941）
体验为独立事件，消费者作为体验的唯一主体，被赋予了重要的情感色彩和意义，这种体验一般建立在消费的商品和服务交互作用的过程中。	Holbrook 和 Hirschman（1982）

---

① 裴娣娜. 发展性教学论［M］. 沈阳：辽宁人民出版社，1998.

② 朱世平. 体验营销及其模型构造［J］. 商业经济与管理，2003（5）：25-27.

③ 梁健爱. 基于消费者体验的营销对策探讨［J］. 广西社会科学，2004（9）：45-47.

④ 廖以臣. 消费体验及其管理的研究综述［J］. 经济管理，2005（14）：43-50.

⑤ 刘建新，孙明贵. 顾客体验的形成机理与体验营销［J］. 财经论丛（浙江财经大学学报），2006，2006（3）：95-101.

续表

消费者体验的概念	学者
"体验"实际上是当个人达到情绪、体力、智力甚至是精神的某一特定水平时，所能产生的美好感受。是个性化地吸引个体的事件。	Pine 和 Gilmore（1998）
消费者在购物过程中对商户营销努力产生的个别化感受，体验在生活中无处不在，不论它是真实的还是梦幻的或者虚拟的，这种感受源于消费者对购买过程的直接参与。	Schmitt（2000）
他们认为企业与其说是为消费者提供了某个产品，不如说企业其实是在为消费者提供一个可为其"体验"的平台，这个平台保证了消费者自身可以获得独一无二且不可复制的体验。	Prahalad 和 Ramaswamy（2004）
体验是一种对愿望或者要求的感受。	裴娣娜（1998）梁健爱（2004）廖以臣（2005）
指出"顾客购物体验"是指客户在商品和服务趋近于饱和后，在以个性化方式参与的消费实践或者过程中形成的期待的、美好的、难忘的感性和理性感受。	刘建新等人（2006）

（2）消费者体验的维度

基于对消费者购物体验含义的深入研究，国内外的学者对消费者购物体验概念的维度进行了划分。表 2.8 为消费者购物体验的维度划分。

从 1982 年至今，学者们对于"体验"的思考和探究就从未停止过，很多学者从不同的角度对"体验"这个概念的内部结构和维度进行了研究。"多维度"的观点最早可以追溯到霍尔布鲁克·赫希曼（Holbrook 和 Hirschman1982）对消费者体验概念的界定问题上，他们比较简单地提出了幻象、情感和趣味三个维度。后来奥托和里奇（Otto 和 Ritchie，1996）在 1996 年针对旅游业的研究中提供了一种测量服务体验的维度方法。他们提出了快乐的、新奇的、刺激的、安全的、舒适的和互动的六个维度，由于后来他们在对量表进行统计学分析时，量表整体的信度、效度和可靠性都没有良好的结果，使得六个维度的服务体验研究在学术上并没有很大的意义，但他们也为思考什么是体验，提供了一些思路和方法。

派恩和吉尔摩（1999）将消费者体验定义为四个范围。主要对消费者的参与水平和消费者与事件之间的环境关系进行了深入的挖掘。消费者的参与水平，被区分为主动的和被动的两个对立方向。而消费者与事件之间的环境关系则被区分为吸收和沉浸两个关系，并以此发展出了他们对于消费者购物体验的纬度划分，即教育、遁世、娱乐、审美。首先，教育是人们认知上的基础，是消费者主动积极参与体验过程中，学习和掌握原本并不熟悉的信息，这种对未知事物的探索和追求，会激发消费者的兴趣，并全身心地投入到体验情境中去。然后，娱乐是消费者最为直接和最为简单的体验方式，消费者的感官受到外界的刺激而被动地与外界产生互动，进行信息交换，之后伴随而来的愉悦感和快乐感就是娱乐这个维度的意义。遁世相较于娱乐和鉴赏，属于消费者更深层次的体验，消费者容易深陷其中，不能自拔。最后，审美则是指体验的情境对于消费者并没有产生很大的影响，消费者可能会因此产生剥离感。在他们的研究中，这四种体验共同作用于一个体验过程。之后也有学者们在派恩和吉尔摩研究的基础上继续思考这个问题，将消费者满意度、唤起等相关维度引入其中进行综合考虑，但研究都具有一定的行业局限性，仅在服务业中的某个行业进行分析，并不具备代表性。

施密特（Schmitt，2000）在他的研究中，通过生物学的理论，将人脑分区的感念引入进来，体验以此划分为感官体验、情感体验、思考体验、行为体验、关联体验五个维度。这五个不同的功能分区既可以看作是独立的分区，当然也互相有一定的影响。感官体验主要依靠视觉、听觉、触觉、嗅觉、味觉等五个感官刺激来为消费者提供体验价值。情感体验主要依靠情境、氛围或商品本身的一些特性或特点来引起消费者的兴趣。思考体验是消费者快乐、愉悦的情绪，使其愿意深入了解商品，并渴望拥有商品。行为体验主要是通过体验感受体验给生活方式和行为方式带来的改变，意识到体验带来的便利和帮助。关联体验主要是消费者与其所属的社会群体通过体验而产生的关联。后来，Schmitt 又将这五个维度进行了进一步的划分，把他们归类为个人体验和社会体验。感官体验、情感体验、思考体验为个人体验，行为体验、关联体验为社会体验。主要是以此探讨个体与他人或社会群体的关系和体验感受，如产生归属感等。

表 2.9 为消费者购物体验的维度划分。

表 2.9 消费者购物体验维度

消费者购物体验维度划分	学 者
现实环境直接体验和虚拟环境间接体验	AlivinToffier（1970）
教育、遁世、娱乐、审美	Pine & Gilimore（1999）
感官体验、情感体验、思考体验、行为体验、关联体验	Schmitt（1999）
关怀、可靠、友善、礼貌等	Kathryn（1999）
情感、感觉、智力、身体、社交	Josko Brakus（2002）
情感体验、文化体验和娱乐体验	周兆晴（2004）
高度体验、中度体验、低度体验、无体验和消极体验	陈建勋（2005）

（3）消费者体验质量

消费者体验质量这个概念诞生得比较晚，2010 年以前，消费者体验的研究还未形成一个完整独立的系统，体验质量一开始仅仅被当作服务质量的拓展，服务质量测量相比体验质量测量有着更为广泛的应用，学者们更多的专注于顾客满意度和服务质量（Verhoef 等，2007）这些维度的研究和测量。2010 年以后，随着商品贸易不断升级，体验质量逐步开始作为体验评价方法受到学者们的广泛关注，现阶段的体验质量研究仍然集中于特定领域和特定行业，在这些特定的领域和特定的行业也得到了长足的发展，如产品体验质量、旅游体验质量、服务体验质量、系统体验质量、通信网络体验质量、教育体验质量、主题公园体验质量、图书馆体验质量等研究方向，体验质量的提法也存在差异，如体验质量（quality of experiential）（Du 等，2009）、顾客体验质量（customer experience quality）（Lemke 等，2011）和用户体验评价（user experience evaluation）（Roto 等，2011），体验质量的内涵和测量方法也相应存在较大差异。Chang 和 Horng（2010）认为体验质量是顾客对自身参与到消费活动中并与服务环境、服务提供者、其他消费者、顾客同伴，以及其他对象互动所形成的体验的情感评价；Lemke 等（2011）认为体验质量不仅仅是商品质量和服务质量，更是对顾客体验的卓越性或优越性的感知判断。

按照中华人民共和国国家标准（GB/T 19000－2008）《质量管理体系——基础和术语》［以下简称为"国标（GB/T 19000－2008）"］中的定义，产品分为服务、软件、硬件和流程性材料四类，我们通常将硬件和流程性材料统称为商品，商品是有形的；将软件和服务统称为服务，服务是无形的。美国制度经济学派的早期代表人物康芒斯将财产分为有形体财产（有体物所有权）、无形体财产（债权）和无形财产（市场自由权），根据其观点本文认为体验是无形的，它摒弃了具体的形体。国标（GB/T 19000－2008）认为质量是指一组固有特性满足要求的程度，其中"特性"可以是定量或定性的，包括物理特性、功能特性、感官特性、行为特性、时间特性等，"固有特性"是本来就有的，尤其是那种永久的特性；"要求"可以分为明示的要求和隐含的要求，其中明示的要求是具体的、在合同或法规环境下明确给定的，而隐含的要求则是在其他环境中约定俗成的、众所周知的。所以，固有特性满足要求的程度所构成的商品质量和服务质量必然是一种客观存在，但是两者在测量方法和量化程度上存在差异。体验质量是企业衡量体验效果的重要依据和评判标准。Pine II 和 Gilmore（1998）认为体验并不是商品或服务本身，但是商品、服务却是体验中不可或缺的组成部分，其中商品是获得体验的道具，服务是获得体验的舞台。因此，体验质量会受到商品质量和服务质量的影响。体验又是区别于商品和服务的，体验超越了一般的认知层面，是特定情境下消费者在与场景、企业人员或其他消费者互动的过程中形成的独特情感，体验质量最终是由消费者内心深处的独特情感决定的，如放松、兴奋、惊喜、感动，或担心、焦虑、厌烦、冷漠。消费者的独特情感属于主观判断，是非标准化的，主要测量个体主观的情绪和情感。商品质量、服务质量和体验质量的比较具体如表1所示。由此可见体验质量的测量具有综合性和复杂性。表2.11 为商品质量、服务质量与体验质量的比较。

表 2.11 商品质量，服务质量与体验质量的比较

	商品质量	服务质量	体验质量
基本内涵	商品固有特性满足要求的程度	服务固有特性满足要求的程度	体验活动满足参与者要求的程度
本质	基于属性的评价，强调功能性和实用性	基于过程的评价，强调功能性和舒适性	基于整体的评价，强调情感性和象征性
表现形式	有形体、具体的	无形体、客观的	无形的、主观的
管理方式	标准化管理（硬指标/完全量化）	标准化管理（硬指标/完全量化）+ 标准化管理（软标准/部分量化）	非标准化管理（五标准/无法量化）
测量内容	对与商品质量相关的客观属性进行全方位测量	测量顾客对服务质量的期望和感知，期望和感知的差距比较	测量用户认可程度，综合了服务层面、用户层面和环境层面的影响因素

资料来源：根据王新新、李晨的研究整理。

派恩和吉尔摩（1998）认为体验是值得记住的，薛海波和王新新（2009）认为体验是一种极度的愉悦感和唯一的体验感受，本文中的消费者体验是特定情境下消费者在与商品、环境、网络、推销人员或其他消费者互动的过程中形成的独特情感，这种独特情感来源于信息交互过程中消费者深层次情感需求得到的满足，它能够刺激消费者的认知和情感，因而让消费者感到快乐、愉悦和难忘，这个情感是远远超出消费者的本来预期的，即实际值大于期望值，消费者在此过程中获得意想不到的价值，是消费者向往并且愿意再次尝试的。因此，体验属于"卡诺模型"中的魅力型因素。卡诺等（Kano，1984）认为魅力型因素（也称为兴奋型因素）能够满足消费者的潜在需求，这部分需求是消费者自身也没有明确意识到的，因此能够使消费者产生兴奋和惊喜。当魅力型因素没有得到实现时，消费者的满意度不会降低，但一旦魅力型因素得到实现，消费者的满意度就会急剧上升。同样，体验能够满足消费者的潜在期望，伍颖和邵兵家（2002）认为潜在期望是顾客并未意识到的潜

在需求，潜在期望没有得到满足顾客不会不满，而一旦得到满足顾客就能够获得意想不到的价值，因而良好的体验能够极大地推动顾客忠诚，从而有效解决"顾客满意悖论"。消费者体验质量是对特定情境下互动过程中形成的独特情感的主观评价，体验质量越高说明情感需求的满足程度越高，从而顾客的潜在期望满足度越高，顾客忠诚度也越高。因此，体验质量超越认知能够从情感角度解决"顾客满意悖论"，良好的体验质量能够在提升顾客潜在期望满足度的同时带来顾客忠诚。

体验质量是特定情境下消费者对互动过程中形成的独特情感的主观评价。体验质量会受到商品和服务的影响，所以良好的商品质量和服务质量是良好体验的基础和保障，消费体验是一种动态过程，单一情境下的体验质量测量难以全面反映消费者对体验的评价过程，应该进行整体体验质量测量，包括体验中、体验后和长期的体验质量测量。

（四）消费者愉悦

"愉"是指欢乐、快乐；"悦"是喜悦、愉快。"愉悦"即是舒适、身心放松之意。郭卜乐认为："愉悦，是人类对自身和谐的本能性需求；是在无所拘束的情境中自然而然获得的喜悦感；是对自身的协调，是由内而外的延展。"契克森米哈（Csikszentmihalyi，1997）认为愉悦感是指个体对某种事物或某类人所引发的心理认知，在外界的刺激下所反应的肯定的、积极的情感反射到自我认知情绪系统的一种感觉，如高兴、兴趣、热情、愉快、自信、注意等。愉悦感即当人类满足由生物功能或社会条件驱动的需求时所产生的一种情感。国外学者彼得森（Peterson，2006）把愉悦感定义为"个体所具有的正向性主观体验，作为人类精神的重要组成部分，愉悦感不但具有多重维度，同时受到刺激因素的强弱的影响。契克森米哈（Csikszentmihalyi，2014）认为愉悦感相对于其他感情更为复杂多变，不但会令人产生愉快的感觉，更是在个体解决某种难题时所产生的美妙的感觉。当个体被某一个作品所传递的思想内涵、美好愿景所感动时，会形成一种较为强烈的心理感知状态，而这种状态的产生会让我们在情绪上形成相同或者相似的情感波动以及聚类的审美意趣，进而导致对生活状态以及兴趣爱好的强烈共鸣，以至于形成一种似曾相识回味无穷的美感体验，最终不但能够陶冶情操，而且更加愉悦心灵。当人类在物质生活的进程中，一些能够满足我们生理与心理需求的产品出现时，不但会对我们的精神审美进程产生愉快、欢乐的体验，更会让产品与其使用者产生深层次的交流与羁绊，即体验美好的愉悦时光。对于满足人类的需求层次，我们只有真正认清不同程度的使用者所处的真实现状，才能选择或生产出真正使其感到快乐与幸福的产品。

虽然很多心理学家认为有不同程度的情绪类别，但无独有偶的是他们都把快乐作为最本质和最原始的情感表达，同时也视为最能够代表正面的积极情绪之一。尽管大批的心理学家对其进行了大量的研究，但学术界一直没能达成一致，大家对于愉悦的定义一直有着各种各样不同的看法，这就导致了许多心理学家只能从自己的角度去定义愉悦感。《牛津大词典》（Oxford English Dictionary）将快乐定义为"在清醒或有知觉的状态下感受快乐、快乐、满足和快乐"的对立面。著名的心理学家唐纳德·诺曼（Donald Norman）在他的《Emotion Design》）一书中这样描述："美丽、乐趣和快乐共同作用会产生愉悦的感觉，愉悦是一种积极的情感状态。"那么，我们把运动过程中产生欣喜、满足、喜悦等的情绪变化称为运动愉悦感。孟昭兰教授在《情绪心理学》书中定义愉悦为：愉悦是指那些天生生成的，直接由神经和脑的冲动引起的正性情绪反应，它引起快感甚至满足感①。

愉悦，从其本质上来讲是精神体验的一种。它既表现为一种情绪，也表现为一种情感。愉悦情绪的改变与需要（特别是生理需要）、机体的活动、感知觉有着很大的关联性；愉悦具有情境性和表浅性，会随着情境的变迁或需要的满足而较快地减弱或消逝，因而带有更多的冲动性、偶然性和外显的表现。当愉悦感与社会性需要、社会认知、理性观念及观点等相结合的时候，它带有显著的社会历史制约性，成为个体社会化中的重要组成部分与标志。当一个客观物体能否真正引起个人的愉悦感，其核心是人的需要。只有那些能够满足个体需要或者符合个体所产生的愿望以及所持有的观点的客观事物，才能使人产生愉快、喜爱等肯定的情绪和情感的体验。心理学家亚伯拉罕·马斯洛（Abraham Maslow）（1908 - 1970）的人类需求层次理论（hierarchy of needs）在很大程度上解释了我们坚持为人类情感服务做设计的原因，是面对精神对象的心理需求。那么根据马斯洛的需求层次论，人有生理、安全、爱与归属感、自尊、自我实现五个层次的需求。生理需求是生存所必需的基

---

① 孟昭兰，情绪心理学［M］. 北京：北京大学出版社，2005

本生理需求，如对食物、水、睡眠和性的需求①。安全需求是指某种可以被预测或让人拥有安全感的环境场所，它相对的可以免除生理和心理的焦虑，如统一、公平以及一定的规律。爱与归属的需求指的是个体被接纳、包容、鼓励、支持、关爱、照顾等，如结交朋友、追求爱情、参加团体等。尊重需求包括尊重别人和自尊两个方面。自我实现需求是指实现自我的潜能能力。除了如水、食物、睡眠等初级物质需求外，需求层次论中其他层次的需求其实都是一种精神心理需求，都可以使人产生愉悦感。综上所述，如何真正使个体得到心理愉悦的前提条件就是心境和谐，当一个人在保证充足的睡眠、合理的休息后，他便能够真正地感受到心灵的放松，进而产生愉悦感，这是因为和谐的生理状况可以带来深层次的精神愉悦。

《情绪心理学》一书中提出了"四种愉悦"，它是人们与产品和服务进行正面的、交互的几种不同的方式。笔者认为，有关愉悦感的分类并不是单一的、唯一的，更不会是对于理论的全面总结，但是其仍然具有一定的代表性和参考意义。视觉、声音、气味、味道以及触觉这五种基本的感觉构成了生理上的愉悦感，作为人类最原始的本能层面的反应，处于意识之前、思维之前。比如，时钟视觉上色彩斑斓、柔美的线条，不但符合人类工程学的触觉感受，更给人带来生理层面上的愉悦。社交愉悦是指从个体与其他个体或群体的交互的过程中得到，的感觉这种感觉受到人际交往或相互之间的关系往来的影响，有时候还会受到个体所处的身份地位之类的事情的影响。有时社交愉悦是作为使用的一个副产品而得到的。心理愉悦是指人类在对产品的使用过程中的真实反应以及内在心理状态而产生的愉悦感。产品的易用性和使用时的附加属性如游戏功能起到了决定性的作用。思想愉悦是由于人们的价值观与产品相吻合，这种愉悦存在于对经历的思索。愉悦感通过四个层面分别作用于用户，每一层面都在与用户的交互过程中发挥不同的作用。一个成功的设计必然在各个层面充分挖掘产品的潜力，使愉悦感最大化。以一个日历卡片为例：亮丽的色彩，精美的平面编排，简洁的造型语言给人以生理层面的愉悦；多人协作的日历拼装过程可以在互相合作、创意造型的过程中产生社交层面的愉悦；日历卡片可以自由拼装成随意的图形，带有一种游戏的趣味性，在使用的过程中用户会产生心理层面的愉悦；

---

① 龚健. 基于当代营销模式下的产品体验价值评价体系研究［D］. 湖南大学，2008.

这种模仿积木玩具的自由拼装的形式会触发用户对童年美好回忆的遐想，带给用户思想层面的愉悦。

霍尔布鲁克和赫斯曼（Hirschman E、Holbrook M，1982）指出愉悦是一种积极的心理状态，是指一个人对一个具体情景或事件感到愉快、高兴、欢乐或满足的程度[①]。愉悦在享乐主义中一般被认为是人采取任何行动的终极目标，始终是为了追求愉悦感的获得，并规避不愉悦或痛苦的情感，就是趋利弊害。消费者心理学将消费者的愉悦感定义成为消费者在使用某一项产品或服务时所体验到的愉悦感觉，这种愉悦感与消费者的多种感官（视觉、嗅觉、味觉、触觉、听觉等）体验、回忆和想象有关。现有研究已经证实用户愉悦不仅在一般商店购买中起关键作用[②]，在在线环境中依然作用显著[③]。对电商而言，顾客通过广告与网店集成的在线购买系统进行的购买行为不仅能够获取个体所需产品的或服务，更重要的是能够通过用户的愉悦体验激发其个体的享乐性购买动机。根据前人的研究，当个人行为由愉悦等内部动机所推动时，他就愿意在未来继续坚持这些行为，因此用户愉悦对消费者的在线购买行为具有积极影响。

鉴于愉悦感的存在与消费者的自身感知紧密相关。而丰富的临场感体验有助于提升用户的主体感知，通过近似面对面的接触和交流，获取在线产品的全方位认知和体验，比起与毫无临场感的生硬、冰冷的技术集合进行交互，前者能带给用户更多的愉悦情绪。一些学者也已经证实这种愉悦情绪与社会临场感之间的紧密关系。Hassnei 和 Head（2007）就研究表明，社会临场感有助于唤起消费者的愉悦感，进而形成消费者对在线商户的良好印象。赛尔等（Cyr，2007）也指出网络环境中，社会临场感有助于帮助消费者模拟线下的真实接触，激发消费者的愉悦情绪，从而获得顾客忠诚作为一种积极的消费情绪，激发消费者的购买意愿，并提出了一个实验量表。常用的情绪量表主要有普拉切克基本情绪评价量表、ProEmo 情绪量表、PAD 情绪量表和自我评价模型等。中文简化版 PAD 量表包含 H 个维度，分别为愉悦度、唤醒度及优势度，每

① Hirschman E, Holbrook M. Hedonic consumption: emerging concepts, methods, and propositions [J]. Journal of marketing, 1982, 46（summer）: 92–101.

② Jarvenpaa SL, Todd PA. Is there a future for retailing on the internet? In Peterson. R. A（Ed.）Electronic Marketing and the consumer [C]. sage, Thousand Oaks, CA, 1997.

③ Russell J, Cohn R. Usability [M]. Stoughton: Book on Demand Ltd, 2012

个维度又包含四种情感，其中 P 即代表愉悦。PAD 情绪量表及现实测量中使用较多的题项对用户愉悦进行测量，选择的四种情感包括活力、舒畅、快乐和兴奋[1][2]。

（五）消费者信任

在学术界，关于信任是什么以及信任是如何被影响的，一直是广大学者讨论的焦点之一，信任在对于消费者的研究当中，有着举足轻重的位置。古兰诺维特（Granovetter，1985）将信任视为或多或少静态的人际差异结构[3]，这种从社会学角度思考的信任，是人们已开始对信任这个维度研究的依据。霍斯摩尔（Hosmer，1995）在研究心理学与语义学的过程中，考虑到语境因素的影响，且语境因素有着被强调的可能，认为信任可以被视为与对他人的目标或目的的信心，或对他人话语中的可以被感知真诚相关的认知过程[4]。在这一观点中，信任水平是特定于关系和增强或抑制信任的发展和维持的环境因素[5]。尽管研究者们从不同视角对信任进行了概念界定，但是，信任的定义普遍局限于一方对另一方的看法之上：也就是说，信任被定义为对可信赖性的感知。格分等（Gefen，et al.，2003）指出信任通常被定义为基于对对方能力、善意和正直的认知，个体产生的愿意去依赖的心理状态[6]。扎菲罗普劳（A. M. Zafeiropoulou，2014）认为信任是一种社会关系因素，这种因素会对用户行为产生重要的促进作用[7]。信任作为社会关系中的重要概念，在心理学、社会学、行为学等领域都受到了极高的关注，普遍认

---

① Ezeh C，Harris L C. Servicescape research：a review and a research agenda ［J］. The Marketing Review，2007，7（1）：59 – 78.

② Russell J A，Ward L M，Pratt G. Affective quality attributed to environment：A factor analytic study ［J］，Environment and Behavior，1981，13（3）：259 – 288.

③ Granovetter，Mark. Economic Action and Social Structure：The Problem of Embeddedness ［J］. American Journal of Sociology，1985，91（3）：481 – 510.

④ Hosmer L T. Trust：The Connecting Link between Organizational Theory and Philosophical Ethics ［J］. The Academy of Management Review，1995，20（2）：379 – 403.

⑤ Lewicki & Bunker，1995：Lewicki R J，Bunker B B . Trust in relationships：A model of development and decline. ［C］// B B Bunker & J Z Rubin，Conflict，Cooperation & Justice. 1995.

⑥ GEFEN D，KARAHANNA E，STRAUB D W. Trust and TAM in online shopping：an integrated model ［J］. Mis Quarterly，2003，27（1）：51 – 90.

⑦ ZAFEIROPOULOU A M. A paradox of privacy：unravelling the reasoning behind online location sharing ［D］. University of Southampton，2014.

为，信任在不确定性较高的互联网环境中发挥着重要作用①。文卡泰什等（venkateshv，morrismg、davisgb，et al，2003）学者认为，信任是一方不管自己对对方的控制和监督能力如何，总是认为对方会做出有利于自己的行为表现，从而愿意将自己置于可能因对方行为而受到伤害的状态，不同的信任程度会导致人们不同程度的偏好，而这种情感倾向会影响人的价值判断和最终行为②。

在应用领域，信任作为一个情感认知的维度，也被广大学者不断地向深挖掘。尤其是，对于消费者态度和情感的研究，都把信任当作一个重要的维度。

企业移动 App 用户在披露隐私信息的过程中面临着隐私信息泄露的威胁，导致隐私顾虑程度不断升高，因此，信任因素在本研究中有着至关重要的作用。另外，与注重契约精神的西方社会不同，中国社会是在各种情感关系的基础上建立起来的，信任便是连接这些关系的重要因素③。

差序格局理论认为，中国社会的人际关系以人伦为本，是亲缘关系的外推④；钱穆（2004）也认为中国社会是以整体而存在的，而这个整体便是依靠一定的关系将个体连接而成⑤。这种文化环境导致人们在披露个人隐私信息时需要更多地考虑信任因素，使得用户在决定是否披露个人隐私信息以及评估披露个人隐私信息所存在的隐私风险时，通常将信任作为重要因素之一⑥。

贺爱忠与李钰通过对商店自有品牌信任与消费者购买意愿的研究构建了一个关系模型，填补了自有品牌信任问题和消费者购买意愿之间的

① SALO J, KARJALUOTO H. A conceptual model of trust in the online environment [J]. Online Information Review, 2007, 31 (5)：604 – 621.

② VENKATESH V, MORRIS M G, DAVIS G B, et al. User acceptance of information technology：toward a unified view [J]. Mis Quarterly, 2003, 27 (3)：425 – 478.

③ 马戎. "差序格局"——中国传统社会结构和中国人行为的解读 [J]. 北京大学学报（社会科学版），2007, 44 (2)：131 – 142.

④ 费孝通. 乡土中国 [M]. 北京：中华书局，2013：24 – 33.

⑤ 钱穆. 晚学盲言 [M]. 桂林：广西师范大学出版社，2004：178 – 187.

⑥ 聂勇浩，罗景月. 感知有用性、信任与社交网站用户的个人信息披露意愿 [J]. 图书情报知识，2013 (5)：89 – 97.

关系的空白，证实了品牌信任正向影响①。

张琦、钱晓（2019）等人研究了无人经济背景下，消费者临场感和信任感之间的作用机制，给出了未来在无人值守的服务行业中，应该如何让消费者和商户之间彼此信任②。金晓玲和田一伟（2009）研究了共享经济环境下，消费者的信任与不信任机制，得出了信任和不信任对消费者购买意愿具有显著影响；图片展示和文字描述主要增加消费者信任，而卖家声誉主要降低消费者不信任；同时不同类型消费者对各种信息的重视程度存在差异③。

2.3.2　消费者在线购物体验

在线购物体验是指消费者在网络中登录、注册到对比、挑选商品等在线购物环节的心理感受状态④。

学术界最先关注的购物体验是 Holbrook（1982），之后随着互联网逐步走入千家万户，消费体验也被加入了互联网背景，探索在线购物体验，剖析其内涵和维度并给出测量方法，是十分有必要的，通过对其维度和内涵的深层次挖掘，有助于思考其影响因素及影响结果，在当今这个时代背景下是兼具理论意义和实践价值的。表2.12是线下购物体验与在线购物体验的比较。

当消费者浏览在线信息、与在线客服交流、感受购物网站氛围的过程中，就产生了在线购物体验。在线购物体验又称为虚拟体验，不同的翻译方式产生于不同的研究背景，但是深究其研究的内容，可以得出广大学者都是在为消费者网络购物过程中产生的内心变化做研究。对于这个心理变化感受，学术界目前有两大主流研究方向：一是基于信息管理系统的用户体验，二是市场营销范畴的总结研究。

---

① 贺爱忠，李钰. 商店形象对自有品牌信任及购买意愿影响的实证研究 [J]. 南开管理评论，2010（02）：81-91.
② 张琦，钱晓，谭晨晨. 无人经济背景下消费者临场感及消费信任机制研究 [J]. 电子商务，2019（10）：37-39
③ 金晓玲，田一伟. 共享经济下消费者信任和不信任的形成机制——基于结构方程模型和模糊集定性比较方法 [J]. 技术经济，2019，38（08）：99-107.
④ 沈鹏熠，范秀成. 在线零售商营销道德、购物体验与顾客行为倾向研究 [J]. 大连理工大学学报（社会科学版），2016，37（3）：70-76.

表 2.12　是线下购物体验与在线购物体验的比较

	线下	在线
人际接触	从高到中	低或无
信息传播	传统媒体较慢，新兴自媒体和新兴媒介形式很快	大量
互动时间	由商户主导	由消费者主导，利用消费者碎片时间
品牌展示	所有用于展示品牌的有形设施	声音、图像

沉浸理论下的消费者在线购物体验最早是霍夫曼和诺瓦克（Hoffman 和 Novak，1996）提出的。他们的研究表明，人们在网络浏览过程中，会产生愉悦感，丧失自我并不断地提高主观行为，不断地学习，不断地探索[①]。

库法里斯（Koufaris，2002）在研究网络购物的过程中，结合技术接受模型，采用了控制感、愉悦和精神的集中作为沉浸视角下的维度。以消费者所购产品的介入度、网络使用技能、网络增值服务和使用网站功能的挑战作为研究的影响因素，最终得出控制感、愉悦和精神集中的沉浸感会让消费者产生非计划购买行为和再浏览的意愿[②]。

从很多学者的研究中可以看出，通过人机互动可以让人们产生沉浸感，人们会投入其中，并且充满了新奇感和控制感。

奥布莱恩（O'Brien，2010）通过沉浸理论研究在线购物情境下的用户涉入度（engagement），并赋予它一个新的名称为用户体验质量，将其维度划分为：注意力的集中、感知有用性、持续性、新奇性、美感和情感投入等。

国内学者也对沉浸理论做过一定的研究。常润芳（2010）以 B2C 网站中服装销售为例，得到了在虚拟环境下消费者获得沉浸体验的条件[③]。

---

① Hoffman D L, Novak T P. Marketing in hypermedia computer – mediated environments：Conceptual foundations. ［J］. Journal of Marketing，1996，60（3）：50－68.

② Koufaris M. Applying the Technology Acceptance Model and Flow Theory to Online Consumer Behavior ［J］. Information Systems Research，2002，13（2）：205－223.

③ 常润芳. B2C 服装电子商务沉浸感提升策略研究 ［D］. 哈尔滨工业大学，2010.

陈洁（2009）等人通过对购物网站和消费者自身的研究分析，设计了网站的表现维度、网站的设计维度、消费者自身维度和网站内容维度都会促使消费者沉浸体验的产生，进而影响消费者的购买行为模型，最终得到了远程感知、感知易用性、消费者技能水平、感知控制力和挑战水平都积极影响消费者的沉浸体验[①]。

詹思汗（2013）等人在研究中证实了控制感、购物愉悦感和专注度对购买意愿有正向影响，同时将品牌信任作为中介变量，得出了这三个因变量同时也影响着消费者信任[②]。

基于消费体验理论视角的研究则是将在线购物体验视为一种个人的变化多端的内在心理状态。广大学者最早都将愉悦体验纳入了在线购物体验的重要维度。Lin（2008）等人研究了网络用户愉悦体验的本质及范围，认为愉悦包括用户的涉入度、正面情感和实现。表2.13为消费者体验视角下在线购物体验维度。

表2.13　消费者体验视角下在线购物体验维度

学者	研究背景	体验的维度
Song 等（2007）	网络购物	愉悦
Chen 等（2008）	网络购物	感官、互动、快乐、流和社群关系
Jeong 等（2009）	网络购物	沿用 Pine 和 Gilmore（1998）的体验分类 4Es
Simon（2010）	信息搜索	白日梦、愉悦以及沉迷
贺爱忠等（2010）	网络购物	沿用 Schmitt（1999）的体验模组
Rose（2011）	网络浏览	认知体验、情感体验

由此可见，消费者在线购物体验是一个多角度、多维度的概念。无论从哪个视角出发，广大学者都做了深入研究并不断地努力完善这一理论。本研究认为消费者在线购物体验可以划分为认知体验和情感体验两个维度，认知体验定义为与消费者的思考或者有意识的心智活动相关的

---

① 陈洁，丛芳，康枫. 基于心流体验视角的在线消费者购买行为影响因素研究［J］. 南开管理评论，2009，12（2）：132－140.

② 詹思汗，陈丽清，张诗臻. 消费者心流体验对购买意愿的影响——基于品牌信任的中介效应［J］. 经营与管理，2013（11）：99－103.

网络活动体验，情感体验确定为消费者情绪、感受生成的网络体验①。

2.4　消费者在线购买意愿相关研究综述

本节将从消费者购买意愿和消费者在线购买意愿两方面进行综述。

2.4.1　消费者购买意愿

意愿是行为活动的前提，个体有了意愿，才会采取某种行为活动，因此，个体的意愿决定个体的行为活动。意愿一词最初是心理学概念。消费者的行为意愿，是消费者心理状态的变化，是在接收到某些信息或者受到某些刺激的情况下，消费者从事某项行为的可能性。最初，伊格利和柴肯（Eagly & Chaiken 1968）认为意愿是一种不同于态度的心理状态，是实施某一行为有意识有计划的个体动机②。阿杰恩和德里弗等人（Ajzen & Driver 1992）把意愿定义为行为表现之前的决定因素，也是做下一步行动的必经过程③。此后，有学者将意愿这一概念引入了营销科学，最初菲什拜因（Fishbein，1975）将购买意愿认定为消费者购买某种产品或者服务的主观概率④。马丽特等（Mullet，et al.，1985）认为消费者对某一产品或者品牌的态度，还有某些环境因素的作用，最终构成消费者的购买意愿，购买意愿是消费者选择某种商品的主观倾向，并且他也证实了购买意愿可以作为预测消费者购买行为的重要指标⑤。道达斯等人（Dodds，et al.，1991）则将消费者购买意愿定义为

---

①　Gentile C，Spiller N，Noci G. How to Sustain the Customer Experience：An Overview of Experience Components that Co－create Value With the Customer ［J］. European Management Journal，2007，25（5）：395－410.

②　Eagly A H，Chaiken S. The psychology of attitudes. ［M］. The psychology of attitudes . Harcourt Brace Jovanovich College Publishers，1993.

③　Ajzen I，Driver B L. Application of the theory of planned behavior to leisure choice. ［J］. Journal of Leisure Research，1992，24（3）：207－224.

④　M Fishbein，I Ajzen. Believe，Attitude，Intention and Behavior：An introduction to Theory and Research ［M］. Reading，Mass：Addison－Wesleg Pub. Co.，1975：3－7.

⑤　Burke J J，Klein R R，Mullet J E. Accumulation of Heat Shock Proteins in Field－Grown Cotton ［J］. Plant Physiology，1985，78（2）：394－8.

消费者购买某种特定产品或者服务时的概率和可能性①。

我国的学者也对消费者购买意愿进行过一系列的定义。朱智贤（2003）认为，购买意愿是消费者做出购买行为之前的消费心理体现，是消费者买到心仪的产品或者服务时的心理表现②。韩睿、田志龙（2005）认为购买意愿是消费者购买某种商品的可能性，这与国外的学者不谋而合③。冯建英等（2006）认为购买意愿是消费者购买行为的基础④。

广大学者针对购买意愿的研究，也随着这一概念的明晰而深入，大家更愿意用这一概念来预测未来消费者的购物趋势。密歇根大学的某项研究表明，消费者的购买意愿可以用来预测消费者的购买行为。他们调查了消费者对汽车的购买意愿与实际行动，得到了二者密切相关的结论。报告中显示，消费者在表示计划和可能购买一辆新车的情况下，第二年有63%的消费者购买了新车。

与传统的购买意愿相比，消费者在线购买意愿并没有什么不同，多数学者也认为消费者在线购买是消费者在虚拟环境下对购买某种产品或者服务的可能性，虽然在线环境中不存在实际线下消费时的购物环境，但消费者在做出购物行为时，同样也受到购物意愿的驱使。

2.4.2 消费者在线购买意愿

（一）消费者在线购买意愿的概念和维度

互联网发展至今日，网络购物已经走进每一个现代人的生活中，使得在线购买意愿的研究受到学者们的瞩目，国内外学者从各个角度对其进行了分析，按照要素的不同，本研究将其分为三类：

---

① Dodds W B, Monroe K B, Grewal D. Effects of price, brand, and store information on buyers′product evaluations. [J]. Journal of Marketing Research, 1991, 28 (3): 307 –319.

② 朱智贤. 关于思维心理研究的几个基本问题 [J]. 北京师范大学学报, 1984 (1): 1 –7.

③ 韩睿，田志龙. 促销类型对消费者感知及行为意向影响的研究 [J]. 管理科学, 2005, 18 (2): 85 –91.

④ 冯建英，穆维松，傅泽田. 消费者的购买意愿研究综述 [J]. 现代管理科学, 2006 (11): 7 –9.

第一类是与网站环境相关的研究。

很多学者通过对网站的导航系统、搜索系统、信息系统、网站设计等因素进行研究，确定了其与消费者购买意愿的关系。同时，也有学者通过网站人机交互方面和网站信息内容等方面对消费者购买意愿的影响进行研究。

埃弗拉德和加莱塔[①]（Everard 和 Galletta，2005）；刘和阿奈特[②]（Liu 和 Arnett，2000）研究了网站导航和网站页面设计这类技术因素对消费者购买意愿的影响。海登、维哈根和克里默斯[③]（Heijden、Verhagen 和 Crecmers，2003）；万[④]（Wan，2000）则研究了软件工具和技术等方面对网络购买意愿的影响。海登（Heijden，2003）的另一项研究表明，网站的视觉效果越好，消费者浏览网站时就越舒服，最终会促进消费者的购买意愿[⑤]。张和塔夫达尔（Zhang 和 Tarafdar 2005）通过对网站内容、设计风格、网站的信息展示方式、网站导航设计和网站的其他特点的研究，得到了这些影响因素与购买意愿的关系[⑥]。

而针对网站氛围的研究则是由线下商店的购物环境衍生而来。在网络购物过程中，网站是消费者与商户沟通的唯一桥梁，科里特、克拉彻和维登贝克（Corritore、Kracher 和 Wiedenbeck，2003）研究表明网站质量和网站氛围是消费者购物行为前影响消费者信任的因素[⑦]。埃罗格鲁、马切莱特和戴维斯（Eroglu、Machleit 和 Davis，2001）将网站氛围

① Everard A，Galletta D F. How Presentation Flaws Affect Perceived Site Quality，Trust，and Intention to Purchase from an Online Store. ［J］. Journal of Management Information Systems，2005，22（3）：56 - 95.

② Liu C，Arnett K P. Exploring the factors associated with Web site success in the context of e-lectronic commerce ［M］. Amsterdam：Elsevier Science Publishers B. V.，2000.

③ Heijden H V D，Verhagen T，Creemers M. Understanding online purchase intentions：contributions from technology and trust perspectives ［J］. European Journal of Information Systems，2003，12（1）：41 - 48.

④ Wan H A. Opportunities to enhance a commercial website ［J］. Information & Management，2000，38（1）：15 - 21.

⑤ Heijden H V D. Factors influencing the usage of websites：the case of a generic portal in The Netherlands ［M］. Amsterdam：Elsevier Science Publishers B. V.，2003.

⑥ Tarafdar M，Zhang J J. Analyzing the Influence of Website Design Parameters on Website Usability ［J］. Information Resources Management Journal，2005，18（4）：62 - 80.

⑦ Corritore C L，Kracher B，Wiedenbeck S. On - line trust：concepts，evolving themes，a model ［J］. International Journal of Human - Computer Studies，2003，58（6）：737 - 758.

构成的要素分为网站背景、音乐、图片、动画、广告、图标、视频、字体等，进而说明网站的氛围是可以影响消费者的购买行为的[45]。茨维兰、格雷泽和阿维尼（Zviran、Glezer 和 Avni，2006）的研究表明网站的整体设计会对消费者购买意愿产生影响①。金、菲奥蕾和李（Kim、Fiore 和 Lee，2007）的研究表明，在线商户可以通过多媒体技术，如三维虚拟模型等方式，提高消费者购物的参与度，让其产生购买意愿②。

针对网站印象的研究也有不少学者涉及，网站印象一般是网络店铺留给消费者的印象，是消费者与网络店铺接触时，对其行为属性、功能和心理的整体感知③。

欧阳文静（2013）通过实体店铺与网络店铺的对比，结合网络店铺的特殊性，将网络店铺印象划分为商品印象、易用印象、趣味印象和配送印象四个方面，首次引入配送印象，因为配送环节是实现产品或服务转移的必备环节，也是影响消费者对网络店铺印象的重要因素④。

消费者对网络店铺的印象主要集中在网站背景、网站设计元素、支付方式、商品信息、配送信息、促销等六个方面。通常消费者会对页面布局结构合理，专业化程度高、艺术性强或者具备亲和力、商品信息分类条理清楚和操作简便易行有更好的印象。由于在线购物的感知风险程度更高，因此个人信息不受侵犯，隐私程度高会让消费者感到放心，同时，也要求支付环节安全快捷。由于网络购买过程中买卖双方信息的不对称，会直接影响交易的结果，信息越充分，可信性越强，会增强消费者对该店铺的信任，同时信息易搜索性越强，会降低消费者信息搜索的成本，信息趣味性越强能够直接吸引消费者注意，并刺激其购买意愿的产生。配送的费用高低直接影响消费者网络购物的资金成本，而配送速度越快越及时，消费者的满意度越高，则会增加消费者重复购买的可能

① Zviran M，Glezer C，Avni I. User satisfaction from commercial web sites：The effect of design and use ［J］. Information & Management，2006，43（2）：157 – 178.

② Kim J，Fiore A M，Lee H H. Influences of online store perception，shopping enjoyment，and shopping involvement on consumer patronage behavior towards an online retailer ☆ ［J］. Journal of Retailing & Consumer Services，2007，14（2）：95 – 107.

③ Chen M Y，Teng C I. A comprehensive model of the effects of online store image on purchase intention in an e – commerce environment ［J］. Electronic Commerce Research，2013，13（1）：1 – 23.

④ 欧阳文静. 网络与实体店铺印象维度 – 感知信任及购买意愿的比较 ［J］. 中国流通经济，2013（11）.

性。网络促销主要包括三方面：获得现金节省的直接型（折价券、赠品、加量不加价、赠券、搭售、降价）、非金钱节省型（免费使用、品质保证、售后服务）和混合型（团购、分期付款、限时购买、限量购买和会员积分）。上述的网站印象特征都能够增强消费者的购买意愿。

第二类是基于营销学相关概念对在线购买意愿的影响因素探讨。

蒋广平（Kuan – Pin Chiang，2001）的研究表明价格、商品类型和便利性会强烈影响消费者的在线购买意愿。广大学者从价格、促销、品牌、消费者态度等营销学概念出发，对它们与网络购物意愿影响进行了研究[1]。具体如表2.14：

表2.14　外国学者基于营销学相关概念对在线购买意愿的影响因素探讨

研究内容	学　者
定价、促销、品牌、声誉和消费者态度等	Bart，Shanker，Sultan & Urban[2]（2005） Chu，Choi & Song[3]（2005） Wang，Law（2005）[4] Iwaarden，Wiele，Ball & Mallen[5]（2004） Urban，Sultan & Qualls[6]（2000） Kim（2000）
价格、商品类型和便利性	Kuan – Pin Chiang（2001）

资料来源：陈洁. 消费者网上购物的网站体验对网上购买意愿影响的实证研究［D］. 华南理工大学，2012.

---

① Kuan – Pin Chiang. Effects of price product type and convention on consumer intention to shop online ［C］. American Marketing Association. Conference Proceedings. 2001：12，163 – 169.

② Bart Y，Shanker V，Sultan F&Urban G L. Are the Drivers and Role of Online Trust the Same for all Web Sites and Consumers？A Large Scale Exploratory Empirical Study. ［J］. Journal of Marketing，69（4），133 – 152.

③ Wujin Chu，Beomjoon Choi，Mee Ryoung Song. The Role of On – line Retailer Brand and Infomediary Reputation in Increasing Consumer Purchase Intention ［J］. International Journal of Electronic Commerce，2005，9（3）：115 – 127.

④ Wong J，Law R. Analysing the intention to purchase on hotel websites：a study of travellers to Hong Kong ［J］. International Journal of Hospitality Management，2005，24（3）：311 – 329.

⑤ Iwaarden J V，Wiele T V D，Ball L，et al. Perceptions about the quality of web sites：a survey amongst students at Northeastern University and Erasmus University ［J］. Information & Management，2004，41（8）：947 – 959.

⑥ Urban G L，Sultan F&Qualls W JPlacing trust at the center of your Internet strategy. Sloan Manage Rev 2000；42：39 – 48

　　第三类是基于心理学相关概念对在线购买意愿的影响因素探讨。

　　许多学者从感知风险与在线信任的角度出发，对消费者在线购买意愿进行了研究。利马耶姆等人（Limayem，2003）通过对45篇在线消费行为的文章进行梳理，得到了社会规范、感知结果、感知易用性、感知行为控制、习惯、感知有用性、感知风险、体验、创新这九个变量都对消费者在线购买意愿产生影响①。还有一部分学者从心流体验的视角对消费者在线购买意愿进行了研究。具体如表2.15：

表2.15　外国学者基于心理学相关概念对在线购买意愿的影响因素探讨

研究内容	学　者
感知风险与在线信任	Gefen, Karahanna & Sraub② （2003） Chen & Bames （2007） Kim, Ferrin & Rao③ （2008） Boshoff, Schlechter & Ward④ （2009）
心流体验	Koufaris （2002）[69] Korzaan & Boswell （2008）⑤ Hausman & Siekpe （2009）⑥

资料来源：作者自行整理

　　国内也有学者对在线购买意愿的影响因素进行了探讨。从网站建

---

① M Limayem, CMK Cheung, GWW. Chan A Meta – Analysis of Online Consumer Behavior Empirical Research ［C］Paper in 8th AIM Conference, May 21st and 23rd, Grenoble, France, 2003

② Gefen D, Karahanna E, Straub D W. Trust and TAM in Online Shopping：An Integrated Model ［J］. Mis Quarterly, 2003, 27 （1）：51 – 90.

③ Kim D, Ferrin D, Rao R. a trust – based consumer decision – making model in electronic commerce ［J］. Decision Support Systems, 2008, 44 （2）：544 – 564.

④ Boshoff C, Schlechter C, Ward S. The mediating effect of brand image and information search intentions on the perceived risks associated with online purchasing on a generically – branded website ［J］. Management Dynamics Journal of the Southern African Institute for Management Scientists, 2009.

⑤ Korzaan M L, Boswell K T. The Influence of Personality Traits and Information Privacy Concerns on Behavioral Intentions ［J］. Journal of Computer Information Systems, 2008, 48 （4）：15 – 24.

⑥ Hausman A V, Siekpe J S. The effect of web interface features on consumer online purchase intentions ［J］. Journal of Business Research, 2009, 62 （1）：5 – 13.

设、网站设计、网站氛围、消费者情感等方面进行了细致的总结分析。唐嘉庚（2006）的研究中首次提出衡量网络互动性的互助性因子，并以实证研究证明消费者之间的互助性对消费者的网络购买意愿有正向性的影响。

陈娅（2008）通过对 C2C 网站的研究，将构成网络商店形象的要素总结为价格形象、产品形象、服务形象、环境形象、信誉形象，并探究了它们对消费者购买意愿的影响①。

范晓屏、马庆国（2009）通过构建关系模型的方式，将网络交互的分析维度划分为网络互动场所、网络互动特性、网络互动方式与网络互动内容，并开发了互动效用的三个维度分别是工具效用、社会效用和心理效用，然后研究了网络互动四个要素、互动效用三个要素以及网络购买意向三者之间的关系模型，研究表明了互动效用是网络购买意向的标志值②。

赵晓煜等人（2010）通过研究购物网站中的社会线索构建了一个关于社会线索与消费者行为意向的框架模型，并通过实证的方式得到了网站环境中的交互型社会线索和印象型社会线索都会影响消费者的行为意向。

唐馥馨（2012）通过研究网上商店的装修对消费者购买意愿的影响发现，网上商店的信息设计、结构设计、视觉设计的质量对消费者的购买意愿有着正向的影响；网上商店的信息可读性、视觉生动性、搜索便捷性和视觉统一性都是影响消费者购买意愿的重要因素③。

徐小龙（2012）在研究虚拟社区的问题中，以群体参照理论为基础，以信息性动机、群体规范、社区认同感和虚拟社区意识为维度，研究他们对消费者行为的影响，研究结果表明消费者在参与虚拟社区之后，参照群体会对消费者的购买行为产生明显的影响④。

艾瑞克（Eric W. Ketal, 2014）研究表明网络口碑对购买意愿有直接影响并对以顾客信任为基础的产品的消费者购买意愿有间接影响，用

① 陈娅. C2C 网上商店形象对消费者购买意愿的影响研究［D］. 重庆大学, 2008.

② 范晓屏，马庆国. 基于虚拟社区的网络互动对网络购买意向的影响研究. 浙江大学学报：人文社会科学版, 2009（5）：149 – 157.

③ 唐馥馨. 网店装修对消费者购买意愿的影响［D］. 浙江大学, 2012.

④ 徐小龙. 虚拟社区对消费者购买行为的影响——一个参照群体视角［J］. 财贸经济, 2012（02）：116 – 125.

户共创价值也影响消费者购买意愿。

左文明（2014）等以蘑菇街和美丽说用户为调查对象，从社会资本层面讨论构建社会资本视角下的网络口碑与购买意愿的关系模型，通过实证分析得出了社会资本通过网络口碑的中介作用影响着购买意愿①。

张明立和涂建波（2014）依据服务主导逻辑理念和价值共创理论，构建了共创用户体验、用户共创价值和行为意向的影响关系模型。通过结构方程模型的实证分析，证实了实用价值和享乐价值对用户行为意向产生显著正影响，且享乐价值的影响更为显著②。

郭海玲等人（2018）年在研究电商平台短视频信息展示对消费者的购买意愿影响的研究中，对电商平台短视频网站的信息进行了分类，将其分类为短视频信息有用性、易用性和全面性，这些信息能够刺激消费者的感知及情感体验最终使消费者形成购买意愿。③

赵保国等在对微博信息瀑布的研究中，通过对微博信息瀑布的概念界定，分析出了微博瀑布的五个维度，分别是微博信息质量、微博信息的时效性、微博关注度、微博意见领袖的参与度和微博正面评论数量，并做了这些维度对消费者购买意愿的实证研究，得到了微博的信息质量、微博的关注度和微博评论数量会对消费者购买意愿产生积极影响。④

卢云帆等人（2012）在《在线沟通对顾客网上购买决策影响的实证研究》中，通过构建理论模型并进行数据检验的方式，得到了网络商店应该与消费者沟通，给消费者带来正面情绪，并减少消费对购物决策的不确定性来让消费者产生购买意向，同时应该给予消费者通过网络平台与销售人员和社会网络成员沟通的机会，以此让消费者有较强的购买意愿⑤。表2.16为国内学者对在线购买意愿的研究。

① 左文明，王旭，樊偿. 社会化电子商务环境下基于社会资本的网络口碑与购买意愿关系 [J]. 南开管理评论，2014，（4）：140 – 150，160.

② 张明立，涂剑波. 虚拟社区共创用户体验对用户共创价值的影响 [J]. 同济大学学报（自然科学版），2014，（7）：1140 – 1146.

③ 郭海玲，赵颖，史海燕. 电商平台短视频信息展示对消费者购买意愿的影响研究 [J]. 情报理论与实践，2019，42（05）：141 – 147.

④ 赵保国，赵昱. 微博的信息瀑布对消费者购买意愿的影响 [J]. 图书情报工作，2018，62（S1）：96 – 100.

⑤ 卢云帆，鲁耀斌，林家宝. 在线沟通对顾客网上购买决策影响的实证研究 [J]. 图书情报工作，2012，56（12）：130 – 137.

表 2.16　国内学者对在线购物意愿的研究

研　究　内　容	学　者
网络互动场所、互动特性、互动方式、互动内容	范晓屏① （2007）
网站互动性、娱乐性、知识性、安全性	林振旭② （2007）
网站易用性、内容性、安全性、互动性	张建③ （2009）
消费者个体特性、网站的特性认知、 网购的接受程度、网购的风险认知	王娜④ （2009）
品牌形象、销售管理、服务品质、 技术安全、信任倾向	潘煜、张星、 高丽⑤ （2010）
控制感、购物愉悦性、专注度	詹思汗、陈丽清、 张诗臻[72] （2013）

资料来源：作者自行整理

通过对国内外关于消费者在线购买意愿的文献综述可以看出，影响这一意愿的因素可分为三个方面：一是网站设计方面，围绕着技术、氛围、环境的因素讨论；二是基于消费者情感方面的心理学概念研究，感知信任、感知风险、心流体验等；三是基于商品价格、服务、口碑等方面的研究。

2.5　本章小结

本章对本研究涉及的相关概念和理论进行了文献梳理、归纳和总结。通过对丰富媒介理论、传播说服理论、社会临场感理论以及"刺激－机体－反应"模型范式的回顾为本研究奠定了理论基础。通过对商品

---

① 范晓屏. 基于虚拟社区的网络互动对网络购买行为的影响研究 [D]. 浙江大学，2007.

② 林振旭. 网站特性与风险认知对消费者网络购买意愿影响之研究 [D]. 复旦大学，2007.

③ 张建. 网站质量对顾客购买意愿影响的实证研究——基于顾客信任的视角 [D]. 吉林大学，2009.

④ 王娜. 基于我国市场环境下消费者网络购物影响因素分析 [D]. 吉林大学，2009.

⑤ 潘煜，张星，高丽. 网络零售中影响消费者购买意愿因素研究——基于信任与感知风险的分析 [J]. 中国工业经济，2010 (7)；115－124.

信息呈现、消费者在线购物体验和消费者购买意愿领域的相关文献的回顾，找到现有研究的空白。

本研究通过对现有学者的研究的回顾和梳理，发现现有研究存在如下空白：

（一）现有的在线商品信息呈现研究，多集中于商品信息呈现的内容，学者们从不同的角度对商品信息呈现进行分类，但存在不够全面的问题；这类研究极少涉及商品信息呈现的形式，这一概念的界定也比较模糊；将商品信息呈现的形式具体划分并清晰界定的研究也不多见。

（二）现有研究对消费者在线购物体验虽然很多，但从商品信息呈现视角出发的并不多见，对消费者内在的心理活动分析不够具体；基于社会临场感视角的消费者研究中，鲜少出现到底是什么影响了消费者社会临场感的出现，多为研究社会临场感会引起消费者什么样的意愿和行为。

本研究的目的是帮助商户更科学地进行商品信息呈现，通过文献梳理，发现针对在线商户商品信息呈现比较少见，基于社会临场感视角的相关研究也甚为稀少。

因此，本研究将综合运用社会临场感理论和"刺激－机体－反应"模型范式，通过丰富媒介理论、传播说服理论对商品信息呈现进行总结归纳，明确本研究的理论基础、清晰本研究的脉络，以期为之后的研究提供理论支撑。

第 3 章　理论模型构建与关系假设提出

第 2 章中，本研究对丰富媒介理论、传播说服理论、社会临场感理论、"S－O－R"理论模型、商品信息呈现、消费者在线购物体验和消费者在线购买意愿的相关文献进行了整理、归纳和评述，为本研究探讨在线商户商品信息呈现对消费者购买意愿影响研究奠定了坚实的理论基础。在此基础上，本章首先将对研究变量进行定义和维度划分，对本研究涉及的商品信息呈现、消费者在线购物体验等变量的概念进行清晰界定，并且对其维度构成进行详细划分。其次，以"S－O－R"模型范式为依据，建立在线商户商品信息呈现对消费者购买意愿影响的理论模型。最后，根据本研究构建的理论模型对模型中各个变量提出关系假设。

3.1　研究变量概念界定

为了构建在线商户商品信息呈现对消费者购买意愿影响的研究模型，本节将首先明确各研究变量的概念内涵、清晰各变量的维度构成。下面将对研究所涉及的在线商户信息内容呈现、消费者在线购物体验、消费者在线购买意愿等变量进行概念界定和维度构成划分。

3.1.1　在线商户商品信息呈现的界定

如今人们走进了信息爆炸的时代，网络媒介每天承载着大量的信息传递给受众，受众在虚拟环境中会获得大量的不能直接接触的信息。这些信息通过传播媒介的加工传递给人们，而人们会在接触这些信息后形成个体意见。站在消费者的角度来看，为了获得最佳的商品或服务，消费者会通过各种方式获得相关信息，了解其真实的状态，然后做出相应的决策。而商户对于如何将商品信息正确有效地提供给消费者，有着决定性作用。在网购盛行的今天，商户需要塑造和维持高质量的客户关系，来确保消费者给予商户足够的信任，同时，商户也应当自觉通过网络购物平台向消费者传递更具有价值的商品信息，来满足消费者对商品信息的需求，增强消费者的购物体验。

结合第2章的文献梳理和之前对社会临场感的定义可知，社会临场感是需要一些前置因素才能引发的，因此可以通过外界因素的刺激和培养来引起社会临场感。本研究在网络购物的大背景下，将在线商户商品信息呈现作为引发社会临场感的前置因素，并对在线商户商品信息呈现做出总结分类。

本研究将在线商户商品信息呈现看作商户为了吸引消费者，增强消费者体验，塑造和维持高质量的客户关系，在网络中编辑和发布各种商品信息的行为。商品信息需要通过诸如文字、图片等形式传递给消费者，并且通过编辑品牌故事、商品知识等内容呈现在网络之中。因此，本研究将在线商户商品信息呈现分为信息呈现形式和信息呈现内容两个维度。

在线商户商品信息呈现形式主要是信息的表达技巧。在线商户商品信息呈现形式各有不同，劳里和阿尔文（Laurie、Alvin，1997）认为信息呈现可以分为视觉呈现和文字呈现两种形式①。汤森、卡恩（Townsend、Kahn，2014）则认为可分为图片和文字两种信息呈现形式②。奥西·亚皮亚博士论文中（Osei Appiah Ph. D，2006）认为媒介丰富程度越高，信息越是可以有效地传递给消费者，消费者因此获得良好的体验，从而使信息获得更高的说服力[9]。

根据丰富媒介理论的观点，越是丰富的媒介工具，越能够刺激消费者的感官，因此，越是可以让消费者降低信息处理的难度，从而减少由于复杂信息或是非会面沟通时对沟通双方造成的沟通不畅。本研究认为，当在线商户使用的媒介工具丰富时，消费者会受

①　Laurie A B, Alvin C B. Effects of Print Ad Pictures and Copy Containing Instructions to Imagine on Mental Imagery That Mediates Attitudes [J]. Journal of Advertising, 1997, 26 (3): 33 –44.

②　Townsend C, Kahn B E. The "Visual Preference Heuristic": The Influence of Visual versus Verbal Depiction on Assortment Processing, Perceived Variety, and Choice Overload [J]. Journal of Consumer Research, 2014, 40 (5): 993 –1015.

到更多的外部刺激，有助于消费者内在心理状态的产生。在线商户商品信息主要是通过文字、图片和视频三种形式表现。本研究通过丰富媒介理论的基本观点对这些表现形式总结为两个特性：可视性和交互性。

可视性强调的是视觉上的通达性。丰富媒介理论认为，媒介的丰富度就是一个媒介传播信息内容的能力，这些信息应具有多线索性和个性化的特点。在线商户通过文字、图片、视频等媒介工具将信息呈现给消费者，自由搭配和使用媒介工具产生个性化并且带有吸引力的网络页面，是商户商品信息呈现形式的主要特性之一。同时本研究借鉴了信息可视化的概念。斯内德曼和贝德森（Shneiderman 和 Bederson，2003）的研究认为信息可视化是利用计算机交互式地对抽象数据的可视化表示来增强人们对抽象信息的认识[1]。谭章禄等（2013）认为视觉是人类获得信息的最主要途径，且视觉信息处理有高速、大容量、可并行的显著优势[2]。商品信息呈现的文字、图片、视频等存在着互相解释、相辅相成的关系，消费者可以充分利用视觉和认知能力去处理信息。在一般情况下，图片和文字相结合互为补充则会使潜在或可能的消费者更加容易理解所呈现的信息，并对消费者产生更大的吸引力[3]。

网络购物过程中，消费者能感知的信息大部分是可视化信息，注重信息传递过程中的明确性，同时激发消费者的观看热情，以此将信息更充分、更准确地传播出去。由此可见，丰富媒介理论中强调的多线索性和个性化与信息可视化的观点有着天然互通的属性。在线商户商品信息呈现形式不应该是单一乏味的简单呈现，而是从视觉上对消费者有积极刺激效果的形式。可视性是商户商品信息呈现形式所具有的第一个特性。本研究认为，商品信息呈现形式可视性是消费者在网络购物过程中，感官所能感受到媒介向消费者传递信息的方式，媒介的丰富程度决定个体感官感受信息的深度和广度。

---

① Shneiderman B，Bederson B B. The Craft of Information Visualization：Readings and Reflections ［M］. San Francisco：Morgan Kaufmann Publishers Inc.，2003.

② 谭章禄，方毅芳，吕明，等. 信息可视化的理论发展与框架体系构建 ［J］. 情报理论与实践，2013，36（1）：16 – 19.

③ Li Q，Huang Z，Christianson K. Visual attention toward tourism photographs with text：An eye – tracking study ［J］. Tourism Management，2016（54）：243 – 258.

丰富媒介理论认为媒介丰富的衡量标准之一便是信息反馈的能力，信息反馈的能力越强，传播受众便能获得更好的体验，从而使传播效果更高。在线商户借助网站媒介工具向消费者展示商品的文字、图片等信息，实现人－机信息交互；通过网络购物平台提供的通信工具，实现人－人信息交互；通过通信工具以及网站媒介工具实现人－机－人、人－人－机、机－人－人间的信息交互，进而完成在线商户与潜在或可能的消费者间的互动。Liu（2003）指出交互性是信息交换双方对彼此、对信息媒介以及对信息的交互影响程度，并指出交互性是由用户可控性、双向沟通和同步性构成的①。从技术层面说，目前网络购物平台虚拟在线的文字、图片、视频等资源，赋予了沟通即时性的特点，消弭了时空距离感。

在线商户可以通过媒介工具与消费者进行及时沟通，使信息反馈的次数和频率大大提高，也就是通过媒介工具加强了与消费者之间的互动。这种互动可以刺激消费者产生内在的心理变化，促使消费者产生良好的体验。因此，在线商户商品信息呈现是需要同消费者进行实时交流互动的。交互性是在线商户商品信息呈现形式的另一个重要特性。本研究认为，商品信息呈现交互性是网络购物过程中，消费者通过媒介能够感知的与线上他人的信息相互影响的程度。

在线商户商品信息呈现内容主要是信息的表达方式。张梦雪（2016）将其分类为品牌信息、产品属性信息、评价信息和体验信息。霍尔布鲁克和巴特拉（Holbrook 和 Batra，1987）将商品信息内容分为事实型信息和评价型信息[53]。而廖以臣（2012）在他针对C2C网上商店的研究中又总结加入了担保型信息。

本研究总结了传播说服理论中影响信源可信度两个重要的因素，为可信赖性和专业性，在线商户商品信息呈现的过程中，信息内容应具备这两个特点。基于传播说服理论中信源可信度的理论，本研究认为在线商户商品信息呈现可以分为四个维度，分别为事实型信息、服务型信息、评价型信息和担保型信息。其中，事实型信息和服务型信息作为专业的、有功能性的信息存在，对应信源可信度的专业性维度；评价型信息和担保型信息作为可信赖的、有安全性的信息存在，对应信源可信度

---

① Liu Y. Developing a Scale to Measure the Interactivity of Websites [J]. Journal of Advertising Research, 2003, 43 (2): 207-216.

的可信赖性维度。

　　事实型信息是指商品本身的属性信息，如规格、材质、容量等信息；服务型信息是指消费者通过这些信息不仅获得商品知识，同时向消费者展示科学知识和生活技巧等方面的信息，这些信息可以帮助消费者更好地使用商品；评价型信息是指消费者可浏览的其他消费者信息以及购物平台对商家做出的评价信息，这些信息可以帮助消费者进行风险评估；担保型信息是指消费者可以通过这些信息得到一些担保，当然，部分担保型信息也可以成为消费者评估购买风险的依据。在线商户商品信息呈现具体内容如表 3.1 所示。

表 3.1　在线商户商品信息呈现内容

信息内容呈现	具体信息内容
事实型信息	商品属性信息（类别、品名、规格、单位、批次号等），安全购物指南，支付工具（微信、支付宝、银行卡、Apple Pay、Pay Pal 等）及方式（在线支付、货到付款、转账支付等），免责声明，商品信息（商品价格、图片、介绍和历史成交价格），店铺类目
服务型信息	商品使用指南，商品使用技巧（收纳和清洗技巧、与其他商品配合技巧），商品相关知识科普
评价型信息	卖家档案（信用评级、创店时间、联系方式），卖家推荐，买家评价，交易安全说明
担保型信息	消费者保障计划（保修信息、赔付标准及金额、先行赔付等）以及七天无条件退换、运费险

　　综上所述，笔者通过对现有文献的归纳总结和对相关理论的研究，结合本研究的需要，把商品信息呈现划分为商品信息呈现形式和内容，其中，商品信息呈现形式总结为信息的可视性和交互性，商品信息呈现的内容总结为事实型信息、服务型信息、评价型信息和担保型信息，具体如图 3.1 所示。

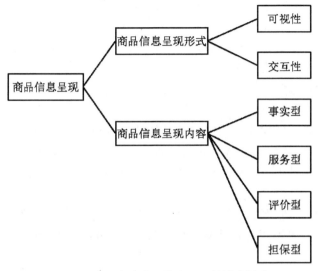

图 3.1　在线商户商品信息呈现的维度划分

3.1.2　消费者在线购物体验的界定

在线购物体验是指消费者在网络中登录、注册到对比、挑选商品等在线购物浏览环节的心理感受状态。基于消费体验理论的研究将在线购物体验解释为一种多维度、个性化的内在心理状态①。罗斯（Rose，2011）将网络浏览中用户的体验维度划分为认知体验和情感体验。此后，很多学者借鉴和应用了这一观点。本研究将在线购物体验划分成认知体验和情感体验两个维度。认知体验定义为与消费者的思考或者有意识的心智活动相关的网络活动体验，情感体验确定为消费者情绪、感受生成的网络体验[73]。

（一）认知体验与社会临场感

我国学者李光明（2015）等人的研究将认知体验具化为社会临场

———————

① Novak T P, Hoffman D L, Yung Y F. Measuring the Customer Experience in Online Environments: A Structural Modeling Approach [J]. Marketing Science, 2000, 19 (1): 22－42.

感①。社会临场感（Social Presence）最早是肖特（1978）等人提出的，旨在说明利用媒体沟通的过程中，一个人被视为"真实的人"的程度及与他人联系的感知程度②。借助媒介工具的人与人交互，可以让交互双方在信息交换的过程中了解对方的特点，感知对方的存在，因此增加社会临场感会帮助个人在沟通过程中更容易理解信息③。人们借助不同媒介得到信息，产生的社会临场感也不尽相同。研究表明，选择不同的媒介，会影响社会临场感的产生，比如交换信息、做出决策等④。沃尔特（Walther，1995）证明了在时间充足的条件下，网络人机互动中，使用者能够产生交互双方如同面对面沟通中一样的亲密感[28]。本研究中，我们把认知体验认同为社会临场感，同时本研究认为社会临场感就是源于媒体本身，通过在媒介中植入丰富的信息使消费者产生"身临其境"的心理感受。同时，本研究认为，社会临场感是可以通过外界因素进行刺激和培养的。在网络购物环境下，接收外部刺激会形成社会临场感，同时，社会临场感也可以被培养产生。

（二）情感体验与愉悦感、信任感

韦斯特布鲁克（Westbrook，1991）等人认为情感体验是消费者在产品购买和使用过程中所引发的情绪反应集合⑤。国内也有学者对情感体验进行了定义，唐小飞（2008）等人认为情感体验是指人们在亲密的社会纽带里形成的一种感觉和相对持久的情感⑥。本研究结合消费者

---

① 李光明，蔡旺春. 基于网站特性的在线购物体验研究 [J]. 中国流通经济，2015（11）：96 – 104.

② Short J，Williams E，Christie B. The Social Psychology of Telecommunications [J]. Contemporary Sociology，1978，7（1）：32.

③ 于婷婷，窦光华. 社会临场感在网络购买行为研究中的应用 [J]. 国际新闻界，2014（5）：133 – 146.

④ Biocca F，Harms C，Burgoon J K. Toward a More Robust Theory and Measure of Social Presence：Review and Suggested Criteria [J]. Presence：Teleoperators and Virtual Environments，2003，12（5）：456 – 480.

⑤ Westbrook R A，Oliver R L. The Dimensionality of Consumption Emotion Patterns and Consumer Satisfaction [J]. Journal of Consumer Research，1991，18（1）：84 – 91.

⑥ 唐小飞，周庭锐，陈淑青. 中国市场关系投资对顾客忠诚影响的实证研究——来自四川、云南和浙江三省酒店业顾客赢回管理的研究 [J]. 中国工商管理研究前沿，2008（1）.

在线购物体验的情景，将情感体验定义为消费者在线浏览商品和接受服务过程中所体验的情绪反应。

消费者之所以选择网络购物的消费方式，主要是因为网络购物能带给消费者愉悦的感觉。愉悦感最初来自享乐主义理论的研究，愉悦感是个体所有行动的终极目标，个体行动会为了获得愉悦的情感而尽量避免不愉快的情感。在营销领域，消费者选择消费是为了给自我带来愉悦的感觉，当消费者通过购买商品或服务可以获得愉悦的情感时，我们认为消费者就更愿意进行消费行为。在互联网购物背景下的今天，消费者通过在网络购物过程中获得相应的自我可感知的愉悦感，同样也会增加消费者的购买行为。所以，本研究认为愉悦感是消费者在进行网络购物过程中，在线购物体验的重要指标之一。同时，学术界在情感体验的维度划分上比较常见的是"愉悦－唤醒－控制"模型①。该模型中唤醒情感在针对实体店研究时作用较为明显，而在网络购物平台中产生的影响并不明显②。控制这个维度由于信度存在问题也被删除③。本研究仅采用愉悦感作为情感体验的维度之一，愉悦感代表消费者在浏览商户提供的信息的过程中感觉良好、快乐、满足的程度。

网络购物发展至今日，无论是商户还是消费者都一直被同一个问题所困扰，就是由于在线环境的限制，消费者不能直接感受商品和服务的存在，一切都是虚拟的，这就让交易双方都存在着不安全感，也就是说线上环境与线下环境中的信任感是有所区别的。一般认为消费者不仅要信任广大商户，还要信任互联网环境、在线交易平台和在线技术等，这使得消费者在网络购物中的信任相比于传统交易中显得更为复杂。在过去许多研究中，学者们通过研究证实，信任感在营销学中扮演着重要的角色，消费者需要通过对商户建立信任来决定其随后的行为，换句话说，信任感越高，消费者就越会采取消费行为。在网络购物过程中，首先要区别技术信任和商户信任。所谓技术信任就是对网络供应商，即网络购物平台提供者的信任，技术信任是消费者会进行网络购物的前提，

---

① Mehrabian A. Basic Dimensions for a General Psychological Theory [J]. 1980.

② 于端晓. 在线购物体验对顾客购买意愿的影响研究 [D]. 南京财经大学，2013.

③ Sautter P, Hyman M R, Lukosius V. E－tail atmospherics: A critique of the literature and model extension [J]. Journal of Electronic Commerce Research, 2004, 5 (1): 14－24.

同时也是在线交易能够顺利进行的保障，本研究对此不予以研究。商户信任是消费者对商户本身和商户商品所表现出来的情感。在网络购物过程中，消费者通过与商户沟通，浏览商户提供的各类信息，会对商户产生信任的情感。信任感表示消费者在网络购物过程中对商户表现出的能力、善意、可预测性的信心。

综上所述，本研究将消费者在线购物体验的维度划分为社会临场感、愉悦感和信任感。如图 3.2 所示。

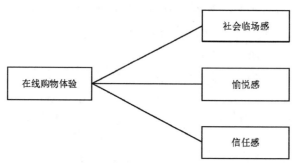

图 3.2　在线购物体验的维度划分

3.1.3　消费者在线购买意愿的界定

意愿一词最初是心理学概念。消费者的行为意愿，是消费者心理状态的变化，是在接收某些信息或者受到某些刺激的情况下，消费者从事某项行为的可能性。在网络购物时代，在线消费者购买意愿是有别于普通的消费者购买意愿的，消费者的在线购买意愿，是消费者通过网络工具和媒介进行购物的一个过程，本研究中已经多次阐述消费者在网络购物中的心理过程应该区别于一般的商店购物，消费者对商品的认知和情感形成不应该是同时产生的，是需要一定时间、过程的，因此，本研究将消费者在线购买意愿定义为消费者在浏览在线商户商品信息时，愿意购买商户所提供的商品或者服务。

综上所述，本研究通过对现有文献的归纳总结和对相关理论的研究，结合本研究的需要，首先，界定了在线商户商品信息呈现概念并划分了 6 个维度，其中在线商户商品信息呈现形式为可视性和交互性，在线商品信息呈现内容为事实型信息、服务型信息、评价型信息和担保型信息。然后，厘清了消费者在线购物体验的概念和维度划分，包括社会

临场感、愉悦感和信任感。最后，界定了消费者在线购物意愿。表 3.2
归纳了本研究所包含的变量及变量的内涵。

表 3.2　模型包含的变量及内涵

变　量	含　　义
可视性	网络购物过程中，感官所能感受媒介向消费者传递信息的方式，媒介的丰富程度决定个体感官感受信息的深度和广度
交互性	网络购物过程中，消费者通过媒介能够感知的与线上他人的信息相互影响的程度
事实型信息	商品本身的属性信息，如规格、材质、容量等信息
服务型信息	服务型信息是指商品知识、使用指南
评价型信息	指消费者可浏览的其他消费者信息以及购物平台对商家做出的评价信息
担保型信息	担保型信息是指消费者可以通过这些信息得到一些担保
社会临场感	社会临场感就是源于媒体本身，通过在媒介中植入丰富的信息使消费者产生"身临其境"的心理感受
愉悦感	消费者在浏览商户提供的信息过程中感觉良好、快乐、满足的程度
信任感	消费者在网络购物过程中对商户表现出的能力、善意、可预测性的信心
购买意愿	消费者在浏览在线商户商品信息时，愿意购买商户所提供的商品或者服务

3.2　理论模型构建

3.2.1　模型建立的依据

上述研究表明认知体验和情感体验是影响消费者内在心理状态的两个重要维度。许多学者在其研究中讨论了认知体验和情感体验的关系。

沈鹏熠（2016）在他的研究中证实了认知体验会对情感体验产生影响。消费者在网络购物过程中，产生的一系列内在心理活动，也是有步骤地产生的。我们可以认为，消费者是对所浏览的网页先有了思考和一定的心智活动之后才产生了某些情绪和感受。因此，本研究认为，在网络购物过程中，消费者的在线购物体验由认知体验和情感体验组成，并且它们的关系为，认知体验影响情感体验，如图3.3所示。

图3.3　认知体验与情感体验关系图

当消费者充分了解商品信息进而内心认可商品质量时，内心"真实""亲切"的感觉就会在购物过程中产生愉悦和信任的情感。人性化、社会化的网络购物氛围，"有人在协助我了解商品"会让消费者有身临其境的心理状态，认知体验效果明显，同时也在促使情感体验的上升。一般的网络购物研究中，认知体验和情感体验是两个并行的影响因素，而本文认为网络购物受虚拟环境的影响，一定程度上削弱了消费者的认知体验，同时不能第一时间激发情感体验，而是在消费者对商品信息进行认知处理后才会对商品产生情感倾向。哈桑因和海德（Hassanein 和 Head，2007）的研究表明较高的社会临场感会让消费者产生信任感和愉悦感。因此，笔者认为在线购物过程中，消费者在线购物体验的内在作用关系是社会临场感引发的愉悦感和信任感。

首先，依据本研究中消费者在线购物体验的内在关系，认知体验影响情感体验，即社会临场感影响愉悦感和信任感，可构建模型为社会临场感会引起愉悦感和信任感。如图3.4为在线购物体验的内在关系。

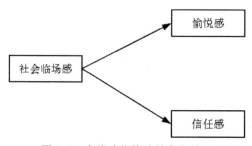

图3.4　在线购物体验的内在关系

为了科学、严谨地研究在线商户商品信息呈现对消费者购买意愿影响的作用关系，本研究需要依据管理科学理论研究思路，通过模拟心理学领域中的"S－O－R"模型研究范式，构建在线商户商品信息呈现对消费者购买意愿影响关系的理论模型。心理学领域研究中提出了"S－O－R"模型（Stimulus—Organism—Response，刺激－机体－反应）。其中，"S"表示外部环境刺激，指个体接受到的来自外部环境因素，"O"表示机体，指个体的内在心理状态，"R"表示反应，指个体表现出的行为（Mehrabian 和 Russell，1974）①。"S－O－R"模型认为，个体在受到外部环境因素刺激之后，个体差异同外部刺激相结合形成介于刺激和反应之间的内在心理状态，这种内在状态对个体行为产生直接影响，即外部环境刺激可以影响机体的内在状态，并进而对个体心理或行为反应产生影响（Mehrabian 和 Russell，1974）。

"S－O－R"模型提出之后，许多学者将其引入管理学研究领域之中，对营销环境刺激、消费者内在心理活动和趋避行为之间的影响关系进行了探讨。

多诺万和罗西特（Donovan 和 Rossiter，1994）在商店零售环境的研究中指出，消费者接触到的多种不同的零售环境是一种外部刺激，这些外部环境刺激要素能够促使消费者形成对零售环境的内在心理反应，进而引起他们的某些行为反应②。

比特纳（Bitner，1992）在服务情景模型的研究中指出，商户提供的能够影响消费者的因素都应该是服务情景，这些服务情景作为刺激因素能够影响顾客的认知、情绪以及心理等内在反应，继而促使顾客表现出趋近或回避行为倾向③。

金、金和坎达姆普利（Kim、Kim 和 Kandampully，2009）在研究网络营销环境时，认为网络商店环境能够作为外界刺激影响消费者的内在认知和情感反应，而这些认知和情感的反应会对他们的购买意愿产生

---

① Mehrabian A, Russell L J. An approach to environmental psychology［M］. Cambridge, MA, USA；London, UK：MIT Press，1974.

② Donovan R J, Rossiter J R. Store atmosphere and purchasing behavior［J］. Journal of Retailing，1994，70（3）：283－294.

③ Bitner M J. Servicescapes：the impact of physical surroundings on customer and employees［J］. Journal of Marketing，1992，56（4）：57－71.

影响①。

赵晓煜和曹忠鹏（2010）对休闲餐厅的服务场景进行了实证研究，发现餐厅的环境氛围、内部设计和人员因素能够影响顾客的认知和情绪，并对其行为意向产生作用②。

范静等（2014）利用"S-O-R"模型对推荐者社交网站效果进行了实证研究，以网站信息丰富度、定制化、经济性和视觉性作为外部环境刺激，将消费者情绪中的愉悦和唤醒做为受到外部刺激的消费者内部机体因素，将购买意愿作为消费者的趋避行为，构建了推荐者社交网站影响消费者购买意愿的理论模型。实证结果表明，网站信息丰富度、定制化、视觉性对消费者的愉悦和唤醒具有显著影响作用，消费者的愉悦和唤醒状态对其购买意愿具有显著的正向作用③。

综上所述：我们将S-O-R模型引入在线商户商品信息呈现对消费者购买意愿的影响作用关系中，认为在线商户商品信息呈现能够影响消费者的内在认知和情感，并对消费者购买意愿产生促进作用。

3.2.2　模型框架的建立

本研究依据心理学中"S-O-R"的模型范式，将在线商户商品信息呈现对消费者购买意愿影响的各个变量合理地置于其中。本研究认为商品信息呈现作为该模型中的"刺激"，将消费者在线购物体验作为该模型中的"机体"，将购买意愿作为该模型中的"反应"，构建在线商户商品信息呈现对消费者购买意愿影响的理论模型。如图3.5所示。

---

① Kim J H, Kim M, Kandampully J. Buying environment characteristics in the context of e-service [J]. European Journal of Marketing, 2009, 43 (9/10): 1188 – 1204.

② 赵晓煜, 曹忠鹏. 享乐型服务的场景要素与顾客行为意向的关系研究 [J]. 管理科学, 2010, 23 (4): 48 –57.

③ 范静, 万岩, 黄柳佳. 基于刺激 – 机体 – 响应（SOR）理论的推荐者社交网站效果研究 [J]. 上海管理科学, 2014, 36 (2): 51 –54.

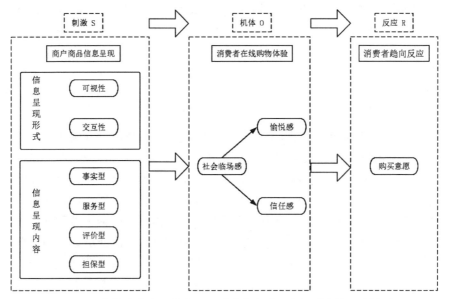

图 3.5　在线商户商品信息呈现对消费者购买意愿影响的理论模型

3.2.3　模型的总体描述

本研究是建立在社会临场感理论和"S－O－R"理论模型这两个经典的理论之上的。

在本研究中，商品信息呈现作为前因刺激，是能够刺激消费者内在状态的外部环境因素。消费者通过在线商户提供的各种信息线索，可以了解商户和商品，可以自由分享自己对商品和服务的意见和看法，可以获得商户对商品及服务的承诺信息，甚至可以通过浏览商户商品信息增加自身知识储备；同时，商户制造这些信息运用了多媒体手段，不局限于文字内容，还向消费者提供问题、图片、视频甚至动画等多媒介方式，并通过媒介方式鼓励消费者积极参与互动行为。通过这些外部刺激，消费者会对这些丰富度极高的信息进行接收和处理，并结合自身的经历、个体心理形成一个认知的过程。

消费者在线购物体验作为机体，是消费者在线购物过程中所发生的心理变化。首先，社会临场感的产生是需要一定的刺激的，社会临场感作为一个认知体验是消费者在接收到信息时最先形成的一个感觉。大量的可用信息传递给消费者，并由消费者结合自身情况对信息接收和处理，形成对商户和商品的一个认识；此后，丰富的信息不断呈现，会让消费者产生主观的情感，使他们形成良好的商品感觉，产生愉悦感和信任感，也就是情感体验，这是一个消费者内心经历的过程，是消费者的在线购物体验。

消费者购买意愿是结果反应，属于消费者最终的趋近行为反应。消费者基于在线商户信息呈现的刺激，结合消费者自身情况形成的认知体验和情感体验，最终会形成消费者的购买意愿倾向。

综上所述，在网络购物中，在线商户呈现的具有可视性、交互性的信息会引发在线消费者的社会临场感，社会临场感作为消费者的认知体验引发愉悦感和信任感，而由愉悦感和信任感构成的情感体验最终影响消费者的购买意愿；由事实型信息、服务型信息、评价型信息和担保型信息组成的商户商品信息呈现内容也会引发在线消费者的社会临场感，社会临场感对消费者的愉悦感和信任感有着积极作用，而产生了愉悦感和信任感的消费者最终会形成强烈的在线购买意愿。我们将 S－O－R 模型引入在线商户商品信息呈现对消费者购买意愿的影响作用关系中，认为在线商户商品信息呈现能够影响消费者的内在认知和情感，并对消费者购买意愿产生促进作用。

总体而言，本研究所建立的"在线商户商品信息呈现对消费者购买意愿影响的理论模型"是对社会临场感理论、传播说服理论、丰富媒介理论和"S－O－R"理论模型的综合应用，后面将根据实证研究的结果对所提出的理论模型进行假设检验和实证分析。

3.3　关系假设提出

3.3.1　在线商户商品信息呈现与消费者社会临场感的作用关系

（一）在线商户信息呈现形式的假设路径

格芬和斯特拉布（Gefen 和 Straub，2003）在研究社会临场感对消费者购买倾向时认为，生动的文字和图片信息可以让消费者产生社会临场感。王、贝克和瓦格纳（Wang、Baker 和 Wagner，2013）认为多媒体应用灵活的在线信息呈现通常会利用文本、视频、图片等丰富的媒介工具向消费者提供详细的产品或者服务信息，这会使消费者形成他人在场的感觉[①]。媒介的丰富存在，让在线信息呈现充满了娱乐感，在线环境下不仅仅是呆板的文字描述，而是有着与文字互补的图片、视频等形式。这些可以被感受到的信息让消费者产生身临其境的真实感。因此，生动有趣的在线商户信息呈现形式，会有效降低消费者处理信息的难度，充分引发消费者的社会临场感。生动有趣的信息呈现形式，图片、文字、视频相结合的信息呈现手法，正是本研究中信息呈现可视性的关键，由此可见，在线商户信息呈现的可视性对社会临场感有积极的影响作用。国内学者徐琦（2006）在她的研究中得到了"互动"是产生社会临场感的重要因素之一的结论。学者富廷[②]（Fortin，2005）、李光明等人都在研究中得到交互性有助于引发消费者的社会临场感的结论。在线商户及时发布商品信息、积极与消费者进行沟通，快速给予消费者反馈，都有利于引发消费者的社会临场感。由此可见，在线商户信息呈现的交互性对社会临场感产生起到了重要的作用。

在线商品信息呈现的可视性会帮助消费者形成对商品的认知。通过精心编辑完成的商品信息能帮助消费者形成完整的商品形象认知，了解商品的价值和内在文化，提升消费者对商品的兴趣；生动鲜活的商品信息呈现会使消费者对商品的基本概况和具体参数建立直观的认知，方便消费者对商品信息进行接收和处理，并提高其对商品的知晓程度。在线商品信息呈现的交互性可以加深消费者对商品的认知程度。商户通过在线互动和客户服务，帮助消费者解决商品售前、售中、售后的问题，有利于形成消费者对商户商品的整体认知；通过媒介工具向消费者传递节日问候、科普知识等信息亦可以唤起消费者对商品愉快的记忆，对商品认知起到良好的作用。

基于现有的研究，本研究认为，在线购物环境下，商品信息呈现形式的可视性和交互性会对社会临场感产生作用。其中，在线商户提

---

① Wang L C, Baker J, Wagner J A, et al. Can a Retail Web Site Be Social [J]. Journal of Marketing, 2013, 71 (3): 143 –157.

② Wang L C, Baker J, Wagner J A, et al. Can a Retail Web Site Be Social [J]. Journal of Marketing, 2013, 71 (3): 143 –157.

供的商品信息呈现形式的可视性和交互性越强烈，消费者得到的社会临场感就越强烈；在线商户提供的商品信息呈现形式的可视性和交互性越低，消费者得到的社会临场感就越不明显，由此，本研究提出如下假设：

H1：在线商户商品信息呈现的可视性对消费者社会临场感有正向显著影响。

H2：在线商户商品信息呈现的交互性对消费者社会临场感有正向显著影响。

（二）在线商户信息呈现内容的假设路径

社会临场感理论认为，一个人利用媒体进行沟通的过程中能产生"与他人在一起"的感受，而在线购物的环境下，能带来这种感受主要是因为在线商户所提供的信息，媒介传输信息的能力越强，用户所能得到的社会临场感就越强。赛尔、哈桑因和海德（Cyr、Hassanein 和 Head，2007）等人的研究表明，在网络购物过程中植入与目标消费者具有相似特征的人物形象和添加富有情感的文字可以提升消费者的社会临场感[1]。古纳瓦迪纳（Gunawardena，1995）认为，社会临场感是一种心理感知，并且这种心理感知是可以通过人为的行为进行培养的[2]。也就是说，在线商户可以通过对信息内容的编辑和加工来培养消费者的社会临场感。由此可见，在线商户商品信息呈现内容是可以引发社会临场感的。

当在线商户向消费者提供真实的有保障的信息时，消费者会产生比较积极的心理因素。学者徐琦（2006）在研究中也证明了真实度和亲切感对社会临场感有积极影响。事实型信息能够促进消费者对商品认知的形成。通过事实型信息呈现可以促使消费者了解商品的基本概况、知识、技术内涵以及详细参数特征，让消费者对商品形成全面的认识，刺激消费者产生社会临场感。服务型信息能够促进消费者对商品认知的形成并帮助消费者加深对商品的认知程度，通过服务型信息，消费者对商

---

① Cyr D，Hassanein K，Head M，et al. The role of social presence in establishing loyalty in e – Service environments ［J］. Interacting with Computers，2007，19（1）：43 – 56.

② Gunawardena C N. Social Presence Theory and Implications for Interaction Collaborative Learning in Computer Conferences ［C］. International Journal of Educational Telecommunications. 1995.

品的认识将不会停留在表面，而是能够科学地使用商品，同时服务型信息提供一定的生活经验，对消费者也具有一定的帮助，可以使消费者对商品产生好感，减少陌生感，并且对商户建立正向的认知，维护商品和商户的形象。评价型信息呈现能够提高消费者对商品的认知程度。商户档案的建立、其他消费者评价的生成，有利于消费者更加清晰地认识商品定位，对商品进行判断和评估，同时帮助消费者塑造更加真实的商品形象，增强消费者的社会临场感。担保型信息呈现可以加深消费者对商品的认知程度，提升消费者对商品的印象，同时带给消费者购物安全感，让消费者沉浸在亲切的购物氛围之中，引发消费者的社会临场感。因此本研究认为，在线商户商品信息呈现内容对引发消费者社会临场感有着一定的积极作用。

基于现有的研究，本研究认为，在线购物环境下，商品信息呈现内容的事实型信息、服务型信息、评价型信息和担保型信息对消费者的社会临场感存在着一定的作用关系。由此，本研究提出如下假设：

H3：在线商户商品信息呈现的事实型信息对消费者社会临场感有正向显著影响。

H4：在线商户商品信息呈现的服务型信息对消费者社会临场感有正向显著影响。

H5：在线商户商品信息呈现的评价型信息对消费者社会临场感有正向显著影响。

H6：在线商户商品信息呈现的担保型信息对消费者社会临场感有正向显著影响。

3.3.2 消费者在线购物体验内在作用关系

本研究将认知体验定义为社会临场感，将情感体验定义为愉悦感和信任感。格芬和斯特拉布（Gefen 和 Straub，2003）发现线下商务活动与线上电子商务活动相比，线上商务活动明显因为虚拟空间缺少临场感会阻碍消费者的购买情绪，二人通过构建模型的方式验证了社会临场感有利于消费者在线信任的产生①。后来他们两人（2004）继续深入研究这个问题，将电子商务场景中的消费者网购行为中的信任问题定义为电子信任，并将其划分成正直、可预测性、能力和友善②。学者邱凌云（2008）构建了基于 TAM 模型的拓展式 B2C 网站在线购物模型，也强调了社会临场感对信任感的重要影响作用③。哈桑因和海德（Hassanein 和 Head，2007）的研究表明较高的社会临场感会让消费者产生信任感和愉悦感。此后，他们两人在 2009 年的另一项关于旅游业的研究中，也证实了消费者社会临场感对愉悦感有显著的正向影响④。因此，笔者认为在网购过程中，消费者在线购物体验的内在作用关系是社会临场感引发的愉悦感和信任感。

基于现有的研究，本研究认为，在线购物环境下，消费者在线购物体验与消费者的社会临场感存在着一定的内在关系。其中，在线购物环境下，消费者获得的社会临场感越高就会导致消费者获得越高的愉悦感和信任感；反之，如果消费者获得的社会临场感较低，则消费者获得的愉悦感和信任感也就很低。因此，本研究提出如下假设：

H7a：消费者在线购物过程中的社会临场感对其愉悦感有正向显著影响。

H7b：消费者在线购物过程中的社会临场感对其信任感有正向显著影响。

3.3.3　愉悦感和信任感对消费者购买意愿的作用关系

（一）愉悦感

哈桑因（Hassanein，2007）等人的研究中，社会临场感会使消费

---

① Gefen D，Straub D W. Managing User Trust in B2C e – Services［J］. e – Service Journal，2003，2（2）：7 – 24.

② Gefen D，Straub D W. Consumer trust in B2C e – Commerce and the importance of social presence：experiments in e – Products and e – Services［J］. Omega，2004，32（6）：407 – 424.

③ LingyunQ，Dong L. Applying TAM in B2C E – Commerce Research：An Extended Model［J］. 清华大学学报自然科学版（英文版），2008，13（3）：265 – 272.

④ Hassanein K，Head M，Ju C. A cross – cultural comparison of the impact of Social Presence on website trust，usefulness and enjoyment［J］. International Journal of Electronic Business，2009，7（6）：625 – 641.

者产生愉悦感，愉悦感会正向影响消费者态度，并且影响消费者忠诚度。克劳斯（Crotts，2011）的调查研究表明，当消费者对商品感到愉悦时，会积极主动地向朋友推荐[①]。学者邱凌云（2008）的在线惠顾拓展 TAM 模型中，也证实了愉悦感对消费者的在线惠顾的接受倾向有正向影响。消费者对商户商品的情感是其行为意愿的内在动力。积极的情感可以使消费者与商品建立起纽带关系，激发消费者积极参与到商品营销的互动中，满足消费者在虚拟网络中获得存在感的需求，最终形成消费者的购买意愿；愉悦的情感会提升商品与消费者自我需求的一致性，让消费者缩短与在线商户的心理距离，良好的心理感觉最终会促成消费者的购买意愿。

基于现有的研究，本研究认为，在线购物环境下，消费者的愉悦感对消费者购买意愿有着一定的作用关系。其中，消费者获得的愉悦感越强，就会有越强的购买意愿；反之，消费者获得的愉悦感越低，购买意愿就会越低。由此，本研究提出如下假设：

H8：消费者在线购物愉悦感对其购买意愿有正向显著影响。

（二）信任感

增强在线商户与消费者之间的信任感有助于提高消费者的网上购买意愿。陈阳（2011）证实了社会临场感对消费者的信任感和愉悦感都有着积极作用，进而正向影响消费者的行为意向[②]。杰芬（Gefen，2003）等人的研究表明，社会临场感可以促进消费者产生信任感，最终使消费者产生购买意愿。尚林（2015）等人在基于 B2B 平台客户推荐影响因素的研究中得出，信任度对客户的推荐意愿产生影响[③]。对商户商品有信任感是消费者购买和宣传该商品的重要影响因素。信任的情感让消费者对商品的形象有着积极的态度，消费者对商品的信任度让消费者明确自己在商品信息获得过程中承担的使命和角色，产生一定的依恋情结，刺激消费者的购买意愿。

基于现有的研究，本研究认为，在线购物环境下，消费者的信任感

① Crotts J C，Magnini V P. The customer delight construct：is surprise essential ［J］. Annals of Tourism Research，2011，38（2）：719–722.

② 陈阳. 购物网站中的社会线索与顾客行为意愿的关系研究 ［D］. 东北大学，2011.

③ 尚林. B2B 客户推荐意愿影响因素研究——基于关系营销理念和社会交换理论 ［J］. 理论与改革，2015（4）：102–106.

对消费者购买意愿有着一定的作用关系。其中，消费者获得的信任感越强，就会有越强的购买意愿；反之，消费者获得的信任感越低，购买意愿就会越低。由此，本研究提出如下假设：

H9：消费者在线购物信任感对其购买意愿有正向显著影响。

3.3.4　消费者社会临场感的中介作用

卡尼曼和特沃斯基（Kahneman 和 Tversky，1979）在前景理论的研究中曾指出，消费者在做出购物决策的过程中，如果可以感到获得额外的利益，就会增加其购物的可能，消费者在浏览商品的过程中，商户不断营造好的购物氛围来刺激消费者，并通过销售人员、打折促销活动等方式来刺激消费者，从而使消费者产生积极的情感，以此达到让消费者购买商品的目的①。谢尔曼、马图尔和史密斯（Sherman、Mathur 和 Smith，1997）认为情感在消费者购买决策中起到了中介作用，也就是说，购物环境的不同会让消费者产生不同的情感，这些情感最终会导致消费者的购买意愿和行为②。而在网络购物的背景下，消费者通过浏览在线商户所呈现的信息，是通过电脑、手机等工具进行的。而消费者与在线商户的沟通，也不存在面对面的沟通，是通过聊天工具、邮件、视频、电话等方式进行的，这就使消费者的内在心理状态存在一个演变的过程。本研究引入了社会临场感来说明这个问题。首先，社会临场感的定义表明了在人－机交互的过程中，消费者在接受信息的过程中，要先形成一定的观念，之后才会形成更深的一部分情感；其次，社会临场感被证明是可以通过外部刺激产生，也可以通过一定时间的人－机交流来进行培养的，这就使网络购物过程中的社会临场感是可以通过在线商户商品信息呈现来引发的；最后，在对认知体验和情感体验的研究中，许多学者已经证实认知体验对情感体验有正向的影响，也就是说，社会临场感会积极影响消费者的愉悦感和信任感。由此，本研究提出如下假设：

---

① Kahneman D, Tversky. Prospect Theory：An Analysis Of Decision Under Risk［J］. Econometrica, 1979, 47（2）：263－291

② Sherman E, Mathur A, Smith R B. Store environment and consumer purchase behavior：Mediating role of consumer emotions［J］. Psychology & Marketing, 1997, 14（4）：361－378.

H10：消费者社会临场感在在线商户商品信息的可视性与消费者愉悦感间起着中介作用。

H11：消费者社会临场感在在线商户商品信息的交互性与消费者愉悦感间起着中介作用。

H12：消费者社会临场感在在线商户商品信息的事实型信息与消费者愉悦感间起着中介作用。

H13：消费者社会临场感在在线商户商品信息的服务型信息与消费者愉悦感间起着中介作用。

H14：消费者社会临场感在在线商户商品信息的评价型信息与消费者愉悦感间起着中介作用。

H15：消费者社会临场感在在线商户商品信息的担保型信息与消费者愉悦感间起着中介作用。

H16：消费者社会临场感在在线商户商品信息的可视性与消费者信任感间起着中介作用。

H17：消费者社会临场感在在线商户商品信息的交互性与消费者信任感间起着中介作用。

H18：消费者社会临场感在在线商户商品信息的事实型信息与消费者信任感间起着中介作用。

H19：消费者社会临场感在在线商户商品信息的服务型信息与消费者信任感间起着中介作用。

H20：消费者社会临场感在在线商户商品信息的评价型信息与消费者信任感间起着中介作用。

H21：消费者社会临场感在在线商户商品信息的担保型信息与消费者信任感间起着中介作用。

关系假设模型如图 3.6 在线商户商品信息呈现对消费者购买意愿影响的关系假设模型所示。

本研究所提出的研究假设总结如表 3.3 在线商户商品信息呈现对消费者购买意愿影响的研究假设所示。

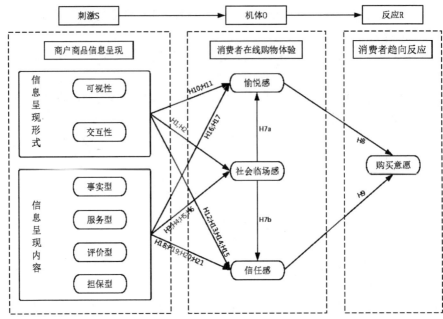

图 3.6　在线商户商品信息呈现对消费者购买意愿影响的关系假设模型

表 3.3　在线商户商品信息呈现对消费者购买意愿影响的关系假设

序号	假设的内容
H1	在线商户商品信息呈现的可视性对消费者社会临场感有正向显著影响
H2	在线商户商品信息呈现的交互性对消费者社会临场感有正向显著影响
H3	在线商户商品信息呈现的事实型信息对消费者社会临场感有正向显著影响
H4	在线商户商品信息呈现的服务型信息对消费者社会临场感有正向显著影响
H5	在线商户商品信息呈现的评价型信息对消费者社会临场感有正向显著影响
H6	在线商户商品信息呈现的担保型信息对消费者社会临场感有正向显著影响
H7a	消费者在线购物过程中的社会临场感对其愉悦感有正向显著影响

序号	假设的内容
H7b	消费者在线购物过程中的社会临场感对其信任感有正向显著影响
H8	消费者在线购物愉悦感对其购买意愿有正向显著影响
H9	消费者在线购物信任感对其购买意愿有正向显著影响
H10	消费者社会临场感在在线商户商品信息的可视性与消费者愉悦感间起着中介作用
H11	消费者社会临场感在在线商户商品信息的交互性与消费者愉悦感间起着中介作用
H12	消费者社会临场感在在线商户商品信息的事实型信息与消费者愉悦感间起着中介作用
H13	消费者社会临场感在在线商户商品信息的服务型信息与消费者愉悦感间起着中介作用
H14	消费者社会临场感在在线商户商品信息的评价型信息与消费者愉悦感间起着中介作用
H15	消费者社会临场感在在线商户商品信息的担保型信息与消费者愉悦感间起着中介作用
H16	消费者社会临场感在在线商户商品信息的可视性与消费者信任感间起着中介作用
H17	消费者社会临场感在在线商户商品信息的交互性与消费者信任感间起着中介作用
H18	消费者社会临场感在在线商户商品信息的事实型信息与消费者信任感间起着中介作用
H19	消费者社会临场感在在线商户商品信息的服务型信息与消费者信任感间起着中介作用
H20	消费者社会临场感在在线商户商品信息的评价型信息与消费者信任感间起着中介作用
H21	消费者社会临场感在在线商户商品信息的担保型信息与消费者信任感间起着中介作用

3.4 在线商户商品信息呈现对消费者购买意愿影响的探测性研究

　　探测性研究是要探索或搜寻一个问题已达到对其了解或洞察的目的（许正良，2004）。探测性研究要求在思考一个问题时，并不需要对所获取的信息作出严格的定义，同时也可以不必遵循严格的工作流程，而是要求先着眼于实际。一般性的探测性研究常常是针对小型企业或是个案进行深入的研究调查，很少使用结构完整、逻辑清晰的调查问卷。这样做的目的在于进行这种研究的过程中，研究人员需要注意的是新出现的问题，可能出现的研究方向，而一旦发现了新的方向或问题，就可能从原来的调研方向中改变探测方向，沿着新的方向调研下去。

3.4.1 探测性研究的目的

　　探测性研究的主要目的是让研究者从实践中发现问题以确定理论研究的方向。本探测性研究的目的主要包括以下三个方面：

　　1. 理论研究的必要性

　　目前的丰富媒介理论、传播说服理论、社会临场感理论、"S－O－R"理论模型、商品信息呈现、消费者在线购物体验和消费者在线购买意愿理论都源自西方。近些年来，随着经济社会的发展，国内学者也适时地进入了这些领域进行探索，并应用相关概念和理论对我国的在线商品信息管理实践问题进行研究，对通过前面背景的介绍和文献梳理，可以看出在线商户商品信息呈现对消费者购买行为影响问题还未得到一个内在机理的总结，也未有实证的研究成果，基于相关问题的商户商品信息管理问题也没有得到深入系统的研究。在当下这种网络时代，研究这些问题之间的构成和作用机理是否存在必要？对于广大在线商户是否有帮助和应用价值？这些都是本次探测性研究要了解的问题。

　　2. 理论模型的合理性

　　通过对国内外相关研究文献的回顾，针对相关研究中尚未解决的问题，经过理论推演，在对相关研究要素进行界定、维度划分后，构建出在线商户商品信息呈现对消费者购买意愿影响的框架模型。在线商户商品信息呈现的维度划分是否可行？消费者内在心理状态的维度划分和层次安排是否符合消费者主观的实际感受？该理论模型及研究框架所反映的变量间的作用关系是否真实存在？能否为我国广大的在线商户提供可参考的信息管理实践？模型是否需要修改？都是本次探测性研究所要解决的问题。

3. 关系研究的适用性

本研究没有限定在线商户所销售的产品或是服务的种类，那么现在本文所涉及的研究模型及假设关系是否具有普遍性？在哪些产品或服务中可能会表现出特殊性？对于样本的选择，受试者的选择有哪些是值得注意的问题？我们希望能解决这些问题，为下一步的实证研究工作提供良好的支撑。

3.4.2 探测性研究的设计

为了实现本次探测性研究的目的，本文将采用深度访谈法进行定性调查。深度访谈（Depth interview）是一种直接的定性调研方法。它由非常有经验的访谈人寻找一个受访者进行直接的、无固定模式的面谈，以发现其对有关主题的动机、信念、态度和情感。在本研究中的深度访谈形式，除去以往较为常见的面谈以外，笔者还通过使用淘宝、1688等网站的聊天软件方式，对在线商户的客服人员或是店铺负责人进行即时的在线访谈，这样做的主要目的是为了通过和一线人员、真实的店铺拥有者了解他们目前所碰到的问题，同时了解他们是通过怎样的方式与消费者搭建桥梁的。客服人员和店铺负责人是与消费者直接接触的一线员工，对消费者的真实需要更加了解。

访谈的时间设计一般为 30 ~ 60 分钟不等。访谈过程中，访谈人需要先设置一些中性的问题，用以鼓励受试者畅所欲言，通过这样的方式先建立良好的关系，等这些初试问题回答完毕后，访谈人开始进入深度访谈的调研。访谈者应事先确定一个提纲来进行提问，提问的顺序可以随着话题的深入或是被试回答问题的方向进行一定的调整。

本研究选择了 5 个经营不同产品的在线商户作为样本。其中 2 家采取约访面谈的形式进行，另外 3 家则是通过淘宝、1688 等网站提供的聊天软件进行在线访谈。这 5 名客服人员或店铺负责人分别经营的产品或服务为图书、食品、美妆产品、数码产品和饮品。为了让访谈顺利进行，本文采用了非结构、开放式的询问方式，并预先拟定出主要的研究问题，以期本次访谈能够有序进行。在访谈中除了针对预先拟定的访谈问题加以询问外，更多的是由访谈者提出一些线索性的问题，让被试自由发挥，以便尽可能地了解与研究相关的信息，发现现在研究中可能存在的问题，开阔研究视野。

本次深度访谈主要分为以下三个部分：

1. 解释本次研究模型中的各个要素的概念及界定，使研究框架中各个要素的内涵具体化，并统一要求被试对各个要素概念的认知。

2. 对在线商户商品信息呈现、消费者内在状态的维度划分进行介绍，对在线商户商品信息呈现对消费者购买意愿影响模型中的各个要素间的关系进行描述，通过开放式问题询问被试以实际工作经验如何看待这些要素的关系，并通过讨论提出相应的建议对策。

3. 记录被试的基本资料

在整个访谈过程中，笔者通过对研究中问题的描述，让被试对整个研究产生一个整体的感念，然后随着谈话的深入，让被试表达他们自己对这个研究模型的看法，可以畅所欲言，以此收集到对这个模型一线工作者的看法，这些信息都可以用以帮助完善本研究。

3.4.3 探测性研究的结论

通过访谈，笔者对一线工作人员和在线店铺负责人有了深入的了解，并对本研究提出的在线商户商品信息呈现的构型框架，以及在线商户商品信息呈现对消费者购买意愿影响模型的研究模型作了初步的证实。主要结论如下：

1. 研究在线商户商品信息呈现对消费者购买意愿具有现实意义

接受访谈的 5 人都声称十分重视与消费者之间建立良好的关系，希望更好地服务消费者。通过进一步的访谈，笔者发现虽然他们对于在线商户商品信息呈现的概念及内涵有些模糊，但对于本文中所提出的概念界定和在线商户商品信息呈现的维度划分基本认同。其中，事实型信息和评价型信息被认为是两个最重要的信息类型，可能是对消费者产生影响最大的两种信息形式，所以他们会有控评行为，笑称为了一个差评会"跪求"消费者。而对于消费者内在状态大多可以理解为什么在网络购物中会存在社会临场感这一心理过程也表示赞同，这种逐步和消费者建立关系的心理过程也得到了受访者的赞同，同时他们也表示对于愉悦和信任这两个维度，他们更倾向于信任，他们普遍认为信任是他们和消费者建立关系最重要的环节，取得消费者的信任，不但能获得订单，消费者还会给予好评，这样生意会越来越红火。最终，这 5 名位接受访谈的被试一致表示对在线商户商品信息呈现的层次分析，构建在线商户商品信息呈现对消费者购买意愿影响的框架模型，研究两者间的作用关系具有极为重要的现实意义。

2. 理论模型得到确认

首先，对在线商户商品信息呈现的构成维度划分得到确认。他们完全同意本书提出的信息呈现形式和信息呈现内容，其中信息呈现形式分为可视性和交互性，商户商品信息呈现内容为事实型信息、服务型信息、评价型信息、担保型信息，指出这 6 个变量是影响在线商户商品信息呈现对消费者购买意愿的重要要素。受访者纷纷表示随着多媒体硬件和软件的不断发展，现在的在线商户商品信息呈现十分高效和多样化，他们也在通过不同的方式向消费者展示他们的产品，信息的发布质量越来越受到广大商户的重视。

其次，5 名受访者都认为在线商户商品信息呈现可以影响消费者的心理感受和购买行为。

最后，本研究的理论模型得到受访者的普遍赞成。他们认为商户商品信息呈现形式具有可视性和互动性，商户商品信息呈现内容为事实型信息、服务型信息、评价型信息、担保型信息，指出这 6 个变量影响消费者的内在状态也就是社会临场感，社会临场感的产生是消费者进一步获得信任感和愉悦感，最终影响消费者购买意愿的前提。

3. 理论模型适用于不同的产品

首先，本研究中商户商品信息呈现形式具有可视性和互动性，商户商品信息呈现内容为事实型信息、服务型信息、评价型信息、担保型信息，这 6 个变量是通过对网络商品信息的实践总结以及对中外研究文献进行梳理共同形成的成果。符合访谈中 5 名代表所在的行业商品特点，而且对于不同的行业商品也是行之有效的，只是不同行业的不同商品中，存在着不同的维度差异，比如食品行业对事实型信息和评价型信息更加重视，在商品展示中营造出让人垂涎欲滴的观感，而化妆品企业由于商品中的成分属于事实型信息，很多消费者对此并不敏感，而对服务型信息和评价型信息更感兴趣。

其次，对消费者的内在心理状态描述符合人 - 机 - 人的交互过程，并且对网络交易中与消费者逐步建立关系的心理状态描述更加准确、全面和细致，得到了受访者的认可。

最后，整体研究的理论模型得到了各位受访者的认可，认为可以应用到广大在线商户的商品信息管理之中，具有普遍性。

基于以上的访谈结论，我们对本章提出的要素维度和变量间的作用关系模型得到了初步确认，可以进入下一步的研究方法设计。

3.5　本　章　小　结

本章的研究内容主要分为四个部分：

第一部分：在线商户商品信息呈现对消费者购买意愿影响的研究的影响因素提取。

在第 2 章中对国内外现有相关研究进行综述以及对相关理论基础的研究进行总结，在此基础上，本章首先对研究的影响因素进行提取。本研究首先把商户商品信息呈现分为商品信息呈现形式和商品信息呈现内容，并对它们进行详细的划分和定义，商户商品信息呈现形式为可视性和交互性，商户商品信息呈现内容为事实型信息、服务型信息、评价型信息、担保型信息，指出这 6 个变量是影响在线商户商品信息呈现对消费者购买意愿的重要要素。本研究分析了消费者在线购物体验的内在关系逻辑，即认知体验影响情感体验，并将它们具象化为社会临场感影响愉悦感和信任感。而消费者的情感体验，愉悦感和信任感会让消费者趋向于购买。

第二部分：在线商户商品信息呈现对消费者购买意愿影响的模型的建立。

本章借鉴心理学领域研究的"刺激－机体－反应"模型，建立了在线商户商品信息呈现对消费者购买意愿影响的框架模型，认为在网络购物平台浏览过程中，商户利用媒介工具编辑和处理商品信息呈现给广大消费者是一种外部刺激，这种外部信息环境刺激能够影响消费者对商品的内在心理状态，进而促使消费者产生对商品购买意愿的行为意向。

第三部分：在线商户商品信息呈现对消费者购买意愿影响的关系假设的提出。

根据前面总结的理论基础，结合本研究的具体研究背景和内容，基于影响因素提取的相关分析和本研究的理论模型，提出了各个变量间的关系假设，共提出22条关系假设，为后文的实证检验提供理论依据。

第四部分：对本书提出的研究模型进行探测性研究。

定性研究采用了深度访谈法进行，选择了5个具有代表性的产品作为样本。其中2家是通过面谈约访的形式进行的，另外3家则是通过网络在线进行访谈的。深度访谈结果表明：研究在线商户商品信息呈现对消费者购买意愿具有现实意义。理论模型得到确认。理论模型适用于不同的产品。

第4章 问卷设计与数据收集

第3章中结合国内外相关研究的基础上，通过理论推演的方式，构建了在线商户商品信息呈现对消费者购买意愿影响的理论模型。本章将根据第3章构建的理论模型和提出的关系假设，对各个变量的量表进行设计，形成调查问卷，并进行数据收集。本章共有四部分内容：第一部分是初始量表开发，并详细介绍研究中所应用的方法和初始量表设计；第二部分内容是问卷设计，包括问卷构成、小组访谈、研讨和量表调整，此步骤确立问卷预调查的量表；第三部分是问卷前测，第一轮小规模问卷前测保证问卷是可以被被试理解和接受的，第二轮问卷前测收集数据进行信度分析，探索性因子分析和验证性因子分析来最终确定问卷量表；第四部分是数据收集，此部分将介绍正式问卷发放后会收到的样本容量和目标样本，并介绍样本的收集方法和收集情况。

4.1 初始量表开发

对概念模型中的抽象概念进行量化测量是本研究的重要环节之一，量表的设计是进行实证研究的工具，度量的准确性将对研究结果产生直接影响。在过去的对于商品信息呈现以及消费者心理和行为的研究中，许多学者进行了大量的实证研究，开发了大量的有效可行的研究量表，这些优秀的成果为本研究开发度量上述要素维度提供了宝贵的资料和谨慎准确的方法。因此，本研究为了使研究整体更具有说服力，在梳理理论研究文献的基础上，结合在线商户商品信息呈现的具体情况和场景，归纳选取适合本次研究的量表或是对已有量表进行加工。博伦（Bollen，1989）认为量表开发需要关注三个方面的内容：其一为需要度量变量的概念清晰明确，方便识别相应的潜在变量。其二是通过回溯已有的理论研究，建立初步的量表题项。其三是明确量表题项同潜在变量的关系。本书将基于第 3 章所提出的在线商户商品信息呈现对消费者购买意愿影响的理论模型，开发 10 个变量的量表度量。

4.1.1　研究方法选择

在社会科学的研究中，一般的研究方法有两种：实验法和问卷调查法。广大科研工作者通过对某些影响因素进行严格把控，来测量和检验变量之间的因果关系，就是实验法[①]。实验法通过设计实验分组，将实验对象分为实验组和控制组，然后进行测验，每个组的不同结果要确定各个变量之间的关系。实验法通过操纵关键变量的方式，来分析、检验变量之间的作用关系，以及作用后的影响程度。因此通过实验法获得的研究结论一般被认为是比较可信的。但现实生活中，实验本身会受到众多来自外界和被试自身性格等因素的影响，这种因素存在着一定的不可控制性，因此采用这种方法会不可避免地影响研究效果。

问卷调查法是通过向受试发放研究者经过精心设计的调查问卷，用文字描述的形式直接或间接地向受试进行数据采集，利用统计学计算方法对所采集的数据进行相应的分析，以对研究结论进行验证的一种研究方法。Golafshani（2003）认为问卷调查是定量研究方法中最常用的调查手段之一，它可以对提出的假设进行验证。Bogdan 和 Biklen（1998）指出问卷调查能够实现聚焦事实和揭示产生行为的原因，同时，Glesne 和 Peshkin（1992）也指出问卷调查能够有效地实现现实情况的可视化和数据化。Babbie（1990）认为问卷调查能够通过研究从某群体中抽取的样本实现对抽取样本所处的群体的趋势、态度或意见的定量化以及数字化描述，并实现研究结果从样本到群体的一般化和普及化。并且，已有文献中大量有关消费者在线评价信息采纳的相关研究也证实了使用调查问卷法的合理性和有效性。

因此，当研究目的和研究变量可以明确界定时，问卷调查方法可以有效地对采集到的样本数据进行研究。因此，本研究本着科学合理的研究基准，基于研究的理论模型比较复杂，模型中的变量不能被严格控制，并且某些变量的值也可能在实验过程中不易被观测到，所以，本研究的模型检验将使用问卷调查法来进行。

[①]　袁荃. 社会研究方法［M］. 武汉：湖北科学技术出版社，2012.

变量测量量表是进一步开展描述性研究和因果性研究必不可少的度量工具[①]。为了检验本研究提出的关系假设和理论模型，需要对各个变量制定测量题项，以便最终形成调查问卷。本研究将根据实际研究的需要，设计开发新的研究量表，并验证经典的优秀量表。为保证内容效度、区别效度和收敛效度，本研究在现有中外文文献成熟测量量表的基础上，根据所研究变量的概念及在线商户商品信息呈现的内涵和特点，设计规划适合本研究的量表，并最终形成调查问卷。

基于第 3 章所提出的在线商户商品信息呈现对消费者购买意愿影响的理论模型，本研究将对模型中共 10 个变量的测量题项进行开发设计。本研究的测量量表开发经历了以下 4 个过程：①通过对相关文献的梳理，结合本研究的实际情况，对初始量表进行提取；②小规模访谈 2 位精通英语的管理学科学者，之后召集 12 位管理学营销学方面的专家学者进行小组研讨，以确保题项中语言的清晰度、准确性及系统性；③通过第一次问卷前测对问卷的语言进行进一步的调整，填写后通过访谈的方式对问卷中存在的语言及设置方面的问题进行进一步修订，以确保问卷达到受试可以普遍接受的程度，再进行第二次问卷前测对调查问卷的信度、效度进行检验；④对问卷进行正式发放。

4.1.2 变量测量

（一）可视性（V）

本研究中的生动性所指的是在线商户信息呈现形式的可视性。网络购物过程中，感官所能感受到媒介向消费者传递信息的方式，媒介的丰富程度决定个体感官感受信息的深度和广度。本研究借鉴江和本巴萨特[②]（Jiang 和 Benbasat，2007）对生动性的题项，同时根据访谈结果，以及本研究对可视性的定义，提取了四个可用的标准来描述可视性，即"生动形象"、"充满活力"、"可评估性"和"互相补充"。

---

① 许正良. 管理研究方法［M］. 长春：吉林大学出版社，2004.

② Jiang Z., Benbasat I.. Research Noteinvestigatingthe Influence of the Functional Mechanisms ofOnline Product Presentations［J］. Information Systems Re? search, 2007, 18（4）：454 - 470.

本研究是通过浏览大量的在线商户商品信息呈现的展示方法，结合目前软件发展以及在线平台可以提供给商户的多媒体软件，并不断深化明确可视性在本研究中的概念界定，由此对可视性的题项进行初步设置。

本研究将采用四个题项来测量可视性变量："我认为在线商户商品的信息生动形象"；"我认为在线商户商品的信息充满活力"；"我认为我可以根据文字、图片、声音、动画等多种信息来评估商品"；"我认为文字、图片、声音、动画等信息之间是相辅相成的"，具体测量题项如表4.1所示。

表4.1　可视性的初始题项

变量	题　　项
可视性	V1 我认为在线商户的商品信息生动形象
	V2 我认为在线商户的商品信息充满活力
	V3 我认为我可以根据文字、图片、声音、动画等多种信息来评估商品
	V4 我认为文字、图片、声音、动画等信息之间是相辅相成的

（二）交互性（I）

本研究所指的交互性是指在线商户信息呈现形式的交互性。网络购物过程中，消费者通过媒介能够感知的与线上他人的信息相互影响的程度。本研究借鉴 Liu[116]（2003）对交互性研究的题项，并整合其双向沟通、可控性和同步性。结合本研究的实际情况，及本研究对交互性的定义，提取了交互性的"可沟通性""同步获得"两个大方面来构成题项。

"可沟通性"和"同步获得"在信息呈现的过程中更多地结合消费者的主观感受，为了能够获取消费者视角下的心理感受和主观评价，并不断深化明确交互性在本研究中的概念界定，由此对交互性的题项进行初步设置。

本研究将采用6个题项来测量交互性："我可以向商户反馈信息"，"我可以和商户实时交流"，"我可以通过购物平台看到其他消费者的反馈信息"，"我打开网页的速度很快"，"我输入商品信息后，可以立刻

得到反馈信息"，"我可以很快获得商品信息"，具体测量题项如表 4.2
所示。

表 4.2　交互性的初始题项

变量	题　　项
交互性	I1 我可以向商户反馈信息
	I2 我可以和商户实时交流
	I3 我可以通过购物平台看到其他消费者的反馈信息
	I4 我打开网页的速度很快
	I5 我输入商品信息后，可以立刻得到反馈信息
	I6 我可以很快获得商品信息

（三）事实型信息（FI）

本研究所指的事实型信息是指在线商户商品信息呈现中的事实型信
息。事实型信息是指商品本身的属性信息，如规格、材质、容量等信
息，具体内容包括安全购物指南、支付工具、免责声明、商品信息（商
品价格、图片、介绍和历史成交价格）、店铺类目[①]。本研究以此提取
出"属性信息"、"商品信息（商品价格、图片、介绍和历史成交价
格）"、"支付工具"和"免责声明"4 个测量指标。

本研究是通过浏览大量的在线商户商品信息呈现的具体内容，对于
商品的基础信息以及网络商户的基础信息和应该承担的责任都会在其网
页中展示，并不断深化明确事实型信息在本研究中的概念界定，由此对
事实型信息的题项进行初步设置。

结合本研究的实际情况设计了 5 个测试题项："我认为在线商户呈
现的商品事实型信息很重要"，"我认为在线商户呈现的商品属性信息
很重要"，"我认为在线商户呈现的商品信息（商品价格、图片、介绍
和历史成交价格）很重要"，"我认为在线商户呈现的商品购买时使用
的支付工具很重要"，"我认为在线商户呈现的商品免责声明很重要"，
具体测量题项见表 4.3。

---

　　① 廖以臣. 信息内容呈现对消费者在线信任的影响——以 C2C 网上商店为例［J］. 经
济管理，2012（2）：159 - 165.

表 4.3　事实型信息初始题项

变量	题　　项
事实型信息	FI1 我认为在线商户呈现的商品事实型信息很重要
	FI2 我认为在线商户呈现的商品属性信息很重要
	FI3 我认为在线商户呈现的商品信息（商品价格、图片、介绍和历史成交价格）很重要
	FI4 我认为在线商户呈现的商品购买时使用的支付工具很重要
	FI5 我认为在线商户呈现的商品免责声明很重要

（四）服务型信息（MI）

　　本研究所指的服务型信息是指在线商户商品信息呈现中的服务型信息。服务型信息是指消费者通过这些信息不仅获得商品知识，同时向消费者展示科学知识和生活技巧等方面的信息，这些信息可以帮助消费者更好地使用商品，具体内容包括商品使用指南、商品使用技巧（收纳和清洗技巧、与其他商品配合技巧）、商品相关知识科普。本研究以此提取出"商品使用指南"、"商品使用技巧（收纳和清洗技巧、与其他商品配合技巧）"、"商品相关知识科普" 3个测量指标。

　　服务型信息在广大在线商户的信息呈现中并没有完全展示，有一些贴心的商家会为消费者提供类似的信息帮助消费者更好地使用商品。笔者通过大量地浏览现在的在线商户商品信息呈现内容，并不断深化明确服务型信息在本研究中的概念界定，由此对服务型信息的题项进行初步设置。

　　结合本研究的实际情况设计了 5 个测试题项："我认为在线商户呈现的商品服务型信息很重要"，"我认为在线商户呈现的知识信息可以帮助我更好地使用商品"，"我认为在线商户呈现的商品使用指南很重要"，"我认为在线商户呈现的商品使用技巧（收纳和清洗技巧、与其他商品配合技巧）很重要"，"我认为在线商户呈现的商品相关知识科普很重要"，具体测量题项见表4.4。

表4.4　服务型信息初始题项

变量	题　项
服务型信息	MI1 我认为在线商户呈现的商品服务型信息很重要
	MI2 我认为在线商户呈现的知识信息可以帮助我更好地使用商品
	MI3 我认为在线商户呈现的商品使用指南很重要
	MI4 我认为在线商户呈现的商品使用技巧（收纳和清洗技巧、与其他商品配合的技巧）很重要
	MI5 我认为在线商户呈现的商品相关知识科普很重要

（五）评价型信息（EI）

本研究所指的评价信息是指在线商户商品信息呈现中的评价型信息。评价型信息是指消费者可浏览的其他消费者的信息以及购物平台对商家做出的评价信息，这些信息可以帮助消费者进行风险评估，具体内容包括卖家档案（信用评级、创店时间、联系方式），卖家推荐，买家评价，交易安全说明。本研究以此提取出"卖家档案（信用评级、创店时间、联系方式）""卖家评价""买家评价"3个测量指标。

评价型信息在广大在线商户的信息呈现中被要求展示，广大消费者以此为依据对该商户的商品进行心理定位，通过其他商户的评价型信息来判断商品的事实型信息和评价型信息的差距，所以评价型信息对于消费者来说是非常熟悉的。同时，评价型信息可以被分成两种形式，一是来自于其他消费者对该商户出售的商品的评价，另一部分来自于网站对该商户接到的投诉、好评、发货速度等做出的评价。本次题项设置对这两个方面都做了详细的题项编辑。笔者通过大量浏览现在的在线商户商品信息呈现内容，并不断深化明确评价型信息在本研究中的概念界定，由此对评价型信息的题项进行初步设置。

结合本研究的实际情况设计了5个测试题项："我认为在线商户呈现的商品评价型信息很重要""我认为在线商户呈现的评价信息可以帮助我进行购买风险评估""我认为在线商户呈现的卖家档案（信用评级、创店时间、联系方式）很重要""我认为在线商户呈现的卖家推荐商品很重要","我认为在线商户呈现的买家评价信息很重要"。具体测量题项见表4.5。

表4.5 评价型信息初始题项

变量	题项
评价型信息	EI1 我认为在线商户呈现的商品评价型信息很重要
	EI2 我认为在线商户呈现的评价信息可以帮助我进行购买风险评估
	EI3 我认为在线商户呈现的卖家档案（信用评级、创店时间、联系方式）很重要
	EI4 我认为在线商户呈现的卖家推荐商品很重要
	EI5 我认为在线商户呈现的买家评价信息很重要

（六）担保型信息（WI）

本研究所指的担保型信息是指在线商户商品信息呈现中的担保型信息。担保型信息是指消费者可以通过这些信息得到一些担保，当然，部分担保型信息也可以成为消费者评估购买风险的依据，具体内容包括消费者保障计划、七天无条件退换、运费险。本研究以此提取出"消费者保障计划""七天无条件退换""运费险"3个测量指标。

担保型信息是在线商户、消费者以及在线平台方三者为了维护消费者利益以及根据我国《消费者权益保护法》做出的保证消费者权益的方式。在线商户可以选择参与其中，为消费者提供心理保障，同时消费者也可以依据此信息来评价在线商户。笔者通过大量浏览在线商户的商品信息呈现，总结了信息展示中可提取的消费者保障信息；笔者通过大量浏览现在的在线商户商品信息呈现内容，并不断深化明确担保型信息在本研究中的概念界定，由此对担保型信息的题项进行初步设置。

结合本研究的实际情况设计了5个测试题项："我认为在线商户呈现的商品担保型信息很重要"，"我认为在线商户呈现的担保信息可以帮助我进行购买风险评估"，"我认为在线商户呈现的消费者保障计划很重要"，"我认为在线商户呈现的七天无条件退换很重要"，

129 第4章 问卷设计与数据收集

"我认为在线商户呈现的运费险信息很重要"。具体测量题项如表 4.6 所示。

表 4.6 担保型信息初始题项

变量	题 项
担保型信息	WI1 我认为在线商户呈现的商品担保型信息很重要
	WI2 我认为在线商户呈现的担保信息可以帮助我进行购买风险评估
	WI3 我认为在线商户呈现的消费者保障计划很重要
	WI4 我认为在线商户呈现的七天无条件退换很重要
	WI5 我认为在线商户呈现的运费险信息很重要

（七）社会临场感（SP）

本研究所指的社会临场感是指消费者在线购物体验中的社会临场感。本研究借鉴哈桑因和海德[①]（Hassanein 和 Head，2007）的 4 个题项和赵晓煜等人基于温馨、社交体验、顾及他人情感、亲切等角度设计的 4 个题项。

社会临场感作为本书中说明人人交互与人－机－人交互的核心所在，是在线商户与消费者逐步建立联系，产生更多情感需要经历的过程。笔者通过梳理大量有关临场感及社会临场感的文献，在其中寻找共性，结合网络购物实际情景，对社会临场感的题项进行了全方面的思考，并不断深化明确社会临场感在本研究中的概念界定，由此对社会临场感的题项进行初步设置。

结合本研究的实际情况，设计了 5 个测试题项："我有一种与他人接触的感觉"，"我能体会到社会交往的感觉"，"我能体会到亲切的感觉"，"我能体会到温馨的感觉"；"我能感受到我的情感被顾及"。具体测量题项见表 4.7。

---

① Hassanein K.，Head M.．Manipulating PerceivedSocial Presence Through the Web Interface and Its Impact onAttitude Towards Online Shopping［J］．International Journal ofHuman－Computer Studies，2007，65（8）：689－708.

表4.7 社会临场感的初始题项

变量	题 项
社会临场感	SP1 我有一种与他人接触的感觉
	SP2 我能体会到社会交往的感觉
	SP3 我能体会到亲切的感觉
	SP4 我能体会到温馨的感觉
	SP5 我能感受到我的情感被顾及

（八）愉悦感（E）

本研究所指的愉悦感是指消费者在线购物体验中的愉悦感。愉悦是一种重要的积极情绪，本研究共从消费情绪文献中选择了4个使用频率较高的愉悦测量指标，包括快乐、有趣、放松、舒畅。

哈桑因、赛尔和海德三位学者在论文中也对愉悦感进行了测量，本研究选取他们于2007年发表的两篇文章的题项，结合本研究的实际研究情况，设计了4个题项："我觉得是快乐的"，"我觉得是有趣的"，"我觉得是放松的"，"我感觉是舒畅的"。本量表被反复试验过，是比较完善的量表之一。具体测量题项如表4.8所示。

表4.8 愉悦感的初始题项

变量	题 项
愉悦感	E1 我觉得是快乐的
	E2 我觉得是有趣的
	E3 我觉得是放松的
	E4 我感觉是舒畅的

（九）信任感（T）

本研究所指的信任感是指消费者在线购物体验中的信任感，指消费者在网络购物过程中对商户表现出的能力、善意、可预测性的信心。根据麦克奈和哈里森特等人①②（Harrison、McKnight，2000，2002）开发的量表，杰芬和施特劳（Gefen 和 Straub，2004），及中国学者王全胜、郑称德和周耿③（2009）等多位学者开发测量信任的量表。本研究通过对他们问卷中题项的对比研究，结合本研究的实际研究情况，设计了 4 个题项："我觉得商户呈现的信息是真实的"，"我觉得商户呈现的信息是可靠的"，"我觉得商户对我是善意的"，"我相信商户会履行他的服务和质保承诺"。信任感的量表也曾被反复测试过，是本研究中使用的量表中普遍受认可的量表之一。具体测量题项如表 4.9 所示。

表 4.9　信任感的初始题项

变量	题　项
信任感	T1 我觉得商户呈现的信息是真实的
	T2 我觉得商户呈现的信息是可靠的
	T3 我觉得商户对我是善意的
	T4 我相信商户会履行他的服务和质保承诺

（十）购买意愿（PI）

本研究所指的购买意愿是指消费者最终的行为意愿中的购买意愿。消费者在浏览在线商户商品信息时，愿意购买商户所提供的商品或者服务。本研究先后参考了道达斯（Dodds，1991）和杰芬、施特劳（Gefen 和 Straub，2004）在研究网上商务行为开发的量表，巴甫卢和费根森（Pavlou 和 Fygenson，2006）在研究电子商务时开发的购买意愿量表以及多位学者开发测量信任的量表④。通过对他们问卷中题项的对比研究，结合本研究的实际研究情况，设计了 3 个题项："我很可能会购买

① McKnight, Harrison D, Choudhury, et al. Trust in e - commerce vendors: a two - stage model [J]. 2000.

② Mcknight D H, Choudhury V, Kacmar C. Developing and Validating Trust Measures for e - Commerce: An Integrative Typology [J]. Information Systems Research, 2002, 13 (3): 334 - 359.

③ 王全胜，郑称德，周耿. B2C 网站设计因素与初始信任关系的实证研究 [J]. 管理学报，2009，6（4）：495.

④ Pavlou P A, Fygenson M. Understanding and Predicting Electronic Commerce Adoption: An Extension of the Theory of Planned Behavior [J]. Mis Quarterly, 2006, 30 (1): 115 - 143.

商品"，"我会考虑购买这个商品"，"我倾向于购买商品"。具体测量题项如表 4.10 所示。

表 4.10　购买意愿的初始题项

变量	题　项
购买意愿	PI1 我很可能会购买商品
	PI2 我会考虑购买商品
	PI3 我倾向于购买商品

本研究中出现的 10 个维度的初始题项设置，共涉及题项 46 个。见表 4.11。

表 4.11　初始题项

变量	编码	题　项
可视性 V	V1	我认为在线商户的商品信息生动形象
	V2	我认为在线商户的商品信息是充满活力的
	V3	我认为我可以根据文字、图片、声音、动画等多种信息来评估商品
	V4	我认为文字、图片、声音、动画等信息之间是相辅相成的
交互性 I	I1	我可以向商户反馈信息
	I2	我可以和商户实时交流
	I3	我可以通过购物平台看到其他消费者的反馈信息
	I4	我打开网页的速度很快
	I5	我输入商品信息后，可以立刻得到反馈信息
	I6	我可以很快获得商品信息
事实型信息 FI	FI1	我认为在线商户呈现的商品事实型信息很重要
	FI2	我认为在线商户呈现的商品属性信息很重要
	FI3	我认为在线商户呈现的商品信息（商品价格、图片、介绍和历史成交价格）很重要
	FI4	我认为在线商户呈现的商品购买时使用的支付工具很重要
	FI5	我认为在线商户呈现的商品免责声明很重要

变量	编码	题　项
服务型信息 MI	MI1	我认为在线商户呈现的商品服务型信息很重要
	MI2	我认为在线商户呈现的知识信息可以帮助我更好地使用商。
	MI3	我认为在线商户呈现的商品使用指南很重要
	MI4	我认为在线商户呈现的商品使用技巧（收纳和清洗技巧、与其他商品配合的技巧）很重要
	MI5	我认为在线商户呈现的商品相关知识科普很重要
评价型信息 EI	EI1	我认为在线商户呈现的商品评价型信息很重要
	EI2	我认为在线商户呈现的评价信息可以帮助我进行购买风险评估
	EI3	我认为在线商户呈现的卖家档案（信用评级、创店时间、联系方式）很重要
	EI4	我认为在线商户呈现的卖家推荐商品很重要
	EI5	我认为在线商户呈现的买家评价信息很重要
担保型信息 WI	WI1	我认为在线商户呈现的商品担保型信息很重要
	WI2	我认为在线商户呈现的担保信息可以帮助我进行购买风险评估
	WI3	我认为在线商户呈现的消费者保障计划很重要
	WI4	我认为在线商户呈现的七天无条件退换很重要
	WI5	我认为在线商户呈现的运费险信息很重要
社会临场感 SP	SP1	我有一种与他人接触的感觉
	SP2	我能体会到社会交往的感觉
	SP3	我能体会到亲切的感觉
	SP4	我能体会到温馨的感觉
	SP5	我能感受到我的情感被顾及
愉悦感 E	E1	我觉得是快乐的
	E2	我觉得是有趣的
	E3	我觉得是放松的
	E4	我感觉是舒畅的

变量	编码	题　　项
信任感 T	T1	我觉得商户呈现的信息是真实的
	T2	我觉得商户呈现的信息是可靠的
	T3	我觉得商户对我是善意的
	T4	我相信商户会履行他的服务和质保承诺
购买意向 PI	PI1	我很可能会购买商品
	PI2	我会考虑购买商品
	PI3	我倾向于购买商品

4.2　问　卷　设　计

　　本研究调查问卷秉承科学性和易操作性来进行设计。在管理学科领域中，学者们一般采用问卷调查的方式来采集数据。在本章节第一节中，本研究对理论模型中变量的初始题项进行了设计，接下来将说明本研究调查问卷的总体设计过程。

4.2.1　问卷构成

　　一份完整的问卷通常包括封面信、指导语、问题及答案选项、编码等内容。其中，封面信是用来向受试说明本次调查的基本内容、问卷的主要调查目的、消除受试对问卷是否涉及个人隐私问题的疑虑等；同时，在封面信中，也要明确交代问卷的主要研究目的、研究人的身份、问卷的主要填答内容要求和问卷对受试的承诺；最后还要留下研究人员的联系方式，以便被试者能及时与研究人员取得联系。指导语是对被试如何正确地填答问卷提供帮助的指导性文字，它主要是用以说明问卷中较为复杂或特殊的问题，帮助被试理解，同时给出正确填答的示例。问题及答案选项是问卷的主体部分，将利用统计学的方法对问卷进行整理，同时问卷填答也会对被试的个人情况进行提问，用以说明问卷发放的普遍性和被测人员的多元性。编码是问卷进行统计的主要方式，在后期处理问卷和进行统计学计算中有着很重要的作用。问卷的设计有着极其严格的操作程序和基本的设计原则。在设计问卷时，本研究将严格遵照此程序进行，不断对问卷进行改进，在语言结构、思维逻辑上都满足本次研究的目的。将按照以下 4 个原则来设计此次问卷：

（1）主题明确，对此次问卷调查的目的有明确的说明，对被试有明确的要求，为了使被试可以配合答卷，简单明了地说明此次研究的主要目的。

（2）从简单的单一性问题开始，循序渐进地对问卷内容进行编辑，避免一开始出现比较困难的问题，这会使被试对回答问卷失去兴趣。

（3）将同一主题的问题放在一起，避免造成被试在回答问题时思维混乱，同时也是对统一指标的度量。

（4）避免出现较为敏感的问题，从被试的角度出发，对个人的隐私问题尽量回避，同时避免同一问题重复出现。

问卷调查法是在营销学的实证研究中最常见的数据获取方法，本研究也将通过问卷调查的方式来获取所需的数据。在本研究中，设计调查问卷时标度在线商户商品信息呈现对消费者购买意愿影响的各个要素变量测量的一种符合表现形式，是进一步开展研究必不可少的度量工具。本文的研究框架由一系列自变量组成，它们各自的测量便构成了本研究问卷部分的主体，为了保证问卷的质量，科学合理地对问卷进行设计是必不可少的。

在问卷正文的部分，本研究的问卷包括总体介绍、筛选题项、主体题项、背景题项 4 个部分。依照夏帕德和文森特（Shepherd 和 Vincent，1991）研究中指出的对调查问卷中题项顺序安排的建议①，本研究问卷题项将按照先简单后复杂的顺序，先设置直白易懂的问题，之后设置了问卷主体部分问题，最后将设置安排被试相关个人背景问题。

（一）总体介绍

问卷首先是对整个调查问卷的情况描述，其中包括本次调查问卷的研究目的、答题要求、隐私保护、答题时间和致谢。此部分尤其强

---

① Shepherdc J, Vincent C. Interviewer – Respondent interactions in CATI interviews［C］. Proceedings of the Annual Research Conference. Bureau of the Census, 1991：523 – 536.

调两方面的问题：其一是希望被试能够认真答题，于是标出"问卷中的答案没有对错之分，反映真实情况对本调查结果的质量非常重要"。其二是对被试隐私的保护承诺，"您不必在调查中表明身份，请安心作答"。

（二）筛选题项与情景设置

基于我国网络购物发展的现状，本研究设置具体问卷的目标群体为网络购物群体。因此，这部分设置了一个用作筛选用途的问题和一个用于情景设置的问题以确定目标样本范围。"在过去的六个月里，您是否有过网络购物的经历？"然后，本研究调查问卷借鉴了回忆（recall）方式从被试处采集数据。通过对问卷总体情景的设置来帮助被试在回答问题过程中能够更清晰准确地填写。"在现实生活中，您可能会用到不同的网络平台来购买产品或者服务，如天猫、淘宝、京东、唯品会……请选择一个您最熟悉的网络购物平台，并结合您在该平台上最近的一次购物体验来回答下述所有问题。以下，我们用 A 来代表您选定的网购平台（如淘宝），B 则代表您最近一次在 A 平台购物时所涉及的在线商户（如淘宝上一家卖优衣库的独立商户）"。然后对消费者最近一次的购物商品进行区分，列出了超过 10 种商品供被试选择。筛选题项过后，进入问卷主体，需要注意的是，如果第一题答案为否定的，则直接结束答题。

（三）主体题项部分

论文主体部分通过 46 个小题项来支撑 10 个变量。根据上述的理论模型，问卷的主体题项从自变量到因变量顺序逐一进行排列，并且将描述同一变量的题项安排在一起，各个变量的题项理解难度设置将遵循由浅入深、由易到难的规律。

（四）背景题项

背景题项部分主要调查被试者人口统计学特征。虽然这些问题是了解被试基本情况的 7 个简单问题，用于测量被试的基本情况，如性别、年龄、网龄、学历、职业、收入水平，等等，但由于这些问题是询问被试个人情况的相关问题，有些被试对个人隐私问题相对敏感，认为个人情况可能会被泄露，所以产生较为不好的抵触思想，同时一些问题也引起某些个性敏感的被试的反感，他们最终的选择可能是放弃回答或对问卷主体题项部分的回答造成不必要的偏差。因此，根据夏帕德和文森特（Shepherd 和 Vincent，1991）对问卷设计的建议，我们把这 7 个题项的测量放在问卷的最后进行采集[155]。这也是目前国内外学者比较普遍选用的问卷调查题项顺序安排的模式，是科学的。

问卷调查的测量方式主要用于测试被试的态度，学界比较有名的量表有李克特量表（Liket）、瑟斯顿量表（Thurston scale）和格特曼量表（Guttman scale）。瑟斯顿量表的编制要求比较严格，需要花费大量的时间和精力，不适合本研究的实际操作。格特曼量表是一种单维模式的量表，用于本研究中可能会比较有局限性。

本调查问卷主体题项设计上采用李克特 5 级量表。5 级量表在 1932 年被伦西斯·李克特（Rensis Likert，1932）首次使用，并在此后的 80 余年里，其有效性通过数十万的研究得以验证。5 级量表简单清晰，被试完成起来更加容易回答和节省时间。李克特量表是以逐项列举的态度量表形式供被试选择合适的答案。李克特量表可以依据一组态度问题陈述，获取被试选择合适的答案，操作简单，经过考虑，笔者认为适用于本研究。

因此，本研究中将采用李克特 5 级量表。本研究问卷中，笔者请被试者仔细阅读问题，然后根据自己的实际情况，对题项所问问题给予客观评分，评分分值从 1 到 5，分别表示"非常不同意/几乎没有""比较不同意/有，但比较粗略""一般/一般""比较同意/比较详细"和"非常同意/非常详尽"。

这种态度量表被广泛采用，因为其填答时费时较少、简明。但既称态度量表，就会受被试者判断上的影响，其中最易发生仁慈误差、中间倾向，以及晕轮效果。仁慈误差表示填答者不经意地给出偏高或偏低的评价。中间倾向误差是被试最易发生的问题，特别是我国的被试，是一种被试不愿思考，无法或者不愿意表达个人意愿的评价取向。至于晕轮效果是被试的问题出现了一定的刻板印象，这种刻板印象在被试心中已经形成固有概念，这就容易导致系统性偏差，进而影响问卷填答结果。为了避免这些偏差，本研究中的问卷设计中，会综合考虑这些问题，做出一个清楚而活泼的安排。

4.2.2　小组访谈、研讨与量表调整

依照本研究和本次问卷发放的目的以及提出的相关概念模型和假设关系，我们采用上文中提出的题项量表，按照简单明了、易懂易答和有趣味性、有吸引力的原则，经过周密的语义安排和组合后，编制了初始问卷。一份问卷在没有经过多次充分的预测之前，是不应该被正式投入使用的。因此，本研究将会对初始问卷进行多次多轮的测试，每次预试后都将对量表中出现的问题进行修正，以期正式投入使用的问卷是完整合理的。

在正式发放问卷之前，秉承着科学研究的学术态度，本研究对问卷进行了反复的预测试。为了确保此次开发的问卷题项的科学性和系统性，笔者采用专家访谈、小范围研讨等形式对初始问卷进行测试，对问卷总体说明方式、题项措辞的排列、题项设置前后等方面进行全方位考察，并根据测试结果对问卷进行调整。

笔者与两位精通中英文的管理学科学者进行沟通，对问卷中外文文献的翻译进行仔细斟酌。在此基础上，由本人牵头，请到4位从事管理学营销学方面的教授专家，5位本专业某重点大学的在读博士研究生和3位从事网络营销的企业管理人员共同参与小组讨论，以微信聊天建群的方式，通过群内视频通话对问卷中的每一个问题进行细致的探讨和修改。

在小组研讨中，首先向各位专家发放初始量表材料，并简单向各位专家就研究目的、研究内容以及模型框架相关内容进行解释；邀请各专家针对问卷中的题项提出疑问和建议，共同讨论问卷设计的科学性和易操作性；去除无用题项，修改不合理、有歧义的题项，最终确定的题项均获得小组讨论参与人员的认可。

本次问卷调整秉承科学原则，通过专家学者和了解学科背景的学生等各方人士的讨论，期望在最初设计问卷的过程中减少歧义、增加问卷的科学性。但由于人数过少，本次小组讨论缺乏普遍性。

通过以上这些步骤，笔者最终确定正式调查问卷共包含36个题项，表4.12展示了问卷中所有变量的题项设置。

表 4.12　问卷题项

变量	编码	题　项
可视性 V	V1	商户 B 提供的产品信息形式是多样化的，包括文字、图片、视频等
	V2	不同形式的产品信息（文字、图片、视频等），在内容上是相辅相成的
	V3	商户 B 呈现的商品信息十分生动形象
	V4	商户 B 提供的商品信息很有趣
交互性 I	I1	在本次网购中，我与商户 B 是在一个平台中顺畅双向地交流
	I2	在本次网购中，我被鼓励参与购后评价
	I3	对于我提出的各种问题和疑问，商户 B 能快速有效地给予解决和答复
	I4	我在网购过程中，可以自行控制与商户 B 的交流互动
事实型信息 FI	FI1	商品的外观特性（如大小、颜色、规格等相关的参数特性）
	FI2	商品的购买信息（如实时价格、原始价格、折扣信息、成交量等）
	FI3	商品技术的相关信息（如品牌发展历史、产品发源地、供应商、专利技术等）
服务型信息 MI	MI1	商户 B 提供的商品使用指南很详实（如用法、用量、注意事项）
	MI2	商户 B 提供了商品使用技巧（如收纳和清洗技巧、与其他商品配合的技巧）
	MI3	商户 B 为消费者提供了该商品相关的科普信息
评价型信息 EI	EI1	平台 A 提供的与商户 B 信誉相关的信息非常详细（如信用评级、创店时间、联络方式等）
	EI2	其他消费者对该商品的评价比较充分（如产品质量、与描述的相符程度等）
	EI3	其他消费者对相关第三方物流的评价比较充分（如发货速度）
	EI4	其他消费者的信息评价形式是多样化的，包括好评、中评、差评、追评等

续表

变量	编码	题　　项
担保型信息 WI	WI1	本次网购享受消费者担保计划（如正品保障、假一赔十、七天无条件退货等）
	WI2	本次网购可以购买运费险
	WI3	一旦商品出现问题，商户 B 给出了明确的赔付信息
社会临场感 SP	SP1	在线商户 B 提供的信息让我不自觉地感到网站的商品就在我眼前
	SP2	在线商户 B 提供的信息让我感到自己仿佛是真的在商城购物
	SP3	在线商户 B 提供的信息让我有一种与人打交道的感觉
	SP4	在线商户 B 提供的信息让我体会到温馨的感觉
愉悦感 E	E1	浏览该商户的商品信息让我感到快乐
	E2	浏览该商户的商品信息让我感到轻松
	E3	浏览该商户的商品信息让我感到舒畅
	E4	浏览该商户的商品信息让我感到有趣
	E5	浏览该商户的商品信息让我很满意
信任感 T	T1	我认为商户 B 是值得信任的
	T2	我认为商户 B 提供的信息是真实可靠的
	T3	我觉得商户 B 对我是善意的
	T4	我认为商户 B 不会欺骗顾客
购买意向 PI	PI1	我很可能在 B 商户处购买商品
	PI2	我倾向于在 B 商户处购买商品
	PI3	如果有需要，我会优先考虑在商户 B 处购买商品
	PI4	我将来会继续在商户 B 处购买商品

4.3　问　卷　前　测

　　在形成正式的问卷之前，本研究进行了小规模的两轮问卷前测，以便对问卷中的题项进行净化。由于本研究采用了一部分成熟量表，而针对商品信息呈现内容部分的问卷是本研究自行开发，在对整体问卷进行信度检验，对自主开发的部分进行了探索性因子分析。两次问卷前测的目的是从人文和科学两方面对问卷进行进一步考量，第一次主要以口头询问为主，考量的是受试人的个人感受，希望在语句语义上对问卷进行进一步的完善。第二次前测主要是考察问卷在统计学中的科学性，通过统计学方法，对问卷的描述性统计分析、信度分析、新开发部分量表探索性因子分析和数据样本整体的验证性因子分析进行了完善。下面对两次前测进行具体的描述。

4.3.1　第一次问卷前测

本次前测是小范围的问卷测试，主要目的是对问卷中语言表述不明晰、问卷被试有所疑惑的部分进行修改和删减。由问卷调查者通过朋友圈和 QQ 群向朋友们集中发放，填完后集中讨论，以此达到对量表重新编排和对受试者问题集中处理的目的。本次问卷发放中涉及的人群覆盖较广，涵盖了在读学生、银行业、电信企业、汽车制造企业、自媒体人、IT 互联网企业，等等，他们大多为企业的中层管理人员。生活的城市也覆盖了我国十数个大中型城市。在问卷填答完成后，笔者同他们对问卷内容进行了深入的沟通，询问他们问卷内容是否有歧义，是否存在填答困难，以及他们对问卷内容的修改意见。这一轮前测中，我们主要对某些语句的语义进行了进一步的调整。

本次前测共发放问卷 120 份，有效问卷 92 份。以手机为主要媒介，通过微信群和 QQ 群将电子问卷发放给目标样本，同时要求受试者不需要对问卷进行再次发放。为了使本研究问卷达到研究对象普遍接受的程度，本次在选择调查对象时考虑了其性别、年龄、收入、教育程度的均衡分布，并在问卷结束设置问卷反馈题项，包括"您是否对本研究的目的很明确？""问卷中问题的描述是否清楚？如果有不清楚的地方，请您指出。""请问您在答题过程中在哪里遇到困难？""您对本问卷有什么建议？"以此对问卷进行了第一轮的修改，对问卷中部分问题进行了删减合并，对问题 I4 和 E5 进行了删除。I4 题被认为是与上题重复的内容，不应该出现。E5 则是因为被试可能会认为是针对购后体验的问题，也不适用于本问卷，因此不予采用。

第一次问卷前测对问卷进行了简单的修改和筛选，但是对于问卷统计学的科学性把握还是存在一定的疑虑，所以我们进行了第二次问卷前测，对问卷进行了描述性统计分析、信度分析、新开发部分量表探索性因子分析和数据样本整体的验证性因子分析的统计学测量，以保证我们最终使用的问卷的科学性。

4.3.2　第二次问卷前测

本次问卷共发行 7 天，总计回收样本 356 份。主要是由笔者通过网络进行发送，笔者的微信朋友圈和 QQ 群为主要扩散源。为保证问卷数据的科学有效，笔者在由朋友圈扩散过程中特意要求其他扩散人积极邀请他们的同事和朋友填写，以保证问卷的差异化要求。但同时受到笔者朋友圈的限制，在测试过程中，样本数据中年龄普遍年轻化，以学生为主体，并且集中于北方地区。本研究中，将半年内没有进行过网络购物的人士的填写视为无效答卷，将所有问题选择同一个答案的视为无效答卷，经过一轮样本净化后剩余有效样本为 308 份。

通过对初始问卷的开发，我们在第二次预测中依照科学的实证方法，对数据依次进行描述性统计分析、信度分析、新开发部分量表探索性因子分析和数据样本整体的验证性因子分析。

在进行统计学分析之前，我们先对数据进行编号，在 SPSS 软件中建立数据库，然后对本次问卷前测的数据进行简单的整理和初步检查。本次数据检查遵循以下三个原则：①如果某条数据记录中有大量数据缺失，如缺失数超过 30%，则本条数据不予采用。②如果某条记录中的数据有大量相连的，连续 15 个以上的数字或是大量相连的"一般/一般"，则本条记录不予以采用。③如果某个数据有缺失，则用所有的样本在该指标上的平均数来填补这个缺损项。将所有有效数据样本录入SPSS 数据库中，本次统计学计算采用 SPSS 23.0 和 AMOS 23.0 分析软件对数据样本进行分析，采用的分析方法主要有描述性统计分析、信度分析、探索性因子分析、验证性因子分析，以此来说明此问卷的信度、内容效度和区分效度。

在进行因子分析之前，我们首先对数据进行了描述性统计分析。了解数据的基本特征是统计分析的第一步。我们把数据样本所含的信息进行概括、抽象和融合，从而反应数据样本的综合指标，这些指标被称为统计量，常见的统计量大致可分为三类：第一类描述数据集中趋势的统计量，如均值、众数，等等。第二类为描述数据离散程度的统计量，如标准差、方差，等等。第三类为描述数据分布特征的统计量，如偏度、峰度，等等。综合检查这三类统计量就可以清晰而准确地把握样本数据的分布特点。在进行数据分析时，学者们往往是先进行描述性统计分析，对数据样本进行一个趋势上的大致判断，为以后的统计推断奠定基础。

在本研究中，将利用 SPSS23.0 软件来计算出均值、标准差、偏度和峰度四个统计量来观察样本数据的分布特征。这四个统计量的具体含义如下：均值是一种作为常见的"代表值"或"中心值"，又称为"算是平均数"，在统计学中有重要的地位，用来反映某变量所有取值的集中趋势或平均水平。标准差是表示变量取值距均值的平均离散程度的统计计算，均值距越大离散趋势越大。偏度是描述变量取值分布形态对称性的统计量，当分布对称时，正负总偏差相等，偏度值等于0；当分布不对称时，正负总偏差不相等，偏度值大于0或者小于0，大于0时被称为正偏或是右偏，小于0时被称作负篇或是左偏。峰度是描述变量取值分布形态陡缓程度的统计量，当数据分布与标准正态分布的陡缓程度相同时，峰度值等于0，峰度值大于0是，成为尖峰分布，小于0则成为平峰分布。

通过计算数据中各个题项的均值、标准差、偏度和峰度，分析数据的集中趋势、离散程度和分布形态。计算结果如表 4.13 所示，通过分析表中的数值我们可知，数据样本符合正态分布要求，可以进行进一步研究。

表 4.13　描述性统计分析结果

题项	均值	标准差	偏度	峰度
V1	3.67	0.714	-0.382	0.666
V2	3.51	0.801	-0.464	0.738
V3	3.65	0.758	-0.617	0.807
V4	3.50	0.783	-0.232	-0.014
I 1	3.83	0.642	-1.396	4.540
I 2	3.69	0.674	-0.962	2.422
I 3	3.92	0.668	-1.292	4.370

续表

题项	均值	标准差	偏度	峰度
FI 1	3.84	0.657	−0.866	2.351
FI 2	3.86	0.656	−0.477	1.564
FI 3	3.87	0.722	−0.484	0.946
MI 1	3.69	0.853	−0.416	−0.064
MI 2	3.88	0.763	−1.169	3.171
MI 3	4.99	0.614	−0.505	1.882
EI 1	4.01	0.675	−0.399	0.772
EI 2	3.87	0.660	−0.056	−0.255
EI 3	3.90	0.678	−0.447	0.925
EI 4	3.71	0.746	−0.335	0.465
WI 1	3.64	0.871	−0.609	0.356
WI 2	3.48	0.889	−0.318	−0.247
WI 3	3.30	0.851	−0.040	−0.036
SP 1	3.36	0.821	−0.211	0.322
SP 2	3.39	0.838	−0.344	0.025
SP 3	3.50	0.755	−0.423	0.646
SP 4	3.45	0.787	−0.291	0.331
E 1	3.57	0.853	−0.203	0.043
E 2	3.78	0.871	−0.418	0.134
E 3	3.66	0.806	−0.207	−0.199
E 4	3.59	0.812	−0.407	0.036
T 1	4.06	0.785	−0.592	0.254
T 2	4.10	0.804	−0.757	0.675
T 3	4.04	0.794	−0.620	0.305

续表

题项	均值	标准差	偏度	峰度
T 4	4. 12	0. 761	− 0. 467	− 0. 368
PI 1	4. 06	0. 757	− 0. 557	0. 121
PI 2	4. 05	0. 828	− 0. 681	0. 050
PI 3	4. 07	0. 716	− 0. 529	0. 334
PI 4	4. 08	0. 701	− 0. 285	− 0. 382

4.3.3　信度和效度分析

（一）信度分析

本分析采用 SPSS 23.0 和 AMOS 23.0 软件进行，主要采用量表的信度检验、探索性因子分析及验证性因子分析。

信度是反映测量的稳定性及内部一致性的指标，量表的信度越高，其测量的标准误差越小。研究量表的信度表示采用同样的方法对同一量表题项进行重复测量时所得结果的一致程度，是同潜在变量的实际分数的方差比例，可以用稳定性、等值性和内部一致性指标来表示（De Vellis，1996)①。一般的信度分析可分为外部信度和内部信度两个方面。外部信度又称"重测信度"，指在不同时间进行测量时的调查结果的一致性程度。内在信度又被称为"折半信度"，也是目前普遍使用的信度分析方法，一般使用 Cronbach's α 系数来作为测量的标准，其主要的测量是针对调查问卷中的某组题项是否为同一概念而进行的。不同学者对 Cronbach's α 系数的取值范围有所争议，本书采用各个维度的 Cronbach's α 系数均在 0.7 以上，整体量表的 Cronbach's α 系数在 0.8 以上，来说明本问卷设计中个体变量具有较高的可信度。

通过 Cronbach's α 系数来对量表的信度进行分析。分析结果见表

① Devellis R F. A consumer's guide to finding, evaluating, and reporting on measurement instruments [J]. Arthritis Care and Research, 1996 (9): 239 – 245.

4.14，各个维度的 Cronbach's α 系数均在 0.7 以上，整体量表的 Cronbach's α 系数在 0.8 以上，说明问卷设计较为理想，可以进行下一步的分析。量表的信度分析结果如表 4.14 所示：

表 4.14 量表的信度分析结果

维度	题项	删除项后 Cronbach's α	Cronbach's α	项数
可视性 V	V1	0.798	0.842	4
	V2	0.816		
	V3	0.822		
	V4	0.760		
交互性 I	I1	0.615	0.719	3
	I2	0.718		
	I3	0.550		
事实型 FI	FI1	0.769	0.862	3
	FI2	0.859		
	FI3	0.768		
服务型 MI	MI1	0.584	0.750	3
	MI2	0.705		
	MI3	0.689		
评价型 EI	EI1	0.835	0.876	4
	EI2	0.822		
	EI3	0.820		
	EI4	0.887		
担保型 WI	WI1	0.687	0.760	3
	WI2	0.566		
	WI3	0.764		
社会临场感 SP	SP1	0.808	0.837	4
	SP2	0.778		
	SP3	0.833		
	SP4	0.749		

续表

维度	题项	删除项后 Cronbach's α	Cronbach's α	项数
愉悦感 E	E1	0.785	0.866	4
	E2	0.832		
	E3	0.825		
	E4	0.868		
信任感 T	T1	0.886	0.918	4
	T2	0.875		
	T3	0.898		
	T4	0.915		
购买意向 PI	PI1	0.863	0.888	4
	PI2	0.859		
	PI3	0.840		
	PI4	0.864		

（二）效度分析

在一个量表之中，对一个特定的潜在变量测量的充分性问题就是对其进行效度分析，它是判断结果与量表开发者所期望的效果是否一致的指标，表示数据与理想值之间的差异程度。效度分析通常是从内容效度、收敛效度和区别效度三个方面来检验的。内容效度是指度量内容与所要度量的目标之间的匹配程度，是一个特定的题项集合对一个内容范畴的反映程度。收敛效度和区别效度统称为结构效度。主要涉及一个变量与其他变量之间的实验关系。

皮龙（Pearon，1901）和斯皮尔曼（Spearman，1904）等学者早在 20 世纪初进行的统计学分析中，就提到了因子分析这个概念。目前，因子分析已经广泛应用于医学、地理学、经济学和管理学等学科的研究中，并促进这些学科不断繁荣科学地发展着。探索性因子分析的主要目的是在各题项之间存在着一定相关性的前提之下，从众多的题项中计算出具有共同代表性的因子。

量表的效度检验通常是检验量表的构建效度，构建效度是指量表能测量理论的概念或特质的程度。验证量表的构建效度一般会使用因子分析的方法，因子分析的目的是找出量表潜在的结构，减少题量，使之变为一组较少而彼此相关较大的变量。如果因子分析抽取出的具有相同概念的因子在实际意义中同样可以归结为一因子，且符合理论建构，说明该量表具有好的建构效度。在因子分析前需要对量表进行 KMO 与巴特利特检验，以检验量表是否适合进行因子分析。KMO 指数介于 0 至 1 之间，当 KMO 小于 0.50 时，表示题项变量间不适合进行因子分析；0.6 < KMO < 0.7 时，表示量表勉强可进行因子分析；0.7 ≤ KMO < 0.8 时，表示尚可进行因子分析；0.8 ≤ KMO < 0.9 时，表示量表适合进行因子分析；KMO ≥ 0.9 时，表示量表极适合进行因子分析。

本研究中的在线商品信息呈现部分属于新开发量表，秉承着科学的研究方法对这一部分进行探索性因子分析。

对在线商品信息呈现量表进行 KMO 与巴特利特检验，检验结果如下表。KMO 统计量为 0.743，KMO 统计量 > 0.7，表示信息呈现内容量表尚可进行因子分析。巴特利特球形度检验卡方值为 2540.730，显著性接近于 0，拒绝原假设，量表题项之间具有相关性，综合说明信息呈现内容量表适合进行因子分析。具体运算结果如表 4.15 所示。

表 4.15 KMO 和巴特利特检验

KMO 取样适切性量数		0.743
巴特利特球形度检验	近似卡方	2540.730
	自由度	190
	显著性	0.000

因子分析中公因子的提取原则为特征根大于 1，为使各个公因子上的信息更加明确，采用最大方差法对因子进行旋转。因子分析结果整理如表 4.16，因子分析共提取出 4 个公因子，累计方差解释率为 71.154%，方差解释率大于 50%，因子提取效果较好。

莱德尔和塞提（Lederer 和 Sethi，1991）对探索性因子分析中筛选题项提出了三个原则。首先，各题项在提取因子上的荷载值应该接近 1，而在其他因子上的荷载值则应该接近 0；然后，某个题项在 2 个及以上的提取因子上荷载值大于 0.4，则这个题项应该被拒绝，也就是量表中不予以采用该题项；最后，题项所在的提取因子上的荷载值应当大于 0.5，如果所在题项所在的因子上所有的荷载值均小于 0.5，则这

表 4.16　信息呈现内容量表的因子分析结果

维度	题项	因子						特征值	方差百分比
		1	2	3	4	5	6		
可视性	VI		0.819					2.957	14.783
	V2		0.802						
	V3		0.788						
	V4		0.872						
交互性	I1						0.806	2.737	13.684
	I2						0.702		
	I3						0.844		
事实型	FI1			0.891				2.408	12.040
	FI2			0.841					
	FI3			0.891					
服务型	MI1				0.849			2.073	10.363
	MI3				0.778				
	MI2				0.809				
评价型	EI2	0.865						2.071	10.355
	EI2	0.877							
	EI3	0.891							
	EI4	0.781							
担保型	WI1					0.790		1.986	9.929
	WI2					0.873			
	WI3					0.759			

个题项应该被拒绝，也就是量表中不予以采用该题项。依据此三条原则，我们对本文中的量表进行净化①。

　　从各个公因子的因子载荷来看，V1 至 V4 在公因子 2 上荷载均大于 0.5，在量表中表示为信息可视性；I1 至 I3 在公因子 6 上荷载均大于

　　① Lederer A L, Sethi V. Critical Dimensions of Strategic Information Systems Planning ［J］. Decision Sciences, 1991, 22 （1）: 104 - 119.

0.5，在量表中表示为信息交互性；FI 1 至 FI 3 在公因子 3 上载荷均大于 0.5，在量表中表示为事实型信息，MI 1 至 MI 3 在公因子 4 上载荷大于 0.5，在量表中表示为服务型信息，EI 1 至 EI 4 在公因子 1 上因子载荷均大于 0.5，在量表中表示为评价型信息，WI 1 至 WI 3 在公因子 5 上因子载荷大于 0.5，在量表中表示为担保型信息，因子分析结果符合理论建构，且各个公因子的代表性较好，说明信息呈现量表的效度较好。

在检验了量表的信度，对新开发量表进行了探索性因子分析后，本研究需要对检测量表的效度问题进行进一步验证。量表的效度是指量表测量的变量是否是各测量题项共变的潜在原因（DeVellis，1996），也就是变量测量的充分性问题，判断的是度量的变量是否真正是研究者所预期的结果。

在探索性因素分析的基础上，进一步对量表进行效度分析，主要是检验量表的结构效度，结构效度主要包括收敛效度和区别效度。由于各个潜在变量均属于一阶测量模型，故整体进行效度检验。验证性因素模型采用 AMOS 23.0 软件进行。根据各个维度的测量体系建立相关性的 AMOS 结构模型，代入数据进行拟合，拟合优度根据绝对适配指标 RM-SEA 值、GFI 值、AGFI 值，增值适配指标 NFI、CFI，简约适配度指数 χ^2/df 等指标对模型进行评价。拟合结果如表 4.17 所示。

表 4.17　验证性因素模型拟合指数结果

统计检验量	适配的标准或临界值	检验结果数据	模型适配判断
绝对适配度指数			
RMSEA 值	<0.08	0.050	是
GFI 值	>0.8 以上	0.876	是
AGFI 值	>0.8 以上	0.850	是
增值适配度指数			
NFI 值	>0.8 以上	0.868	是
CFI 值	>0.8 以上	0.951	是
简约适配度指数			
χ^2/df	<2	1.499	是

从拟合结果来看，绝对适配指数 RMSEA 为 0.050（小于 0.08），符合标准，GFI 与 AGFI 值均高于 0.8，符合标准；增值适配指数 NFI 值与 CFI 值均大于 0.8，符合标准；简约适配度指数 χ^2/df 为 1.499（小于 2），符合标准。各方面的拟合指标均符合相关的标准，拟合程度较高。综上所述，验证性因素模型的拟合优度符合相关要求，可以进行下一步的分析。

下面对各个潜在变量的收敛效度进行检验，结果如表 4.18，各个潜在构念的组合信度均在 0.7 以上，平均变异抽取量均在 0.5 以上，仅交互性一项 AVE 值不足 0.5，考虑到其接近 0.5 且理论模型比较复杂，决定继续使用交互性的 3 个题项。各个题项的标准化因素载荷均在 0.6 以上，只有 I 2 和 W I 3 不足，但由于因子荷载 0.561 和 0.594 十分接近 0.6，所以数据予以采纳，并且考虑到 AMOS 软件对数据数量比较敏感的问题，相信样本加大后数值都会有所提升。模型的各个拟合优度指标拟合非常好，以上综合说明模型有较好的收敛效度。具体运算结果如表 4.18 所示。

表 4.18　模型的效度分析结果

潜在变量	题项	因子载荷	组合信度 CR	平均变异抽取量 AVE
可视性	V1	0.742	0.846	0.580
	V2	0.714		
	V3	0.707		
	V4	0.872		
交互性	I1	0.719	0.729	0.477
	I2	0.561		
	I3	0.774		
事实型信息	FI1	0.813	0.864	0.680
	FI2	0.745		
	FI3	0.908		
服务型信息	MI1	0.840	0.763	0.522
	MI2	0.624		
	MI3	0.686		

潜在变量	题项	因子载荷	组合信度 CR	平均变异抽取量 AVE
评价型信息	EI1	0.838	0.882	0.653
	EI2	0.849		
	EI3	0.865		
	EI4	0.664		
担保型信息	WI1	0.718	0.772	0.535
	WI2	0.859		
	WI3	0.594		
社会临场感	SP1	0.738	0.871	0.63
	SP2	0.778		
	SP3	0.672		
	SP4	0.838		
愉悦感	E1	0.900	0.844	0.576
	E2	0.795		
	E3	0.775		
	E4	0.689		
信任感	T1	0.895	0.919	0.741
	T2	0.930		
	T3	0.834		
	T4	0.776		
购买意愿	PI1	0.798	0.891	0.671
	PI2	0.828		
	PI3	0.857		
	PI4	0.793		

下面通过对比各个潜在变量的相关系数与各个潜在变量的平均变异抽取量 AVE 的平方根来检验模型的收敛效度，检验结果如表 4.19 所示，结果发现各个潜在变量之间的相关系数均小于各个潜在变量的平均变异抽取量 AVE 的平方根，测量模型的收敛效度较好。

表 4.19　潜变量相关系数矩阵

变量	PI	T	E	SP	WI	EI	MI	FI	I	V
购买意愿	0.819									
信任感	0.207**	0.861								
愉悦感	0.149**	0.057*	0.794							
社会临场感	0.182**	0.240***	0.118**	0.759						
担保型	0.051***	0.085***	0.056***	0.105**	0.731					
评价型	0.029	0.028	0.036	0.061**	0.036**	0.797				
服务型	-0.018	-0.020	0.049**	0.014	0.015	-0.006	0.722			
事实型	0.067***	0.090***	0.051	0.169***	0.010	0.045**	0.017	0.825		
交互性	0.105***	0.099***	0.122**	0.154***	0.095**	0.012	-0.006	0.072**	0.691	
可视性	0.030	0.043	0.031	0.0032	0.004	-0.012	-0.066**	-0.048	0.037	0.762

4.4 数 据 收 集

4.4.1 样本容量和目标样本

本研究将使用结构方程模型（SEM）对理论模型进行验证。对于样本容量的确定，舒马赫和洛马克斯（Schumacker 和 Lomax，1996）曾指出，结构方程模型研究的样本数量应该在 200～500 个之间①。穆勒（Mueller，1997）认为结构方程模型分析的样本数在 200 个以上为佳②，戈尔桑（Gorsuch，1983）认为样本数据的容量，应保证测量题项与样本数量的比例保持在1:5 以上，最好达到1:10。综合以上分析，本研究选择样本容量为测量题项的 5～15 倍之间③。本研究涉及 36 个测量题项，考虑到无效问卷的存在，本研究计划以 1:20 的比例发放问卷，预计发放问卷 700 份。

本研究主要选择日常进行网络购物的目标样本。半年内没有进行过网络购物的被试视为不符合要求。对于被试的条件，本研究在问卷者背景题项设置了筛选题项，会排除不符合条件的被试。

4.4.2 数据收集方法

本研究在两次问卷前测中均选取了网络测试的方式，在正式问卷发放过程中，为保证问卷质量和样本随机，主要采用两种方法征集被试。一是在线大学生调查，我国网购平台消费者群体调查数据显示，大学生是网购平台消费者的主流群体。因此委托两位高校教师分别对长春和南京的两所高校的在读学生进行了面对面问卷发放。二是在街头以面对面的形式对路人进行问卷调查，以确保问卷的数据真实可靠。调查历时三周（从 2017 年 6 月 13 日至 7 月 3 日），共回收问卷 558 份（1. 不符合

① Schumacker R. E. Lomax R. G. A beginner's guide to structural equation modeling. Mahwah，［M］. NJ：Lawrence Erlbaum Associates，1996.

② Mueller RO. Structural Equation Modeling：Back to Basics［J］. Structural Equation Modeling a Multidisciplinary Journal，1997，4（4）：353－369.

③ 黄芳铭. 结构方程模式：理论与应用［M］. 北京：中国税务出版社，2005.

样本需求的问卷，即被筛选题项自动去除的问卷；2. 作答不认真的问卷，包括连续 5 个题项以上选择同一答案，或使用同一 IP 地址多次作答的问卷）。样本如表 4.20 所示。

表 4.20　正式样本人口统计信息

基本特征	分类	样本数量	百分比
性别	○ 男	307	55%
	○ 女	251	45%
年龄	○ 20 岁以下	14	2.51%
	○ 21～30	314	56.27%
	○ 31～40	135	24.19%
	○ 41～50	73	13.08%
	○ 50 以上	22	3.95%
教育程度	○ 初中及以下	3	0.54%
	○ 高中/中专/技校	36	6.45%
	○ 大专	97	17.38%
	○ 本科	263	47.13%
	○ 硕士及以上	159	28.49%
职业	○ 全日制学生	69	12.37%
	○ 生产人员	27	4.84%
	○ 销售人员	48	8.6%
	○市场/公关人员	32	5.73%
	○ 客服人员	29	5.20%
	○行政/后勤人员	39	6.99%
	○ 人力资源	24	4.30%
	○财务/审计人员	29	6.99%
	○文职/办事人员	60	10.75%
	○技术/研发人员	45	8.06%
	○管理人员	34	6.09%
	○ 教师	40	7.17%
	○ 顾问/咨询	1	0.18%

续表

基本特征	分类	样本数量	百分比
职业	○ 专业人士（如会计师、律师、建筑师、医护人员、记者等）	28	5.02%
	○ 其他	43	7.71%
收入	○ 1000 元以下	28	5.02%
	○ 1000～2000 元	76	13.62%
	○ 2001～3000 元	103	18.46%
	○ 3001～5000 元	125	22.4%
收入	○ 5001～8000 元	136	24.37%
	○ 8000 元以上	90	16.13%
您的网上购物时间是	○ 1 年以下	114	20.43%
	○ 1～3 年	151	27.06%
	○ 4～6 年	144	25.81%
	○ 7～9 年	97	17.38%
	○ 10 年及以上	52	9.32%
过去六个月中，您网购的次数是	○ 1～2 次	85	15.23%
	○ 3～5 次	130	23.30%
	○ 5～10 次	123	22.04%
	○ 10 次以上	220	39.43%

从表4.20可以看出，本次调查对象男性占55%，女性占45%，分布比例均衡；从年龄分布来看，56.27%以上的被调查者位于21～30岁之间，符合网络信息平台活跃群体范围分布，同时我们也找到了一些年龄较大的互联网使用人群，为数据的普遍化提供了一部分支持。

从学历上来看，47.13%的被调查者是本科学历，28.49%的被调查者具有研究生学历，可以看出，高学历群体在被调查者中占绝大多数，保证了本研究调查问卷能够得到有效理解。

从职业分布来看，学生群体占12.37%，生产人员占4.84%，销售人员占8.6%，市场/公关人员占5.73%，客服人员5.20%，行政/后勤人员占6.99%，从事人力资源工作的人员占4.30%，财务/审计人员占

6.99%，文职/办事人员为10.75%，技术/研发人员占8.06%，管理人员占6.09%，教师占7.17%，从事顾问、咨询业的人员占0.18%，还有专业人士（如会计师、律师、建筑师、医护人员、记者等）占5.02%，其他职业占7.71%，被试来自各行各业，样本容量丰富，分布比较均衡。

从被试的收入来看，月薪在3001~5000元的占22.4%，月薪在5001~8000元的占24.37%，8000元以上的占16.13%，大多数人具备一定的可支配收入，符合在线购物人士的特征。

只有20.43%的人在最近一年内才开始进行网络购物，而有25.81%的人已经拥有4~6年的在线购物历史。

在过去六个月网购次数的调查中，1~2次的占15.23%，3~5次占23.30%，5~10次的占22.04%，10次以上的占39.43%。

总体来看，本次调查样本分布比较均衡，具有较好的代表性。

4.5　本章小结

在第3章提出的在线商户商品信息呈现对消费者购买意愿的理论模型和关系假设基础之上，进行了问卷设计和数据收集，主要包括以下四个部分的核心内容：

第一部分是研究的初始量表开发。这部分说明了本研究所使用的研究方法——问卷调查法。然后根据理论模型中所提取的影响因素，通过对以往文献中相关影响因素量表的整理和提取，选取国内外研究中被广泛证明科学有效的量表测量题项，结合本研究的实际情况和研究背景，制定了本研究的初始测量量表。同时，本研究有6个提取因素的变量量表为自主设计，根据本研究中对这6个变量的定义和维度，对其进行了最初的量表设计。

第二部分是问卷设计。本部分依据科学系统的问卷设计方法，对所用的调查问卷进行严谨设计，包括问卷构成和小组访谈、研讨与量表调整两个部分。为了提高样本数据质量，笔者对调查问卷进行了有效性操控，首先设置了三个筛选题项，以此确定被试是否符合继续进行问卷填答的资格，并遵循由浅入深、由易到难的题项设置顺序对问卷各变量的题项进行安排；为了避免测量个体特质题项对问卷主体回答所造成的偏见，笔者将背景题项部分放在最后来测量。本研究问卷所有题项均采用李克特 5 级量表。经过与专家们的小规模访谈，形成了一份比较成熟科学的问卷。

第三部分是问卷前测。由于本研究所采用的量表为部分成熟量表，本研究首先用 SPSS 对变量进行了信度分析，之后新开发的量表进行了探索性因子分析，最后利用 AMOS 对全部量表进行了验证性因子分析，通过小规模前测对相关变量所采用测量题项的有效性进行分析，对问卷题项进行了净化。验证性因子分析的结果表明，目前量表中的各个相关变量均可使用。经过两轮问卷测试，笔者根据测试结果对问卷进行修改，形成本研究的待测问卷。

第四部分为正式调查数据收集，此部分介绍了正式调查的样本容量和目标样本、收集方法和收集情况。

第5章 实证分析

　　本章将对本研究所建构的理论模型和所提出的关系假设通过科学的方法进行实证检验。首先介绍实证研究方法所运用的统计分析方法及统计分析工具。然后，为确保样本数据的可靠性与应用的量表的可信度和有效度，对正式问卷搜集的有效数据进行统计分析，包括进行 SPSS 的信度分析和 AMOS 的验证性因子分析。最后，按照前面建立的在线商户商品信息呈现对消费者购买意愿理论模型和关系假设建立结构方程模型，对模型拟合情况进行分析，并对研究假设进行检验。

5.1　研　究　方　法

5.1.1　结构方程模型

　　很多社会学概念、心理学概念以及教育学概念都是很难用自然科学的方法直接进行测量的，这种变量一般称为潜变量（latent variable）。如心智学习方面、在线购物方面和社会家庭方面，一般情况下社会学科的预测功能都是比较差的。但是为了保证社会学科的科学性，现代研究还是将统计学引入其中，运用一些可以观察的外显指标（observable indicators）去间接测量这些不太好测量的潜变量。传统的统计学方法不能有效地处理这些潜变量，这时，本研究就引入了结构方程模型（Structural Equation Modeling，简称为 SEM）来进行计算。结构方程模型可以同时除了潜变量和其指标。传统的线性回归分析方法缺少整体性的观察，且线性回归的方法容许因变量存在测量误差。

　　结构方程模型（Structural Equation Modeling，简称为 SEM），是一种社会科学研究中比较成熟的研究方法。20 世纪 80 年代以来，结构方程模型迅速发展，研究者们致力于完善和弥补传统统计方法的不足，目前，该方法愈发完善，成了多元数据分析的重要工具。结构方程模型是一种定量的研究方法，该方法通过在研究模型与研究假设的基础上建立方程模型，通过观察变量集合间的协方差结构来研究变量之间的相关关系。该模型经常被用来评估难以察觉的"潜变量"。经常被使用的是测量模型和结构模型两种模型，在测量模型中，使用一个或多个观察变量来定义潜变量，在结构模型中估算潜变量之间的关系①。由于结构方程模型能够通过观察变量解释潜变量之间的关系，因此被大量的社会科学研究证实为具有合理性②。结构方程模型常用于验证性因子分析、高阶因子分析、路径及因果分析、多时段设计、单形模型及多组比较等。结构方程模型常用的分析软件有 LISREL、Amos、EQS、MPlus。结构方程模型可分为测量模型和结构模型。测量模型是指指标和潜变量之间的关系。结构模型是指潜变量之间的关系。

（1）结构方程模型的特点

1. 同时处理多个因变量

结构方程模型在进行数据分析时，可同时考虑并处理多个因变量。在回归分析或路径分析这一类线性分析中，即使统计结果的图表中展示多个因变量，在计算回归系数或路径系数时，仍是对每个因变量逐一计算。所以图表看似对多个因变量同时考虑，但在计算对某一个因变量的影响或关系时，都忽略了其他因变量的存在及其影响。

2. 容许自变量和因变量包含测量误差

行为、意愿等变量，测量中往往存在一定的误差，同时，这些变量包含的深层含义有很多，也不能简单地用单一来进行指标测量。结构方程模型分析方法容许自变量和因变量含测量误差。变量也可用多个指标来进行维度划分进而进行测量。用传统方法计算的潜变量间相关系数与用结构方程分析计算的潜变量间相关系数，可能相差很大。

3. 同时估计因子结构和因子关系

假设要了解潜变量之间的相关程度，每个潜变量需用多个指标或题目测量，一个常用的做法是对每个潜变量先用因子分析计算潜变量（即

---

① Kline Rex. Principles and Practice of Structural Equation Modeling（Third ed.）［M］. NY: Guilford Press，2011.

② Kline Rex. Principles and Practice of Structural Equation Modeling（Third ed.）［M］. NY: Guilford Press，2011.

因子）与题目的关系（即因子负荷），进而得到因子得分，作为潜变量的观测值，然后再计算因子得分，作为潜变量之间的相关系数。这是两个独立的步骤。在结构方程中，这两步同时进行，即因子与题目之间的关系和因子与因子之间的关系同时考虑。

4. 容许更大弹性的测量模型

传统上，只容许每一题目（指标）从属于单一因子，但结构方程分析容许更加复杂的模型。例如，我们用英语书写的数学试题，去测量学生的数学能力，则测验得分（指标）既从属于数学因子，也从属于英语因子（因为得分也反映英语能力）。传统因子分析难以处理一个指标从属多个因子或者考虑高阶因子等有比较复杂的从属关系的模型。

5. 估计整个模型的拟合程度

在传统路径分析中，只能估计每一路径（变量间关系）的强弱。在结构方程分析中，除了上述参数的估计外，还可以计算不同模型对同一个样本数据的整体拟合程度，从而判断哪一个模型更接近数据所呈现的关系。

线性相关分析：线性相关分析指出两个随机变量之间的统计联系。两个变量地位平等，没有因变量和自变量之分。因此相关系数不能反映单指标与总体之间的因果关系。

线性回归分析：线性回归分析是比线性相关分析更复杂的方法，它在模型中定义了因变量和自变量。但它只能提供变量间的直接效应而不能显示可能存在的间接效应。而且会因为共线性的原因，导致出现单项指标与总体出现负相关等无法解释的数据分析结果。

结构方程模型分析：结构方程模型分析是一种建立、估计和检验因果关系模型的方法。模型中既包含有可观测的显变量，也可能包含无法直接观测的潜变量。结构方程模型分析可以替代多重回归、通径分析、因子分析、协方差分析等方法，清晰分析单项指标对总体的作用和单项指标间的相互关系。

简单而言，与传统的回归分析不同，结构方程分析能同时处理多个因变量，并可比较及评价不同的理论模型。与传统的探索性因子分析不同，在结构方程模型中，可以通过提出一个特定的因子结构，并检验它是否吻合数据。通过结构方程多组分析，我们可以了解不同组别内各变量的关系是否保持不变，各因子的均值是否有显著差异。

近年来使用 AMOS 工具进行的实证研究受到国内外学者们的普遍认

可，并被学者们普遍应用到社会学、经济学、心理学、管理科学领域研究的学科当中。

结构方程模型能够同时对多个结果变量进行验证，更适合相对复杂模型的检验，因此，作为一个理论模型检验的统计方法，要优于其他统计检验方法。本研究的理论模型比较复杂，前因变量由六个自变量组成，中间变量三个，结果变量虽只有一个，但模型已经足够复杂，适用于结构方程模型。

5.1.2　AMOS 软件选择

结构方程模型包括一组不同的数学模型，计算机算法和统计方法，如 LISREL、PLS 和 AMOS 等。在确定使用结构方程模型后，我们还需要选择适合的统计分析工具。AMOS 凭其简单易用，且功能强大的特点越来越受到研究者的青睐，近年来越来越广泛地使用到各种研究领域的模型验证中。AMOS 全称 Analysis of Moment Structures，AMOS 从 AMOS 6.0 版本起就被 IBM 公司收购，成了 SPSS 家族的成员，AMOS 适合进行协方差结构分析（Analysis of Covariance Structures），是一种处理结构方程模型的软件。所以本文应用 AMOS 23.0 作为本研究的验证工具。

结构方程模型是一种多元分析技术，其方法包括回归技术、因子分析、方差分析和相关分析等。AMOS 软件操作起来十分友好，不需要烦琐的编程，利用绘制模型来建立模型最终检验变量间的相互作用关系。AMOS 软件具有可视化的运行环境，使用者能够更加直观地对模型进行设定、修改以及评估等。对使用者来说，使用 AMOS 软件建模既可以预测观测变量的数值，也可以预测潜变量的数值。同时，AMOS 拥有全信息极大似然估计（Full Information Maximum Likelihood），即使在有缺失值的情况下，AMOS 也会自动计算正确的标准误差及适当的统计量，降低估算值偏差，能够获得更全面、更准确的数据分析结果。

5.2　数据分析和检验

通过第 4 章对本研究初始问卷的预试和调整，我们得到了更为合理的正式问卷。在本节中，我们将对使用正式调查问卷所获得的有效数据进行统计性分析和信度、效度的检验。

5.2.1 样本描述性分析

本研究首先需要对之前收集的样本数据进行基本的描述性统计分析，以便通过测算均值、方差、标准差、偏度和峰度等统计量，对样本数据的分布特征进行清晰的认识；其次，还需要对各主要研究变量间的相关性进行分析，以此来初步判断变量间的共同变化关系；最后，本研究还对样本数据进行了同源方法偏差检验。

对样本进行描述性统计分析是通过对调查中所得到的样本数据进行整理、归类、简化或绘制成图表，来描述数据的特征及变量之间的关系。本研究应用 SPSS 23.0 软件，计算出样本中各个题项的均值、标准差、偏度和峰度，用于分析数据的集中趋势、离散程度和分布形态。表5.1 为样本描述性统计分析结果。

表 5.1　样本描述性分析

题项	均值	标准差	偏度	峰度
V1	3.760	0.736	−0.428	0.721
V2	3.651	0.803	−0.582	0.841
V3	3.778	0.793	−0.579	0.772
V4	3.672	0.803	−0.216	−0.170
I1	3.937	0.682	−1.082	3.567
I2	3.875	0.711	−0.658	1.466
I3	4.034	0.673	−0.891	2.782
FI1	3.909	0.654	−0.832	2.611
FI2	3.937	0.668	−0.797	2.623
FI3	3.930	0.719	−0.534	1.128
MI1	3.754	0.870	−0.373	−0.167
MI2	3.964	0.743	−0.919	2.420
MI3	4.088	0.652	−0.558	1.527

题项	均值	标准差	偏度	峰度
EI1	4.056	0.677	-0.660	1.766
EI2	3.849	0.745	-0.507	0.970
EI3	3.885	0.756	-0.606	1.076
EI4	3.749	0.754	-0.633	1.262
WI1	3.688	0.951	-0.725	0.382
WI2	3.613	0.831	-0.287	-0.072
WI3	3.477	0.844	-0.169	-0.185
SP1	3.543	0.903	-0.334	-0.325
SP2	3.462	0.883	-0.277	-0.123
SP3	3.552	0.852	-0.277	0.106
SP4	3.538	0.840	-0.256	0.077
E1	3.590	0.825	-0.404	0.275
E2	3.799	0.803	-0.705	0.901
E3	3.636	0.842	-0.425	0.231
E4	3.733	0.827	-0.710	0.536
T1	4.054	0.782	-0.773	1.047
T2	4.102	0.801	-0.712	0.389
T3	4.061	0.786	-0.687	0.522
T4	4.106	0.791	-0.736	0.636
PI1	4.056	0.825	-0.873	1.127
PI2	4.036	0.840	-0.797	0.466
PI3	4.179	0.753	-0.839	0.880
PI4	4.106	0.752	-0.532	0.080

表 5.1 的分析结果显示，本研究理论模型中所采用的各题项均值分布均衡，各题项的标准差都处于 0.5～1.3 之间，样本数据的离散并不

大；各题项偏度的绝对值都远远小于 3，且峰度绝对值均远远小于 10[①]；由此可以得出，样本数据基本特征符合正态分布要求。

5.2.2 信度检验

在明确了本研究样本的数据有效性、趋势和分布形态符合要求后，本研究还进一步进行了量表的信度检验。表 5.2 量表的信度分析中展示了量表的信度检验。信度是反映测量的稳定性及内部一致性的指标，量表的信度越高，其测量的标准误差越小。通过 Cronbach's α 系数来对量表的信度进行分析。采用 SPSS 23.0 来计算 Cronbach's α 系数。在量表开发的过程中，对相关理论进行了全面系统的归纳整理，对量表进行了多次修改和两次前测，以此确保量表的合理可信。

表 5.2　量表的信度分析

变量	题项	删除项后 Cronbach's α	Cronbach's α	项数
可视性 V	V1	0.807	0.842	4
	V2	0.799		
	V3	0.811		
	V4	0.780		
交互性 I	I1	0.705	0.784	3
	I2	0.753		
	I3	0.665		
事实型信息 FI	FI1	0.748	0.837	3
	FI2	0.816		
	FI3	0.755		
服务型信息 MI	MI1	0.652	0.770	3
	MI2	0.754		
	MI3	0.676		

① Kline RB. Software Review: Software Programs for Structural Equation Modeling: Amos, Eqs, and Lisrel [J]. Journal of Psychoeducational Assessment, 1998, 16 (4): 343 –364.

续表

变量	题项	删除项后 Cronbach's α	Cronbach's α	项数
评价型信息 EI	EI1	0.768	0.808	4
	EI2	0.742		
	EI3	0.739		
	EI4	0.787		
担保型信息 WI	WI1	0.747	0.753	3
	WI2	0.536		
	WI3	0.722		
社会临场感 SP	SP1	0.818	0.841	4
	SP2	0.785		
	SP3	0.823		
	SP4	0.764		
愉悦感 E	E1	0.730	0.820	4
	E2	0.667		
	E3	0.763		
	E4	0.821		
信任感 T	T1	0.797	0.848	4
	T2	0.790		
	T3	0.807		
	T4	0.831		
购买意愿 PI	PI1	0.753	0.819	4
	PI2	0.780		
	PI3	0.792		
	PI4	0.762		

通过 SPSS 23.0 的分析，结果如表 5.2 所示，各个维度的 Cronbach's α 系数均在 0.7 以上，说明问卷的信度理想，各题项之间语言表达全面完善，可以进行下一步的分析。

5.2.3 效度检验

本研究主要通过对内容效度、收敛效度和区别效度三个方面进行分析，对量表效度进行检验；在对量表的信度的检验方面，分析了样本的组合信度。

在内容效度方面，首先，在筛选初始量表时，就系统全面地对与相关变量有关的理论文献进行梳理和总结，认真细致地选取经典、有效并适合本研究的测量题项。其次，在对本研究自主量表的开发过程中，也借鉴了相关研究的理论观点，并对相关变量的概念和内容范围进行了系统的分析和界定，以保证自主量表开发的可靠性和科学性。再次，在形成初始量表的过程中，笔者与相关领域的专家进行反复讨论和修改，并进行了两轮的问卷预测。最后，在相关意见的基础上，笔者仔细斟酌，对量表进行合理修改和调试，确保了问卷具有良好的内容效度。

首先，为了检测本研究的样本的效度问题，我们以 AMOS 23.0 作为工具进行了验证性因子分析。如图 5.1 所示。

由于各个潜在变量均属于一阶测量模型，故整体进行效度检验。根据各个维度的测量体系建立相关性的 AMOS 结构模型，代入数据进行拟合，拟合优度根据绝对适配指标 RMSEA 值、GFI 值、AGFI 值，增值适配指标 NFI、CFI，简约适配对指数 χ^2/df 等指标对模型进行评价，拟合结果见表 5.3 所示。

从拟合结果来看，绝对适配指数 RMSEA 为 0.034（小于 0.08），符合标准，GFI 与 AGFI 值均高于 0.8，符合标准；增值适配指数 NFI 值与 CFI 值均大于 0.8，符合标准；简约适配度指数 χ^2/df 为 1.654（小于 2），符合标准。各方面的拟合指标均符合相关的标准，拟合程度较高。综上所述，验证性因素模型的拟合优度符合相关要求，可以进行下一步的分析。

下面对各个潜在变量的收敛效度进行检验，结果如表 5.4 所示，各个潜在构念的组合信度均在 0.7 以上，平均变异抽取量均在 0.5 以上，各个题项的标准化因素载荷均在 0.6 以上，模型的各个拟合优度指标拟合非常好，以上综合说明一阶测量模型有较好的收敛效度。

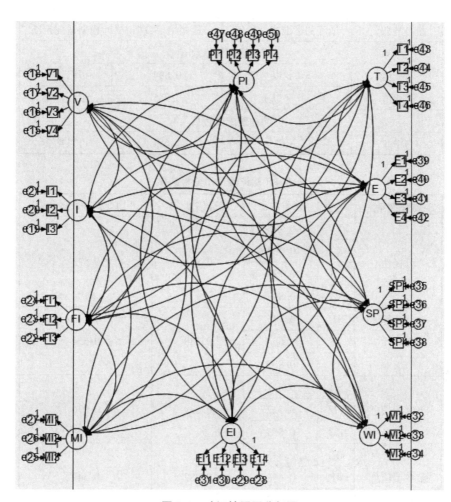

图 5.1　验证性因子分析图

表 5.3　验证模型的拟合结果

统计检验量	适配的标准或临界值	检验结果数据	模型适配判断
绝对适配度指数			
RMSEA 值	<0.08	0.034	拟合很好
GFI 值	>0.9 以上	0.920	拟合很好
AGFI 值	>0.9 以上	0.903	拟合很好

续表

统计检验量	适配的标准或临界值	检验结果数据	模型适配判断
增值适配度指数			
NFI 值	>0.8 以上	0.894	可以接受
CFI 值	>0.9 以上	0.955	拟合很好
简约适配度指数			
χ^2/df	<2	1.654	可以接受

表5.4 验证性因子分析结果

潜在变量	题项	因子载荷	组合信度 CR	平均变异抽取量 AVE
可视性	V1	0.730	0.843	0.573
	V2	0.762		
	V3	0.725		
	V4	0.809		
交互性	I1	0.745	0.788	0.554
	I2	0.684		
	I3	0.800		
事实型信息	FI1	0.811	0.839	0.636
	FI2	0.722		
	FI3	0.853		
服务型信息	MI1	0.835	0.782	0.549
	MI2	0.616		
	MI3	0.755		
评价型信息	EI1	0.713	0.811	0.518
	EI2	0.754		
	EI3	0.761		
	EI4	0.645		
担保型信息	WI1	0.652	0.788	0.561
	WI2	0.913		
	WI3	0.652		

续表

潜在变量	题项	因子载荷	组合信度 CR	平均变异抽取量 AVE
社会临场感	SP1	0.699	0.845	0.578
	SP2	0.777		
	SP3	0.715		
	SP4	0.842		
愉悦感	E1	0.830	0.826	0.545
	E2	0.773		
	E3	0.716		
	E4	0.617		
信任感	T1	0.800	0.849	0.586
	T2	0.813		
	T3	0.757		
	T4	0.686		
购买意愿	PI1	0.784	0.820	0.535
	PI2	0.704		
	PI3	0.645		
	PI4	0.782		

区别效度的检验标准为：各个潜在变量的平均变异抽取量（AVE）的算数平方根大于该因子潜在变量相关系数（若系数为负，取其绝对值进行比较），则说明该研究量表的区别效度是较好的。参照此标准对相应的区别效度进行检验，结果显示，本研究量表具有良好的区别效度。具体结果如表5.5所示。

在表5.5中，位于对角线上的数值代表平均变异抽取量AVE值的算数平方根，而位于对角线下方的数值表示潜变量之间的相关系数。由表中数值可知，所有潜变量的平均变异提取量（AVE）的算数平方根均大于各个潜变量之间的相关系数，说明研究中的各潜变量有明显的区别，模型的区别效度达到了要求。

在线商户商品信息呈现对消费者购买意愿影响的研究

表 5.5　区别效度检验结果

变量	PI	T	E	SP	WI	EI	MI	FI	I	V
购买意愿	0.731									
信任感	0.163＊＊	0.766								
愉悦感	0.171＊＊	0.055＊＊	0.738							
社会临场感	0.176＊＊	0.200＊＊	0.125＊＊	0.760						
担保型信息	0.041＊＊	0.033＊	0.056＊＊	0.089＊＊	0.749					
评价型信息	0.016	0.059	0.037＊＊	0.076＊＊	0.016	0.720				
服务型信息	-0.012	0.013	0.042＊＊	0.047＊＊	0.029＊＊	-0.013	0.741			
事实型信息	0.056＊＊	0.099＊＊	0.031	0.132＊＊	-0.012	0.048＊＊	0.021	0.797		
交互性	0.081＊＊	0.064＊＊	0.128＊＊	0.172＊＊	0.086＊＊	0.020	-0.006	0.056＊＊	0.744	
可视性	0.026	0.029	0.033	0.094＊＊	0.014	0.018	0.007	-0.013	0.043＊＊	0.757

本节是研究数据样本的信度和效度检验。本研究认为，以相关理论和现有文献中已有的研究量表为基础，进行本研究的初始量表开发设计；经过向专家咨询、小组讨论、抽样前测和验证性因子分析等规范量表的开发流程，最终确定的正式调查量表具有较高的信度与效度水平，依靠此量表开展问卷调查所获取的相关数据具有良好的可靠性，可以用来进行后续的数据分析。

5.3　模型拟合与假设检验

本小节中，将运用 AMOS 23.0 软件对在线商户商品信息呈现对消费者购买意愿理论模型进行结构方程模型绘制和建立并开展结构方程模型分析；然后，以结构方程模型拟合指标为依据进行评价；最后，通过 SPSS 23.0 软件进行 Bootstrap 中介检验，并对所有假设结果进行整理。

5.3.1　结构方程模型建立

基于理论研究，本研究理论模型和关系假设中共有 10 个潜在变量，分别为信息的可视性、信息的交互性、事实型信息、服务型信息、评价型信息、担保型信息、消费者的社会临场感、消费者的愉悦感、消费者的信任感、消费者的购买意愿，其中信息的可视性、信息的交互性、事实型信息、服务型信息、评价型信息、担保型信息，直接影响消费者的社会临场感，消费者的社会临场感直接影响其信任感、愉悦感，消费者的信任感、愉悦感直接影响其购买意愿。本研究采用 AMOS 23.0 软件进行假设检验和模型验证，在理论模型中，对消费者社会临场感、愉悦感、信任感和购买意愿潜在变量中增设残差项 ER1～ER4，理论模型图中潜在变量之间的箭头表示一个潜在变量对另一个潜在变量的影响。具体如图 5.2 所示。

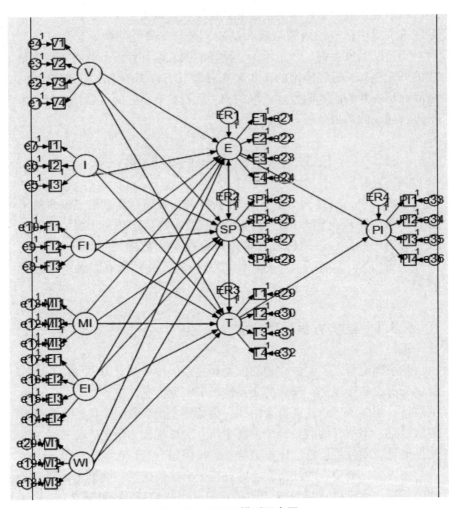

图5.2　AMOS模型拟合图

5.3.2　模型违反估计

在判断模型拟合度之前，必须先检查违反估计来检验估计系数是否超出可接受的范围。具体来说，研究者可以逐一浏览参数估计的结果，检查每一个参数的正负号、数值大小、测量误差等，是否透露某些变量的测量质量不佳的信息，如果某些变量的测量误差过于严重，研究者应先解决测量的问题，重新检验参数的估计。违反估计是指模型内统计所输出的估计系数，超出可接受的范围，判断标准有以下两点，一是负的误差方差存在（详见表5.6所示），二是标准化系数超过0.95（详见表5.7所示），从统计结果来看，模型拟合不存在违反估计，可以进行后面的模型拟合优度的检验。

表5.6 模型的违反估计——方差估计结果

	Estimate	S. E.	C. R.	P
V	0.424	0.040	10.700	* * *
I	0.295	0.030	9.916	* * *
FI	0.366	0.033	11.040	* * *
MI	0.244	0.028	8.850	* * *
EI	0.235	0.030	7.708	* * *
WI	0.288	0.040	7.215	* * *
ER1	0.344	0.036	9.477	* * *
ER2	0.228	0.029	7.958	* * *
ER3	0.218	0.026	8.296	* * *
ER4	0.286	0.030	9.462	* * *
V1	0.255	0.019	13.169	* * *
V2	0.270	0.022	12.309	* * *
V3	0.299	0.023	13.257	* * *
V4	0.219	0.021	10.598	* * *
I1	0.205	0.019	11.041	* * *
I2	0.277	0.021	13.213	* * *
I3	0.157	0.018	8.627	* * *
FI1	0.139	0.014	9.655	* * *
FI2	0.211	0.016	13.190	* * *
FI3	0.150	0.017	8.605	* * *
MI1	0.234	0.035	6.636	* * *
MI2	0.342	0.024	14.021	* * *

续表

	Estimate	S. E.	C. R.	P
MI3	0. 180	0. 019	9. 623	＊＊＊
EI1	0. 223	0. 018	12. 582	＊＊＊
EI2	0. 242	0. 021	11. 632	＊＊＊
EI3	0. 238	0. 021	11. 200	＊＊＊
EI4	0. 333	0. 024	13. 978	＊＊＊
WI1	0. 570	0. 042	13. 728	＊＊＊
WI2	0. 085	0. 043	1. 975	0. 048
WI3	0. 424	0. 033	13. 005	＊＊＊
SP1	0. 425	0. 029	14. 499	＊＊＊
SP2	0. 290	0. 026	11. 341	＊＊＊
SP3	0. 333	0. 026	12. 635	＊＊＊
SP4	0. 214	0. 020	10. 665	＊＊＊
E1	0. 274	0. 024	11. 196	＊＊＊
E2	0. 211	0. 023	9. 276	＊＊＊
E3	0. 321	0. 026	12. 373	＊＊＊
E4	0. 493	0. 033	14. 959	＊＊＊
T1	0. 287	0. 024	12. 110	＊＊＊
T2	0. 288	0. 024	11. 808	＊＊＊
T3	0. 224	0. 022	10. 428	＊＊＊
T4	0. 308	0. 023	13. 104	＊＊＊
PI1	0. 283	0. 023	12. 193	＊＊＊
PI2	0. 367	0. 026	14. 068	＊＊＊
PI3	0. 279	0. 024	11. 614	＊＊＊
PI4	0. 184	0. 021	8. 688	＊＊＊

表 5.7 模型的违反估计——系数估计结果

路径关系	Estimate	S. E.	C. R.	P
可视性——>社会临场感	0.172	0.041	4.234	* * *
交互性——>社会临场感	0.464	0.057	8.191	* * *
事实型信息——>社会临场感	0.274	0.045	6.058	* * *
服务型信息——>社会临场感	0.172	0.054	3.165	0.002
评价型信息——>社会临场感	0.221	0.056	3.927	* * *
担保型信息——>社会临场感	0.163	0.048	3.389	* * *
可视性——>愉悦感	0.012	0.048	0.256	0.798
交互性——>愉悦感	0.313	0.071	4.424	* * *
事实型信息——>愉悦感	-0.016	0.054	-0.295	0.768
服务型信息——>愉悦感	0.131	0.065	2.021	0.043
评价型信息——>愉悦感	0.105	0.067	1.580	0.114
担保型信息——>愉悦感	0.041	0.056	0.731	0.465
可视性——>信任感	-0.032	0.041	-0.801	0.423
交互性——>信任感	-0.095	0.058	-1.643	0.100
事实型信息——>信任感	0.071	0.046	1.548	0.122
服务型信息——>信任感	-0.056	0.054	-1.049	0.294
评价型信息——>信任感	0.064	0.055	1.152	0.249
担保型信息——>信任感	-0.013	0.047	-0.280	0.779
社会临场感——>愉悦感	0.126	0.069	1.814	0.044
社会临场感——>信任感	0.511	0.067	7.668	0.070
愉悦感——>购买意愿	0.313	0.048	6.524	* * *
信任感——>购买意愿	0.427	0.057	7.481	* * *

5.3.3 模型修正

为了进一步提高模型的拟合优度，寻找更好的拟合结果，对模型进行修正。利用 AMOS 提供的修正指标（MI），研究者可以通过增加结构参数或者将某些误差项设定为实现对测量模型的相关修改，这对模型的重新调整有重要的作用。利用 MI 指标中存在高度相关性的误差项建立共变关系，以提高模型的拟合优度。图 5.3 为 AMOS 模型拟合修正图，修正步骤如表 5.8 所示。

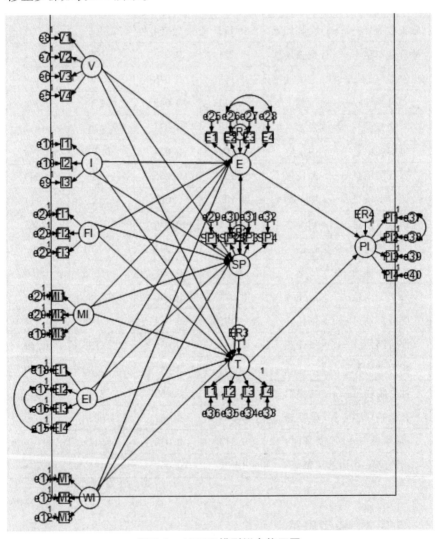

图 5.3　AMOS 模型拟合修正图

表 5.8　模型的修正步骤

模型的修正措施	
删除路径	建立共变关系
无	FI11 和 FI4 误差变量之间
	EI1 和 EEI4 误差变量之间
	EI2 和 EI3 误差变量之间
	E2 和 E3 误差变量之间
	E2 和 E4 误差变量之间
	PI1 和 PI2 误差变量之间

5.3.4　模型拟合优度检验

本研究采用绝对适配指标 RMSEA 值、GFI 值、AGFI 值，增值适配指标 NFI、CFI，简约适配度指数 χ^2/df 等指标对模型进行评价。可参见表 5.9 模型拟合指数结果。

表 5.9　模型拟合指数结果

统计检验量	适配的标准或临界值	检验结果数据	模型适配判断
绝对适配度指数			
RMSEA 值	<0.08	0.037	拟合很好
GFI 值	>0.8 以上	0.912	可以接受
AGFI 值	>0.8 以上	0.897	可以接受
增值适配度指数			
NFI 值	>0.8 以上	0.882	可以接受
CFI 值	>0.9 以上	0.945	拟合很好
简约适配度指数			
χ^2/df	<2	1.766	拟合很好

从拟合结果来看，绝对适配指数 RMSEA 为 0.037，符合标准，NFI 与 AGFI 值均高于 0.8，符合标准；增值适配指数 GFI 值与 CFI 值均高于 0.9，符合标准；简约适配度指数 χ^2/df 为 1.766（小于 2），符合标

准。综合各项指标来看，模型的拟合指数评价结果符合相关标准，数据与理论模型相适配，可以进行假设的证明。初始结构方程模型路径关系验证结果，如表5.10所示。

表 5.10　结构方程模型检验结果

路径关系	Estimate	S. E.	C. R.	P
可视性——>社会临场感	0.189	0.041	4.232	***
交互性——>社会临场感	0.423	0.057	8.209	***
事实型信息——>社会临场感	0.275	0.046	5.990	***
服务型信息——>社会临场感	0.143	0.055	3.160	0.002
评价型信息——>社会临场感	0.184	0.048	4.053	***
担保型信息——>社会临场感	0.142	0.049	3.285	0.001
可视性——>愉悦感	0.019	0.051	0.377	0.706
交互性——>愉悦感	0.257	0.073	4.297	***
事实型信息——>愉悦感	−0.033	0.057	−0.642	0.521
服务型信息——>愉悦感	0.102	0.068	2.043	0.041
评价型信息——>愉悦感	0.068	0.058	1.353	0.176
担保型信息——>愉悦感	0.038	0.059	0.797	0.425
可视性——>信任感	−0.044	0.039	−0.929	0.353
交互性——>信任感	0.080	0.043	1.633	0.102
事实型信息——>信任感	−0.091	0.055	−1.629	0.103
服务型信息——>信任感	−0.050	0.051	−1.061	0.289
评价型信息——>信任感	0.053	0.044	1.110	0.267
担保型信息——>信任感	−0.011	0.045	−0.245	0.806
社会临场感——>愉悦感	0.156	0.073	2.378	0.017
社会临场感——>信任感	0.526	0.063	7.410	***
愉悦感——>购买意愿	0.344	0.047	7.091	***
信任感——>购买意愿	0.368	0.060	7.349	***

图 5.4 为理论模型的因子荷载图。

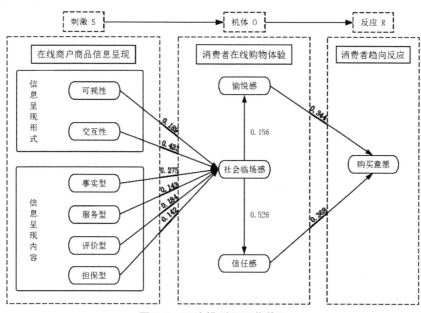

图 5.4　理论模型因子荷载图

本文中，＊＊P＜0.01，＊＊＊为影响效果显著，P＜0.05 均为可接受的显著值。本文的影响显著性如表 5.11 结构方程模型结果所示。

表 5.11　结构方程模型结果

路径关系	P	结果
可视性——> 社会临场感	＊＊＊	接受
交互性——> 社会临场感	＊＊＊	接受
事实型信息——> 社会临场感	＊＊＊	接受
服务型信息——> 社会临场感	0.002	接受
评价型信息——> 社会临场感	＊＊＊	接受
担保型信息——> 社会临场感	0.001	接受
可视性——> 愉悦感	0.706	不接受
交互性——> 愉悦感	＊＊＊	接受
事实型信息——> 愉悦感	0.521	不接受
服务型信息——> 愉悦感	0.041	不接受

续表

路径关系	P	结果
评价型信息——>愉悦感	0.176	不接受
担保型信息——>愉悦感	0.425	不接受
可视性——>信任感	0.353	不接受
交互性——>信任感	0.102	不接受
事实型信息——>信任感	0.103	不接受
服务型信息——>信任感	0.289	不接受
评价型信息——>信任感	0.267	不接受
担保型信息——>信任感	0.806	不接受
社会临场感——>愉悦感	0.017	接受
社会临场感——>信任感	* * *	接受
愉悦感——>购买意愿	* * *	接受
信任感——>购买意愿	* * *	接受

5.3.5 中介效应检验

本研究的理论模型中提出，12 条假设是针对社会临场感的中介效应，通过 AMOS 23.0 进行了对这 12 条假设的第一步检验，即它们是否对模型中的中介变量愉悦感和信任感有直接影响，之后，我们通过 Bootstrap 的方法对社会临场感对这 6 个自变量和愉悦感、信任感是否存在中介效应进行验证。

皮瑞驰和海因斯（Preacher 和 Hayes，2004）在 2004 年提出了 Bootstrap 的方法，目前在国内统计学中应用还是比较广泛的，并在小样本中取信很好。Bootstrap 方法的核心思想是采用重抽样技术—从原始样本中抽取一定数量（可以依据要求自己给定，一般同原始样本一致）的样本，此过程允许重复抽样，重复上述 N 次（本研究为 5000），得到 N 个统计量 T。最后，计算上述 N 个统计量 T 的样本方差，得到统计量的方差。通过方差的估计可以构造置信区间等，从而帮助明确两组回归系数是否具有显著差异①。

本研究采用 Bootstrap 方法的主要原因是 bootstrap 和经典统计学方法类似，一般情况参数法效率高于非参数法，但是，参数法最大的弊端就是需要事先有一个分布模型，如果模型不符合，分析结果可能错误，也就是白分析。

如果数据存在明显的层次，可以用分层抽样提高分析效率，SPSS 默认是非参数 Bootstrap 方法，并且采用完全随机抽样，所以，如果要求分层抽样，不能依靠默认，需要自己设置。

根据陈瑞等人（2013）的文献，本研究利用 SPSS 23.0 的插件 Process 对本研究中社会临场感的中介效应做出检验。他们在文中指出，简单的中介效应是否存在，主要观察区间 LLCI 值至 ULCI 值中是否包含 0。如包含，则不存在中介效应，如不包含，则中介效应显著②。表 5.12 为利用 SPSS 23.0 输出的 Bootstrap 分析结果。

表 5.12　Bootstrap 结果

假设路径	Indirect effect	Boot SE	LLCI	ULCI
V—>SP—>E	0.0494	0.0145	0.0258	0.0834
I—>SP—>E	0.0757	0.0227	0.0366	0.1266
FI—>SP—>E	0.0793	0.0203	0.0458	0.1258
MI—>SP—>E	0.0355	0.0130	0.0139	0.0662
EI—>SP—>E	0.0532	0.0157	0.0277	0.0902
WI—>SP—>E	0.0500	0.0140	0.0261	0.0820
V—>SP—>T	0.0889	0.0214	0.0500	0.1350
I—>SP—>T	0.2172	0.0294	0.1623	0.2796
FI—>SP—>T	0.1264	0.0267	0.0801	0.1853
MI—>SP—>T	0.0653	0.0214	0.0254	0.1106
EI—>SP—>T	0.0935	0.0241	0.0518	0.1468
WI—>SP—>T	0.0994	0.0201	0.0653	0.1433

① Preacher K J, Hayes A F. SPSS and SAS procedures for estimating indirect effects in simple mediation models [J]. Behavior Research Methods Instruments & Computers, 2004, 36 (4): 717–731.

② 陈瑞，郑毓煌，刘文静. 中介效应分析：原理、程序、Bootstrap 方法及其应用 [J]. 营销科学学报，2013 (4): 120–135.

由表 5.12 所示，各项 LLCI 值与 ULCI 值区间均不包含 0，由此可见，社会临场感对 6 个自变量与 2 个结果之间的中介效应是显著的。

5.4 结果的讨论与解释

5.4.1 假设检验结果的讨论

（一）商品信息呈现形式对社会临场感的假设结果讨论

H1 假设内容为"在线商户商品信息呈现的可视性对消费者社会临场感有正向显著影响"，检验结果表明，$r_2 = 0.189^{***}$，假设通过，与预期一致。

H2 假设内容为"在线商户商品信息呈现的交互性对消费者社会临场感有正向显著影响"，检验结果表明，$r_3 = 0.423^{***}$，假设通过，与预期一致。

假设 H1 和 H2 的结果证明在线商户商品信息呈现的可视性和交互性能够有效增强消费者的认知体验即社会临场感（$r_2 = 0.189^{***}$，$r_3 = 0.423^{***}$），在线商户商品信息呈现的可视性和交互性促进了消费者融入在线购物的场景，当在线商户组织的商品信息可视性强，媒介多样化时，广大消费者会很容易地被引起社会临场感，结果表明，在线购物过程中社会临场感的产生与在线商户商品信息呈现的性质有着密切的关系。

（二）商品信息呈现内容对社会临场感的假设结果讨论

H3 假设内容为"在线商户商品信息呈现的事实型信息对消费者社会临场感有正向显著影响"，检验结果表明，$r_4 = 0.275^{***}$，假设通过，与预期一致。

H4 假设内容为"在线商户商品信息呈现的服务型信息对消费者社会临场感有正向显著影响"，检验结果表明，$r_5 = 0.143^{**}$，假设通过，与预期一致。

H5 假设内容为"在线商户商品信息呈现的评价型信息对消费者社

会临场感有正向显著影响"，检验结果表明，$r_6 = 0.184^{***}$，假设通过，与预期一致。

H6 假设内容为"在线商户商品信息呈现的担保型信息对消费者社会临场感有正向显著影响"，检验结果表明，$r_7 = 0.142^{**}$，假设通过，与预期一致。

假设 H3、H4、H5、H6 的结果证明在线商品信息呈现的内容——事实型信息、服务型信息、评价型信息和担保型信息对消费者的认知体验即社会临场感（$r_4 = 0.275^{***}$，$r_5 = 0.143^{**}$，$r_6 = 0.184^{***}$，$r_7 = 0.142^{**}$）有增强作用。在线商户通过网络购物平台发布温馨、有趣、生动的商品信息，不仅可以显示出对客户关系管理的重视，而且能够增加商品信息呈现的趣味性，形成消费者对商品信息体验性利益获得的价值感知，正面影响消费者的社会临场感。商品信息呈现可以让消费者了解在线商户商品的概况和动态，认识商品或服务的相关知识和技术实力，为消费者形成基本的商品信息认知提供外部刺激。在线商户商品呈现可以使消费者关注商品营销活动，了解商品促销内容，分享消费者使用商品或享用服务的体验，能够帮助消费者塑造更加完善的商品形象、积累更加丰富的商品知识。

（三）认知体验对情感体验的影响假设结果讨论，即社会临场感对愉悦感和信任感的假设结果讨论

H7a 假设内容为"在线购物过程中消费者社会临场感对其愉悦感有正向显著影响"，检验结果表明，$r_{1a} = 0.156$，$P = 0.044$ 且 $P < 0.05$，假设通过，与预期一致。

H7b 假设内容为"在线购物过程中消费者社会临场感对其信任感有正向显著影响"，检验结果表明，$r_{1b} = 0.526^{***}$，假设通过，与预期一致。

假设 H7a 和 H7b 在线购物过程中消费者社会临场感对其愉悦感和信任感（$r_{1a} = 0.156$，$P = 0.044$ 且 $P < 0.05$，$r_{1b} = 0.526^{***}$）有正向显著影响。当消费者产生一定的社会临场感之后，会被持续激发出愉悦感和信任感。主要是认知体验越明显，所能产生的情感体验就越正面，消费者通过传播媒介获得信息，需要比较复杂的信息加工模式，而认知情感的产生进而会加强愉悦感和信任感的产生。

（四）情感体验对消费者购买意愿的假设结果讨论，即愉悦感和信任感对购买意愿的假设结果讨论

H8 假设内容为"消费者在线购物愉悦感对其购买意愿有正向显著影响"，检验结果表明，$r_8 = 0.344^{***}$，假设通过，与预期一致。

H9 假设内容为"消费者在线购物信任感对其购买意愿有正向显著影响"，检验结果表明，$r_9 = 0.368^{***}$，假设通过，与预期一致。

假设 H8 和 H9 在在线购物过程中消费者愉悦感和信任感对消费者购买意愿（$r_8 = 0.344^{***}$，$r_9 = 0.368^{***}$）有正向显著影响。消费者在在线购购物过程中，如果对商户呈现的商品产生了情感体验即愉悦感和信任感，就会引起消费者的购买意愿。消费者面对信息传播过程中一些积极的信息，通过对信息的加工过滤，能够做出正确的购买决定。愉悦感和信任感是消费者在浏览购物网站过程中，最终的情感认知，能够积极地促进购买意愿，这一结果也符合文献综述中前人学者研究的总结。

（五）社会临场感的中介作用假设结果讨论

社会临场感的中介作用检验，本研究为保证结果科学，经过了两步计算，首先应用 AMOS 23.0 软件监测直接效应是否显著的检验，再通过 SPSS 23.0 软件中 Process 插件做 Bootstrap 进行中介效应是否显著的检验。

H10 假设内容为"消费者社会临场感在在线商户商品信息的可视性与愉悦感间起着中介作用"，检验结果表明，$r_{10} = 0.019$，$P = 0.706$，$P < 0.05$，直接影响不显著。Bootstrap 结果 LLCI = 0.0258，ULCI = 0.0834 值中不包含 0，中介效应显著，假设通过，与预期一致。

H11 假设内容为"消费者社会临场感在在线商户商品信息的交互性与愉悦感间起着中介作用"，检验结果表明，$r_{13} = 0.257^{***}$，$P < 0.01$ 直接影响显著，存在部分中介效应。Bootstrap 结果 LLCI = 0.0366，ULCI = 0.1266，区间值中不包含 0，中介效应显著，假设通过，与预期一致。

H12 假设内容为"消费者社会临场感在在线商户商品信息的事实型信息与愉悦感间起着中介作用"，检验结果表明，$r_{12} = -0.033$，$P = 0.521$，$P > 0.05$，直接影响不显著。Bootstrap 结果 LLCI = 0.0458，UL-

CI = 0.1258，区间值中不包含 0，中介效应显著，假设通过，与预期一致。

H13 假设内容为"消费者社会临场感在在线商户商品信息的服务型信息与愉悦感间起着中介作用"，检验结果表明，$r_{12} = 0.102$，P = 0.041，P < 0.05，直接影响显著，存在部分中介效应。Bootstrap 结果 LLCI = 0.0139，ULCI = 0.0662，区间值中不包含 0，中介效应显著，假设通过，与预期一致。

H14 假设内容为"消费者社会临场感在在线商户商品信息的评价型信息与愉悦感间起着中介作用"，检验结果表明，$r_{14} = 0.068$，P = 0.176，P > 0.05，直接影响不显著。Bootstrap 结果 LLCI = 0.0277，ULCI = 0.0902，区间值中不包含 0，中介效应显著，假设通过，与预期一致。

H15 假设内容为"消费者社会临场感在在线商户商品信息的担保型信息与愉悦感间起着中介作用"，检验结果表明，$r_{15} = 0.038$，P = 0.425，P > 0.05，直接影响不显著。Bootstrap 结果 LLCI = 0.0261，ULCI = 0.0820，区间值中不包含 0，中介效应显著，假设通过，与预期一致。

H16 假设内容为"消费者社会临场感在在线商户商品信息的可视性与信任感间起着中介作用"，检验结果表明，$r_{16} = -0.044$，P = 0.353，P > 0.05，直接影响不显著。Bootstrap 结果 LLCI = 0.0500，ULCI = 0.1350，区间值中不包含 0，中介效应显著，假设通过，与预期一致。

H17 假设内容为"消费者社会临场感在在线商户商品信息的交互性与信任感间起着中介作用"，检验结果表明，$r_{17} = -0.080$，P = 0.102，P > 0.05，直接影响不显著。Bootstrap 结果 LLCI = 0.1623，ULCI = 0.2796，区间值中不包含 0，中介效应显著，假设通过，与预期一致。

H18 假设内容为"消费者社会临场感在在线商户商品信息的事实型信息与信任感间起着中介作用"，检验结果表明，$r_{18} = -0.091$，P = 0.103，P > 0.05，直接影响不显著。Bootstrap 结果 LLCI = 0.0801，ULCI = 0.1853，区间值中不包含 0，中介效应显著，假设通过，与预期一致。

H19 假设内容为"消费者社会临场感在在线商户商品信息的服务型信息与信任感间起着中介作用"，检验结果表明，$r_{19} = -0.050$，P = 0.289，P > 0.05，直接影响不显著。Bootstrap 结果 LLCI = 0.0254，UL-

CI $= 0.1106$，区间值中不包含 0，中介效应显著，假设通过，与预期一致。

H20 假设内容为"消费者社会临场感在在线商户商品信息的评价型信息与信任感间起着中介作用"，检验结果表明，$r_{20} = 0.053$，$P = 0.267$，$P > 0.05$，直接影响不显著。Bootstrap 结果 LLCI0.0518，ULCI $= 0.1468$，区间值中不包含 0，中介效应显著，假设通过，与预期一致。

H21 假设内容为"消费者社会临场感在在线商户商品信息的担保型信息与信任感间起着中介作用"，检验结果表明，$r_{31} = -0.011$，$P = 0.806$，$P > 0.05$，直接影响不显著。Bootstrap 结果 LLCI $= 0.0653$，ULCI $= 0.1433$，区间值中不包含 0，中介效应显著，假设通过，与预期一致。

假设 H10、H11、H12、H13、H14、H15、H16、H17、H18、H19、H20、H21 是验证社会临场感的中介效应。本研究通过两个步骤完成对社会临场感中介作用的检验，第一步，确认在线商品信息呈现的形式和在线商品信息呈现的内容不能直接对愉悦感和信任感产生明显的作用（$r10 = 0.019$，$P = 0.706$，$P < 0.05$，$r13 = 0.257 * * *$，$P < 0.01$，$r12 = -0.033$，$P = 0.521$，$P > 0.05$，$r12 = 0.102$，$P = 0.041$，$P < 0.05$，$r15 = 0.038$，$P = 0.425$，$P > 0.05$，$r16 = -0.044$，$P = 0.353$，$P > 0.05$，$r17 = -0.080$，$P = 0.102$，$P > 0.05$，$r18 = -0.091$，$P = 0.103$，$P > 0.05$，$r19 = -0.050$，$P = 0.289$，$P > 0.05$，$r20 = 0.053$，$P = 0.267$，$P > 0.05$，$r31 = -0.011$，$P = 0.806$，$P > 0.05$）。第二步，利用 Bootstrap 的方法对社会临场感对这 6 个自变量和愉悦感、信任感是否存在中介效应进行验证（LLCI $= 0.0258$，ULCI $= 0.0834$ 值中不包含 0，LLCI $= 0.0366$，ULCI $= 0.1266$，区间值中不包含 0，LLCI $= 0.0458$，ULCI $= 0.1258$，区间值中不包含 0，LLCI $= 0.0139$，ULCI $= 0.0662$，区间值中不包含 0，LLCI $= 0.0277$，ULCI $= 0.0902$，区间值中不包含 0，LLCI $= 0.0261$，ULCI $= 0.0820$，区间值中不包含 0，LLCI $= 0.0500$，ULCI $= 0.1350$，区间值中不包含 0，LLCI $= 0.1623$，ULCI $= 0.2796$，区间值中不包含 0，LLCI $= 0.0801$，ULCI $= 0.1853$，区间值中不包含 0，LLCI $= 0.0254$，ULCI $= 0.1106$，区间值中不包含 0，LLCI0.0518，ULCI $= 0.1468$，区间值中不包含 0，LLCI $= 0.0653$，ULCI $= 0.1433$，区间值中不包含 0），上述假设说明，在网络购物这个过程中，是需要社会临

场感这个认知体验的参与，这也符合我们对消费者购买决策的总结。

具体假设结果，如表 5.13 所示。

表 5.13　研究假设验证结果分析

序号	假设的内容	验证结果
H1	在线商户商品信息呈现的可视性对消费者社会临场感有正向显著影响	成立
H2	在线商户商品信息呈现的交互性对消费者社会临场感有正向显著影响	成立
H3	在线商户商品信息呈现的事实型信息对消费者社会临场感有正向显著影响	成立
H4	在线商户商品信息呈现的服务型信息对消费者社会临场感有正向显著影响	成立
H5	在线商户商品信息呈现的评价型信息对消费者社会临场感有正向显著影响	成立
H6	在线商户商品信息呈现的担保型信息对消费者社会临场感有正向显著影响	成立
H7a	消费者在线购物过程中的社会临场感对其愉悦感有正向显著影响	成立
H7b	消费者在线购物过程中的社会临场感对其信任感有正向显著影响	成立
H8	消费者在线购物愉悦感对其购买意愿有正向显著影响	成立
H9	消费者在线购物信任感对其购买意愿有正向显著影响	成立
H10	消费者社会临场感在在线商户商品信息的可视性与消费者愉悦感间起着中介作用	成立
H11	消费者社会临场感在在线商户商品信息的交互性与消费者愉悦感间起着中介作用	成立但不是唯一中介
H12	消费者社会临场感在在线商户商品信息的事实型信息与消费者愉悦感间起着中介作用	成立
H13	消费者社会临场感在在线商户商品信息的服务性信息与消费者愉悦感间起着中介作用	成立但不是唯一中介

续表

序号	假设的内容	验证结果
H14	消费者社会临场感在在线商户商品信息的评价型信息与消费者愉悦感间起着中介作用	成立
H15	消费者社会临场感在在线商户商品信息的担保型信息与消费者愉悦感间起着中介作用	成立
H16	消费者社会临场感在在线商户商品信息的可视性与消费者信任感间起着中介作用	成立
H17	消费者社会临场感在在线商户商品信息的交互性与消费者信任感间起着中介作用	成立
H18	消费者社会临场感在在线商户商品信息的事实型信息与消费者信任感间起着中介作用	成立
H19	消费者社会临场感在在线商户商品信息的服务型信息与消费者信任感间起着中介作用	成立
H20	消费者社会临场感在在线商户商品信息的评价型信息与消费者信任感间起着中介作用	成立
H21	消费者社会临场感在在线商户商品信息的担保型信息与消费者信任感间起着中介作用	成立

5.4.2 对假设 H11 和 H13 的讨论

对 H11 和 H13 进行讨论。假设内容分别是"消费者社会临场感在在线商户商品信息的交互性与愉悦感间起着中介作用""消费者社会临场感在在线商户商品信息的服务型信息与愉悦感间起着中介作用"。在模型检验的过程中可知，交互性对愉悦感有着明显的正向作用，服务型信息对愉悦感有着明显的正向作用。

这两个结论与本研究所期望的研究结果虽然一致，但由于自变量交互性和服务型信息对愉悦性有直接的显著影响，说明社会临场感在它们之间起到了部分中介的效应，在此总结是什么原因导致了这一结果。①本研究的模型仅仅以社会临场感作为中介变量，可能存在不合理。由于本研究处于初步探索阶段，很可能有具备中介效应的其他变量并没有被纳入本模型中，也可能有更合适的中间传递变量没有被采用，未来将会加以思考和完善。②本研究的模型中没有添加调节变量，可能由于缺乏调节变量的影响造成了这两个假设与研究期望不一致。③研究样本有局限，本研究的样本数据虽然尽可能地覆盖各行各业，但由于发放的是纸质问卷，研究地区受到了极大的限制。

在现实生活中，也能说明信息呈现的交互性完全不需要社会临场感也能够引起消费者的愉悦感。比如绝大多数网络直播购物或是植入性广告，并不需要消费者对商品多么感兴趣，只要交互性够高，很多消费者可以愉快地观看直播或是视频，并不需要融入购物气氛之后产生某些身临其境的感受才获得愉快感，主播的幽默笑话可能就使消费者很愉快了。这种通过媒介的间接交互虽然不是人－人交互，但是与真实的人际交互相差已经并不是很多，声音和图像已经足够真实生动。

同时，服务型信息的存在，主要是帮助消费者理解商品使用的一个部分，有一些消费者可能已经掌握或是认为自己可以掌握使用技巧，还有一些消费者比较具有探索精神，期望通过对真实商品的接触来完成学习使用过程这一步骤。这在很大程度上制约了服务型信息的信息效果，有一部分消费者可能并不关注这一部分信息，而是希望通过产品说明书来使用和了解产品。

至此，本研究猜想，消费者在与在线商户进行交互行为的过程中，是可以直接获得欢乐的感觉的，这种感觉并不需要营造氛围或者刺激和培养社会临场感来产生。而服务型信息内容对于消费者的帮助是真真切切的，当消费者获得类似的商品收纳知识、商品科普知识时，消费者的心情会很愉悦。

5.5　本章小结

本章对第4章所提出的概念模型及研究假设进行了实证检验，并对实证研究的结果进行了报告。

首先，对开展实证分析所采用的研究方法和所运用的统计软件进行介绍。基于本研究模型的复杂性和结构方程模型相比于其他方法所具备的优越功能，本研究选用结构方程模型这一多元统计分析方法来对研究模型和假设进行检验；并且，在结构方程模型所运用的统计软件中，由于 AMOS 23.0 软件自身的简单易用、且功能强大的特点，被本研究采用作为实证分析的工具。同时采用 SPSS 23.0 作为本研究的次要实证分析工具，主要进行对问卷题项的净化和梳理。

其次，对理论模型量表数据进行了描述性分析、信度检验和效度检验。本章分为以下检验步骤：①对调查样本进行描述性统计分析，样本统计数据的均值、标准差、偏度和峰度显示，了解样本数据的集中、离散趋势和分布特点，结果显示样本数据符合统计要求，可以用来做正式的统计分析。②通过计算量表的内部一致性系数，检验此次量表的信度，结果显示样本数据符合要求。③对模型进行验证性因子分析，验证性因子分析结果显示，各题项在相关变量上的标准化因子载荷都在 0.5以上，且平均变异抽取量（AVE）的取值都在 0.5 以上，说明问卷具有良好的收敛效度；各题项的组合信度系数均在 0.7 以上，模型的内在质量检验良好；所有潜变量的平均变异抽取量（AVE）的算数平方根均大于各个潜变量之间的相关系数，模型的区别效度也达到了要求。

最后，我们通过绘制建立了结构方程模型，并运用 AMOS 23.0 软件对模型进行了拟合检验和假设关系检验，之后通过 SPSS 23.0 对 Bootstrapping 运算进行了中介检验。检验结果表明提出的 22 条假设全部通过，与预期一致。通过对假设结果的讨论，确立本研究的理论和实践意义。本章对通过验证的假设进行了阐述，同时对 H11 和 H13 两个假设进行了单独的讨论，说明它们不是唯一中介，且进行了一部分猜想和实践假设，以确保本研究的科学性。

第 6 章　结果讨论与管理启示

第 5 章利用收集整理的样本数据，结合前文提出的在线商户商品信息呈现对消费者购买意愿影响的 22 条假设关系，进行了结构方程模型计算和 Bootstrap 运算。本章将在上文假设检验结果的基础上，对本研究的假设检验结果进行深入讨论，并提出相应的管理启示。

6.1　结　果　讨　论

研究结果的讨论将按照本研究所提模型框架的层级关系，从商品信息呈现对消费者在线购物体验影响关系、消费者在线购物体验的内在关系、消费者在线购物体验对消费者购买意愿关系和社会临场感在商品信息呈现与消费者在线购物体验之间中介效应关系四个方面来进行讨论。

6.1.1　在线商户商品信息呈现对消费者购物体验影响关系的讨论

本研究中，消费者在线购物体验包括社会临场感、愉悦感和信任感三个方面。社会临场感作为认知体验在本研究中是消费者接收商品信息、了解商品价值，并对这些商品信息进行加工的整个过程，是消费者个体记忆中商品信息相关节点及其联想链环形成的关联网络。因此，如何促进消费者商品认知的形成是许多在线商户商品营销活动的核心问题。本研究在探讨在线商户商品信息呈现时提出，商品信息呈现的形式——可视性、交互性，商品信息呈现的内容——事实型信息、服务型信息、评价型信息、担保型信息对消费者社会临场感的形成具有正向显著影响作用，样本数据的结构方程运算结果也验证了这 6 条假设关系。

伴随着互联网的飞速发展，消费者的信息获取渠道不断拓宽，随时随地获取网络信息已经成为可能，海量的商品信息开始不断涌入消费者的视野。在这样的背景下，在线商户早已认识到网络购物平台中商品信息呈现的重要性，他们可以通过网络购物平台呈现给消费者不同种类的商品信息。消费者在这些商品信息的刺激下，会结合自身认知风格，对获取到的商品信息内容进行高度负责的信息处理，形成内在情感。这就是通常我们认为的认知体验。样本数据的实证检验结果表明，商品信息呈现的形式——可视性、交互性，商品信息呈现的内容——事实型信息、服务型信息、评价型信息、担保型信息均可以有效促进消费者社会临场感的形成。在线商户通过网络购物平台发布温馨、有趣、生动的商品信息，不仅可以显示出对客户关系管理的重视，而且能够增加商品信息呈现的趣味性，形成消费者对商品信息体验性利益获得的价值感知，正面影响消费者的社会临场感。商品信息呈现可以让消费者了解在线商户商品的概况和动态，认识商品或服务的相关知识和技术实力，为消费者形成基本的商品信息认知提供外部刺激。在线商户商品呈现可以使消费者关注商品营销活动，了解商品促销内容，分享消费者使用商品或享用服务的体验，能够帮助消费者塑造更加完善的商品形象，积累更加丰富的商品知识。

情感体验即愉悦感和信任感是消费者对商品所持有的一种情感性反应。随着网络信息技术的不断发展，消费者对商品信息的接收不仅仅源自使用商品的过程，他们在使用商品或服务过程之外，还可以搜索到大量丰富的商品信息，可以通过间接认识获取主观体验，形成或修正对商品或服务的正面或负面的情绪反应。但本研究认为，在网络购物过程中，情感体验并不应该由商品信息呈现直接引起。网络购物区别于一般商店购物，消费者并不能直接接触和体验到商品或服务，并不能直接与销售人员进行面对面的交流，因此情感体验的形成需要一个过程。在商品信息呈现的形式——可视性、交互性，商品信息呈现的内容——事实型信息、服务型信息、评价型信息、担保型信息对愉悦感和信任感的12条假设中，仅有2条显著，这侧面证明了情感体验的形成，并不能由商品信息呈现直接影响。

6.1.2　消费者在线购物体验内在作用关系的讨论

本研究中，消费者在线购物体验包括社会临场感、愉悦感和信任感三个方面。在网络购物过程中，情感体验应该是由认知体验的促进而逐渐产生的，是会随着认知体验的加深而越发浓厚的一个过程。因此，本研究认为认知体验会正向影响情感体验。研究假设 H7a 和 H7b 也证实了这一观点。

在网络购物过程中，情感体验并不应该由商品信息呈现直接引起。网络购物区别于一般商店购物，消费者并不能直接接触和体验到商品或服务，并不能直接与销售人员进行面对面的交流，因此情感体验的形成需要一个过程。消费者在使用电脑、手机等工具对在线商户的商品信息进行浏览时，应该先对商品形成一定的认知，这是消费者认识、了解商品的过程，而当消费者对商品存在一定的认识和了解之后，自然而然会对商品形成一定的情感。这也是网络购物与一般商场购物消费者心理状态的不同之处，也是本研究研究的重点和创新点。

6.1.3　在线购物体验对消费者购买意愿影响关系的讨论

消费者购买意愿是消费者最终的行为趋向，是消费者形成情感体验后的最终行为意愿。基于此，本研究提出了 2 条假设，认为情感体验——愉悦感和信任感对消费者购买意愿具有显著的正向影响作用。通过样本数据的计算结果，显示这 2 条假设关系成立。

正如上文所言，消费者在线购物体验是消费者购买意愿的重要前因变量。消费者对商品本身的情感，消费者对商品形象的情感，有利于塑造消费者与在线商户间互惠义务的感知信念，提升消费者对在线商户的心理契约达成感，推动消费者购买意愿的产生；积极的情感能够促使消费者同商户建立起较强的纽带关系，表现出对商品的热切关心和依恋情结。在这种状态下，消费者就会积极主动地参与到商品互动活动中，充分发挥自身的创造力和想象力，开展深层次的商品信息交流和分享活动。

6.1.4　消费者社会临场感中介效应的讨论

探讨社会临场感中介影响关系，首先需要检验商品信息内容呈现对在线购物体验中的情感体验即愉悦感和信任感有没有影响作用。在结构方程模型的检验中，仅有商品信息呈现形式的交互性和商品信息呈现内容的服务型信息对愉悦感有显著的影响，其他 10 项均为不显著。

　　本研究认为，商品信息呈现在刺激消费者形成内在心理变化应该是一个循序渐进的过程，是逐渐变化的过程，是需要消费者通过形成认知体验，才能逐渐形成情感体验的一个过程。经过大量的文献阅读分析，本研究选取了社会临场感作为认知体验，愉悦感和信任感作为情感体验。而在模型验证中，商品信息呈现对消费者的愉悦感和信任感影响并不是显著的，仅有商品信息呈现形式的交互性和商品信息呈现内容的服务型信息对愉悦感有显著的影响，其余 10 项均为不显著，从侧面证明了商品信息呈现对消费者在线购物体验需要一个过程，并不能直接影响消费者的情感体验。之后本研究进行了 Bootstrap 中介效应检验，结果表明 12 条假设均通过，也就是社会临场感对商品信息呈现和情感体验有着明显的中介作用。因此，本研究证实了商品信息呈现对消费者在线购物体验的关系是先刺激消费者的社会临场感，社会临场感进一步促进了愉悦感和信任感。

　　同时，这一结论也符合"S－O－R"模型范式，在线商户通过网络购物平台呈现各类形式多样的商品信息，是为消费者提供的外部信息环境刺激，消费者在这种信息环境的刺激下，结合自身的特质和需求对这些信息进行接收和处理，经过自身感知、个人心理以及认知思考等活动，不断加深对商品的认识、了解商品知识，逐渐通过这些了解降低对商品的感知风险，形成正向的情感反应。情感体验是消费者不断深化了解商品知识下形成的内在中介机体状态，是介于认知体验和行为趋近反应之间的内在心理状态。积极的认知状态能够为消费者增加商品专业知识，有助于识别满足自身独特需求的商品，提升消费者对商品的心理契约达成感，从而促使消费者产生正面情感，正面的情感反应则可以促使消费者同商户商品建立较强的纽带关系，表现出对商品的热切关心和依恋情结，进而激发消费者购买意愿。

6.2　管理启示

　　本研究聚焦在线商户商品信息呈现对消费者购买意愿影响的问题，依据相关理论和研究综述，指出了在网络购物过程中，商户商品信息呈现对消费者购买意愿有着重要的影响，并通过实证检验了在线商户商品信息呈现对消费者内在心理的刺激作用，同时验证了消费者在线购物体验并不是一个简单的心理过程，而是一个逐渐变化的过程，通过刺激和培养社会临场感的产生，才能有效地促进消费者情感的产生，进而促使消费者产生购买意愿。本研究得到的理论模型和实证研究结果为在线商户科学地组织商品信息呈现提供了理论指导，使在线商户有目标地、精准地为消费者呈现商品信息。根据这些结论，具体实践策略如下。

6.2.1　丰富在线商品信息呈现形式

研究结果显示，在线商户商品信息呈现形式对消费者购买意愿具有显著的正向影响作用。这就表明，在线商户在网络购物平台中呈现出具有可视性和交互性的信息，可以有效促进消费者的购买意愿。

首先，在线商户进行商品信息呈现的过程中，较多地运用媒介工具，将单一的文字信息丰富起来，通过将各类信息进行多媒体形式的加工和编辑，形成可以造成消费者感官刺激的有效信息，以此加强信息互相解释的能力。在文字信息中，多摆放图片信息，使消费者对商品有一个直观的认识和了解，文字信息应与图片信息相辅相成，两处信息可以互相解释，并阐述同一内容，让消费者省时省力地查阅信息。这样不仅可以避免消费者浪费时间，同时也能提高商品信息呈现的有效性，让消费者在认知过程中减少难度，使消费者更快地形成商品认知，尽可能地了解商户的商品知识。对部分难以理解的商品知识和商品使用方法，商户应提供视频演示帮助消费者了解商品选择和使用，让消费者更直观地了解商品的一切。

其次，在线商户应积极与消费者沟通，了解消费者需求，尽可能多地向消费者提供与商户进行交流的工具，提供网络沟通的工具是一方面，也应当为满足部分消费者的需求提供电话联系方式和视频联系方式。在多种沟通工具的前提下，商户应该对直接与消费者交流的客服人员进行培训，客服人员应熟练使用各种沟通工具，并且应该耐心、热情、有礼。同时，在线客服人员应了解商品知识，可随时为消费者答疑解惑，帮助消费者了解商品信息。

最后，在网页设计过程中，商户应力求美观大方、一目了然，让消费者可以方便地寻找商品信息；同时，为方便消费者，应在显眼位置设置一键客服这样的按钮，帮助消费者尽快与客服人员沟通，解决由于网页信息呈现不充分造成的消费者认知不清晰等问题。本文中强调的可视性与交互性形式，对于广大在线商户来说，可以简单理解为，通过不同的媒介向消费者提供尽可能多的可视内容，同时为这些内容给消费者开通与商户可以直接对话的平台，彼此加深了解，最终达成购物意向的在线商户商品信息呈现形式。

本节以阿里巴巴旗下平台为例，说明丰富商品信息形式可以开展哪些活动。

通过直播的方式与消费者在线沟通，目前在线购物可以借助的媒介不止即时沟通的聊天软件，直播方式如潮水一般带来了新一代的流量风潮。比如使用阿里旗下的各种平台进行在线销售，可以借助诸如阿里旺旺适时地与消费者沟通，解决消费者的问题，同时可以在消费者允许的情况下与其进行电话、视频等多种方式的沟通。打开淘宝页面，随意点击一个商品，过去还是单一的图片，现在除了图片、文字等介绍，更有视频按钮，可以通过滑动直接播放视频或者切换成静态的图片。视频帮助消费者更直观地了解商品的外在参数，而静态的图片帮助消费者观察产品的细节。目前新兴的诸如直播一类的媒介的则是通过真人亲自试用，发表体验来给消费者更加直观的对商品的认知和了解。相较于过去的电视购物推销，素人直播带来的真实感更能让消费者融入其中。同时直播中销售人员对商品细致的介绍和实时直播收看者之间的互动也让消费者产生了更加直观的对商品的认识，免去了消费者在商品使用中的各种麻烦。技术的进步和媒介不断的转型升级，与消费者建立联系和沟通的方式多种多样，这就要求广大在线商户积极参与其中，不断追赶时代的浪潮，满足各个层次不同需求的消费者的偏好。

同时，对在线销售客服的培训过程中，也应当与时俱进，单纯地培训其了解商品已经不足以应付竞争愈加激烈的商品市场的需求了。这要求广大客服人员还要懂消费者心理，会迎合消费者心理，通过语言技巧和各种媒介的支持，真正帮助消费者了解他们所购买的商品，或者他们真正需要的商品。

最后，媒介丰富带来的是网页越发的丰富多彩，可以在其中嵌入的媒介形式也越发多种多样，这就要求商户在进行商品信息呈现时，要分清主次，搞清哪一种形式是消费者最希望见到的，最想要了解的。比如一个电子产品，在图片能够展示外形的同时，更多的消费者渴望看到的是文字表述的商品专业性能，而单纯地只呈现参数对某些不太了解其内涵的消费者又十分困难，这就要求这部分信息呈现时要结合图片、文字和适当的解释，专业化的同时，也要能够对其专业的内容进行解释，这时适当运用图片和视频会起到意想不到的效果。这对商户对商品信息的整体把握提出了新的要求。只有有机地将多种媒介形式合理地结合利用，才能够将商品信息管理做到令消费者满意的地步。

6.2.2 优化在线商品信息呈现内容

在线商户商品信息呈现的内容对消费者购买意愿具有显著正向的影响作用。这就表明，在线商户在网络购物平台中呈现出事实型、服务型、评价型和担保型信息，可以促进消费者的购买意愿。

首先，通过商品事实型信息的呈现，消费者可以了解到商品属性信息（类别、品名、规格、单位、批次号等）、安全购物指南、支付工具（微信、支付宝、银行卡、Apple Pay、Pay Pal 等）及方式（在线支付、货到付款、转账支付等），还有免责声明、商品信息（商品价格、图片、介绍和历史成交价格）等信息，这些信息帮助消费者对商品和商户建立最初的认识，是消费者对商品信息内容所能了解的基本存在。事实型信息是消费者进行信息检索的基础，通过这些信息，消费者可以了解商品的基本情况和技术实力以及商户支持的消费者购买服务。所以，商户应做好商品信息呈现中的事实型信息呈现，为消费者准确寻找到商品，了解商品，形成最初的认知提供保证。

其次，商户应做好服务型信息的呈现。服务型信息主要是商品使用指南、商品使用技巧（收纳和清洗技巧、与其他商品配合的技巧）、商品相关知识科普等信息。这些信息有效降低了消费者在购买商品后使用困难的可能，让消费者对商品使用过程中由于自身知识不足所引起的不安全感有效减少，同时对商品的了解有所加深，对促进消费者认知提供了积极保证，最终让消费者感受到商户的用心，使其在一个温馨的氛围中购物。

再次，商户应做好评价型信息的呈现。评价型信息是消费者降低购买风险时进行参考的主要信息来源。商户应将自身的信誉信息详尽地呈现在醒目的位置，同时，不应对消费者评论进行干涉，对消费者的好评、中评、差评、追评都予以回复，以体现对消费者的重视，让浏览这些信息的消费者感受到商家的诚意。同时，商户应重视消费者的评价，对给予商品中评、差评等不好的评论的消费者进行回访，以期获得消费者的使用体验，对商品本身存在的问题进行改善，更好地服务于消费者，最终让消费者体会到商户的诚意，使其在一个舒服、放松的环境中购物。

最后，商户应做好担保型信息的呈现。担保型信息为消费者购物提供了极强的安全感，降低了消费者的购买风险，做好担保型信息的呈现，对商户来说也是十分重要的。商户应明确地提供消费者担保计划，包括正品保障、七天无条件退换等服务。在写明商品退换信息的同时，也应明确商品的保修措施，这些都会让消费者对商品的认知不断加深，对商品形成正向的良好的认知，最终，使消费者感受到其是在一个安全的氛围中进行商品浏览。

本节以淘宝为例，说明当代在线网站商户是如何引导消费者查阅信息内容的。如何安排这些内容，可以帮助消费者更好地理解信息和接受信息。

从事实型信息来说，大部分在线商户了解通过提供基本参数的方式帮助消费者对商品建立一定的认识，同时也会通过对比其他产品或是通过对商品大小材质的介绍来帮助消费者了解商品。事实参数难以让消费者建立直观的认识，对数字、材料等不敏感的消费者尤甚。同时，一部分在淘宝营业的商户并非一手商户，而是某种商品的代购商户，能提供的事实型信息是有限的，这可能会影响一部分消费者的消费体验。代购类商品存在事实型信息缺乏，但同时也可能是某类非常了解这种商品的消费者在购买，就会形成这类商品仅在小范围内销售，不能够在短期内扩大范围。所以，完善事实型信息，对在线商户是十分重要的。

服务型信息对某类消费者尤为重要，服务型信息一方面帮助消费者获得产品使用方法，更重要的是会让一部分消费者体会到超值感，觉得物有所值或是物超所值。服务型信息主要用于服务消费者，这种服务要贴心，让消费者有被服务的感觉。

评价型信息是口碑营销的重要方式，消费者自发评论带给其他消费者的是信任感，消费者的自我展示同时也能提升其自信，评价型信息的合理、健康对于广大商户来说非常重要，是直观的放在网页呈现给消费者的商品购买回馈信息，大多数消费者都会通过查看评价型信息对商品信息获得信任。所以，广大商户能够做的就是完善评价型信息的呈现，通过各种方式对给予恶评的消费者予以补偿，让其消除恶评。同时，商户也应注意到消费者的抱怨是商户对于产品改进的重要信息，通过对消费者抱怨信息的提取，可以剖析消费者的需求，通过对消费者需求的深层次挖掘，有利于商户提高自身商品质量，满足消费者需求，以此获得消费者青睐。当然，广大商户为了获得良好的评价型信息呈现也可能采取极端手段，比如，水军控评，利用消费者留下的联系方式找到消费者对其进行骚扰，让其给好评等。这些方式都是不可取的，是会是消费者产生厌恶的。如果一定要消费者给予好评，以此来开拓市场，可以适当地给予消费者一些物质奖励，比如，支付宝转账或是礼品赠送等，这样可以消除消费者的负面情绪。

担保型信息作为第三方平台提供给广大消费者的一层保障，对于在线购物的消费者是十分重要的。我们可以在淘宝网上看到各种形式和内容的担保型信息，比如，国际代购会展示自己的护照和签证的部分信息，会通过直播的形式确认自己确实为代购身份。一部分不知名企业会通过参与第三方平台提供的保障计划来帮助消费者消除疑虑，就目前的淘宝网来看，这是在线商户最基本的操作，是对消费者权益的基本保障。同时，随着我国保险业的发展，运费险早在几年前就已经悄然出现在了淘宝支付页面，这也是为了给商户和消费者提供退货保障的一种全新的方式，运费险的出现在保证消费者买了东西不喜欢的情况下可以包运费以外，更多的是保护商户的利益，使某些不良消费者恶意退货时商户可以不用负担他的运费。双十一之际大多数商户都会赠送消费者运费险，不仅是保障消费者利益，同时也保证了广大商户的利益不受侵害。

本研究认为，企业在进行网络信息平台品牌信息内容管理时，应该根据企业品牌类型，结合网络信息平台特点，不仅要呈现公司概况、产品特征信息、产品技术信息、企业动态等基本企业信息，还需要将品牌文化、品牌故事以及社会责任等更吸引消费者的企业品牌信息进行编辑展示，还应该增加消费体验评论、产品促销活动、品牌营销推广等引导信息的呈现数量，引导消费者积极参与品牌营销活动；还应该鼓励企业内部人员在网络信息平台上分享品牌专业知识、开展线上关系互动、发布节日问候祝福、开展客户线上服务等关系维护信息内容，以此来增加消费者的品牌认知、强化他们的品牌正面情感，提高消费者的网络信息平台互动积极性。

6.2.3　提升消费者在线购物情感体验

研究结果显示，消费者的愉悦感和信任感对其购买意愿具有显著正向影响作用。这就表明，在线商户通过合理的方式提升消费者的愉悦感和信任感，可以有效促进消费者的购买意愿。

首先，商户应该完善商品信息呈现形式，提高资源丰富性，设计简易操作的购物流程，提升消费者对商品的认知，以强化消费者与商户商品之间的情感联结。商户在设计和管理商品信息形式时，应努力使消费者在购物过程中没有拘束感，能够主动浏览商品、询问客服并可以自主选择商品和服务，形成温馨和谐的购物氛围，从而产生良好的愉悦感和信任感，进而促进其购买意愿。

其次，商户应充分关注消费者诉求，合理规划商品信息呈现内容，增加消费者的商品知识积累，以此增强消费者对商户商品的积极情感。商户在编辑和管理商品信息内容时，应力求使消费者在购物过程中了解商品，向消费者提供精准信息，以此提高消费者对信息内容接受的处理效率和效果，并且也可以使消费者在寻找信息时降低难度、提高效率，消费者在轻松愉快的气氛中对商户建立信任的感觉，促使消费者产生购买的意愿。

最后，商户应营造人性化的购物氛围，让消费者在浏览商品信息的过程中，体会到温馨的感觉，能够得到客服的有效帮助，获得有他人帮助的感觉来促进消费者正向情感——愉悦感和信任感的产生，最终使其愿意购买该商品。

为了有效地提升消费者对品牌的认知水平，不仅需要为消费者呈现出不同种类的品牌信息内容，还需要确实保证消费者能够接收到这些品牌信息，并且经过他们的信息处理过程形成内在品牌知识积累。一方面，品牌企业应该合理确定网络信息平台的目标用户群体，查清目标用户群体的品牌信息体验需要，科学选择网络信息平台呈现内容。戴尔公司网络信息平台战略的成功主要源于能够为不同平台上的用户群体提供他们感兴趣的原创性内容，强生公司 Baby Center 网站的成功主要归因于能够为准妈妈和新妈妈群体提供婴幼儿相关的专业知识，人人网逐步衰败主要归责于为模糊不清的目标受众提供了低俗的社交信息。因此，企业在进行网络信息平台内容管理时，需要清晰确定平台的目标受众，并为他们提供正确的内容信息，以此不仅可以快速持续地凝聚大量的平台人气，还可以有效提高品牌信息内容的接受处理效率和效果，大力提升消费者对品牌的认知水平。另一方面，品牌企业还应该合理选择品牌信息内容的呈现形式。信息内容呈现形式是影响消费者有效接收品牌信息内容的重要因素。Web 2.0模式为企业和用户的双向交互提供了支持，也为网络信息平台多样化的信息内容呈现形式提供了支撑。传统的文字信息已经不能跟随用户的网络体验步伐，图像、影视、动画、音效等品牌信息内容呈现的新形式表现出了更大的吸引力。企业在进行网络信息平台内容运营时，也需要借助更加生动、有趣、多样的内容呈现形式，为平台用户提供更加具有吸引力的品牌信息内容呈现，这样也可以更有效地保证消费者接收到平台上的信息内容。

6.2.4 增强消费者社会临场感

研究结果显示，商户在网络购物平台中呈现的商品信息，需要通过影响消费者的认知体验（即社会临场感）来促进其自身的情感体验（即愉悦感和信任感）。社会临场感是商户商品信息呈现影响消费者情感体验的重要中介变量。社会临场感这种体验是需要外部刺激和培养的，商户商品信息呈现形式——可视性、交互性，商户商品信息呈现内容——事实型信息、服务性信息、评价型信息、担保型信息是商户在网络购物平台中对消费者提供的外部信息刺激。依照心理学中的"S－O－R"模型范式，在这种外部信息环境刺激下，消费者会结合自身的需求特征、自身特点对这些外部信息进行接收和处理，形成他们自身对商品的形象感知，塑造并强化消费者对品牌的情感联结，从而为消费者的购买意愿提供基础。可以看出，消费者的社会临场感是影响他们对商品情感体验的重要前置因素。

为了有效地提升消费者的社会临场感，不仅需要在线商户为消费者呈现不同形式的商品信息，还需要保证消费者能够接收到这些信息，并且经过他们的信息处理过程形成内在商品知识积累。在线商户应该合理选择信息呈现形式。商品信息呈现形式是帮助消费者降低信息处理难度的重要因素。商户在进行网络购物平台运营时，应借助更加生动、有趣、多样的信息呈现形式，为平台消费者提供更加具有吸引力的商品信息。同时，商户应与消费者积极进行有效的沟通，帮助消费者营造温馨、可靠的购物环境，以此帮助消费者降低信息处理难度，最终提高消费者的社会临场感。

商品信息呈现内容也是社会临场感对消费者购买意愿影响的重要自变量。社会临场感的产生和培养，需要商品信息呈现内容的刺激。商户在网络购物平台中呈现的事实型信息、服务型信息、评价型信息和担保型信息，能够有效刺激消费者社会临场感的产生。在商户提供的事实型信息、服务型信息、评价型信息和担保型信息刺激下，消费者将结合自身的价值判断、消费需求和商品诉求，形成自身对商品的价值信念，激发出正面的认知体验反应，这种内在动力将有效促进消费者产生出愉悦感和信任感。商户通过对商品信息内容的加工和编辑，积极将其呈现给消费者，提高消费者的社会临场感。

企业在制定消费者网络应用平台推荐其产品激励策略时，一定要注意不能使消费者由于企业的过度激励，而不对产品价值进行判断，进行过度的信息发布行为。过多发布无用的信息会造成信息超载，降低用户对信息价值的感知，使用户无法形成对联系人的认知信任和情感信任，从而降低用户对信息源的信赖程度，影响其对信息形成积极的态度，最终极有可能形成信息沉没的结果，造成无效的产品推荐信息发布行为。

企业可在现有忠诚消费者中选取意见领袖，向其提供新产品的体验，并对其进行相关的专业知识培训，使其具备此产品领域的专业技术知识和使用经验，使用户对其消费品位更为欣赏。由于具有专业知识和技能、具有丰富产品经验的信源和对用户更具吸引力的信源更让用户信赖，因此，企业可以通过此策略使消费者发布的产品推荐信息更有说服力，提高用户对信息源的信赖感知，进而提升产品推荐信息的效果。

最后，企业应注重用户与联系人之间亲密关系的作用，制定策略针对性地引导消费者通过移动社交网络对产品进行推荐。例如，企业可以在其网站设置类似的"把您满意的产品推荐给您的关系亲密的朋友"功能导航，引导消费者将他们满意的产品推荐给关系密切的朋友，进行精准营销，提升现有和潜在消费者对产品推荐信息反应意愿，形成推荐倍增效应。同时，企业还可以通过移动社交网络，与现有和潜在消费者进行企业人员—消费者的人际互动沟通，建立亲密关系，增强消费者对企业的情感信任，向关系密切的现有和潜在消费者提供产品体验，传递产品价值，形成消费者对企业及其产品的认同，主动为企业进行产品推荐信息传播。

6.3　本 章 小 结

本章在上文假设检验结果的基础上，从商品信息呈现对消费者在线购物体验影响关系、消费者在线购物体验的内在关系、消费者在线购物体验对消费者购买意愿关系和社会临场感在商品信息呈现与消费者在线购物体验之间中介效应关系四个方面进行深入的讨论，并提出了四条管理启示：第一，丰富在线商品信息呈现形式。第二，优化在线商品信息呈现内容。第三，提升消费者在线购物情感体验。第四，增强消费者在线购物体验。

第 7 章　结论与展望

　　本研究基于目前在线商户商品信息管理问题，以及现有的消费者在线购买问题中的学术研究缺失，通过对丰富媒介理论、传播说服理论、社会临场感理论以及"刺激-机体-反应"模型等相关理论及文献的回顾和梳理，创新性地构造在线商户商品信息呈现形式和内容的维度框架，并将社会临场感、愉悦感和信任感纳入研究体系当中，思考其关系并将消费者购买意愿作为研究的重点，提出了在线商户商品信息呈现对消费者购买意愿影响的理论模型，通过深入分析各个变量之间的作用关系，通过规范的实证分析范式过程验证了在线商户商品信息呈现对消费者购买意愿影响的理论模型及其假设关系，并对结果进行了讨论和合理的实践猜想，揭示了本研究的理论价值及管理启示，本章将对本研究的基本结论进行总结，阐明研究的主要成果和理论贡献，提出本研究的不足之处及对未来的期许。

7.1　结论与创新点

7.1.1　研究结论

　　基于在线商户商品信息管理实践问题和现有学术理论研究的缺失，本研究对商品信息呈现、消费者在线购物体验、消费者购买意愿及相关理论研究的梳理、归纳和总结，借鉴心理学中的"S-O-R"模型范式，搭建了在线商户商品信息呈现对消费者购买意愿影响的理论模型，深入剖析了商品信息呈现对消费者购买意愿影响的作用关系，并通过样本数据进行了实证检验和分析讨论，得出如下研究结论。

　　（一）在研究在线商户商品信息管理的背景下，提出了可以刺激社会临场感产生的商户商品信息呈现形式和内容，通过对相关理论的总结分析，清晰界定了商户商品信息呈现的概念，系统划分了商户商品信息呈现的构成。本研究认为，在线商户商品信息呈现是商户为了吸引消费者，增强消费者体验，塑造和维持高质量的客户关系，在网络中编辑和发布各种商品信息的行为。主要分为信息呈现形式和信息呈现内容两个方面。其中，信息呈现形式是信息呈现的表达技巧，本研究总结了其两个特性，分别为可视性和交互性：可视性是消费者在网络购物过程中，感官所能感受到媒介向消费者传递信息的方式，媒介的丰富程度决定个体感官感受信息的深度和广度；交互性是网络购物过程中，消费者通过媒介能够感知的与线上他人的信息相互影响的程度。商品信息呈现内容是信息的表达方式，本研究总结了四个主要表现特性，分别是事实型信息、服务型信息、评价型信息和担保型信息：事实型信息指商品本身的属性信息，如规格、材质、容量等信息；服务型信息是消费者通过这些信息不仅获得商品知识，同时向消费者展示科学知识和生活技巧等方面的信息，这些信息可以帮助消费者更好地使用商品；评价型信息指消费者可浏览的其他消费者信息以及购物平台对商家做出的评价信息；担保型信息是指消费者可以通过这些信息得到担保。

（二）本研究规范设计了在线商户商品信息呈现的研究量表。通过对以往文献的总结和归纳，结合当前在线商户商品信息呈现的规律和需要，界定了在线商户商品信息呈现的内涵和维度划分。根据在线商户商品信息的内涵和维度划分，本研究经过初始量表设计、专家小组研讨、小样本调查和题项纯化，形成了具有较高信度和效度的研究量表，共20 个题项，为未来这个领域的相关实证研究提供了一套完整的且可信有效的度量工具。其中，信息可视性包括 4 个题项，信息交互性有 3 个题项，事实型信息有 3 个题项，服务型信息有 3 个题项，评价型信息有4 个题项，担保型信息有 3 个题项。

（三）本研究构建了在线商户商品信息呈现对消费者购买意愿影响的理论模型，提出了商品信息呈现对消费者购买意愿影响的假设关系，通过问卷调查的方式收集数据，运用结构方程模型分析方法进行了实证检验。检验结果显示，引入"S－O－R"模型可以有效地解释在线商户商品信息呈现对消费者购买意愿的影响关系。商户通过在线购物平台呈现不同种类的商品信息，能够影响消费者的在线购物体验，进而促使消费者购买意愿的产生。其中，商品信息呈现形式和商品信息呈现内容是前因刺激，属于能够影响消费者社会临场感的外部环境因素；消费者在线购物体验是中介机体，属于介于外部刺激和行为反应之间的认知和情感体验，由于网络购物的特殊性，理应与一般商店购物有所区别。本研究认为在线购物体验是一个循序渐进、逐渐加深的过程，所以，社会临场感在在线商户商品信息呈现和情感体验——愉悦感和信任感之间，起到了不可忽视的中介作用，只有通过社会临场感引起的愉悦感和信任感才更加显著有效；消费者购买意愿是结果反应，属于消费者对商品信息认知和情感后的趋近行为反应。最终，通过实证，本研究得到，在线商户商品信息呈现形式和内容对消费者的社会临场感产生正向显著影响；消费者的社会临场感对消费者的愉悦感和信任感产生正向显著影响；消费者的愉悦感和信任感对消费者的购买意愿产生正向显著影响；商户商品信息呈现对消费者的愉悦感和信任感直接影响不显著（除信息的交互性对愉悦感和服务型信息对愉悦感有显著影响），而社会临场感在商户商品信息呈现对消费者愉悦感和信任感中起到显著的中介作用。

7.1.2 研究创新点

（一）针对在线商户商品信息管理问题，分析和研究了引起社会临场感的原因，指出社会临场感可以被刺激和培养，提出了可以引发社会临场感的商户商品信息呈现形式和信息呈现内容。本研究借鉴现有学者对信息呈现的概念解释，结合现有商品信息呈现构成划分研究，提出在线商户商品信息呈现的概念，并对其进行了概念界定和维度划分，在商户商品信息管理背景下，对社会临场感产生的因素进行了深入的分析探讨，为丰富社会临场感理论的应用添砖加瓦，具有理论创新性。

（二）提出了在线商户商品信息呈现的量表，开发出了包括 6 个维度，20 个测试题项的在线商户商品信息呈现的量表，并通过样本数据进行了信度效度检验，具有理论创新性。目前，学术界对于在线商户商品信息呈现的研究还未形成一个系统深入的研究框架，学者们将目光集中于在线商户商品信息内容呈现及其后向影响之中。而事实上，在线商户信息呈现是为消费者创造一个和谐、温馨的购物环境，这其中不仅包括商品信息呈现的内容，这些内容以何种方式展现也值得深入研究，只有将商品信息呈现的形式和内容都纳入其中才能科学地归纳出在线商户商品信息呈现的全部内涵。

（三）构建了在线商户商品信息呈现对消费者购买意愿影响模型构

成关系。本研究将心理学研究中"刺激－机体－反应"模型范式引入在线商户商品信息呈现对消费者购买意愿影响关系的解释中，搭建了在线商户商品信息呈现对消费者购买意愿影响的理论模型，具有一定的理论创新意义。然后，本研究利用结构方程模型，计算并分析了在线商户商品信息呈现对消费者购买意愿影响模型中的路径关系，深入探讨了各变量间的影响关系，揭示出不同信息呈现形式和内容对消费者社会临场感的影响，消费者社会临场感对其愉悦感和信任感的影响，消费者愉悦感和信任感对其购买意愿的影响作用关系；同时，本研究认为网络购物区别于商场购物的关键就是消费者的内在状态是消费者在接收到外界刺激后，心理变化是一个循序渐进的过程，是先产生社会临场感，进而由社会临场感引起消费者的愉悦感和信任感，最终达成消费者的购买意愿，这对广大学者研究网络购物中消费者的内在心理状态提供了全新的视角和观点，具有一定的理论创新意义。

7.2　局限与展望

7.2.1　研究局限

受到时间、环境和研究者自身能力所限，本研究还存在着一定的局限，主要就以下几点进行说明。

（一）本研究界定了商户信息呈现的形式和内容，以社会临场感、愉悦感和信任感作为消费者的内在心理状态，以消费者的购买意愿构建了本研究的理论模型。通过以社会临场感、丰富媒介理论、传播说服理论为基础，引入心理学中"S－O－R"模型对模型框架进行合理安排，最终形成了本研究的理论模型，主要研究在线商户商品信息对消费者购买意愿的影响。本研究中仅选取了社会临场感一个视角进行深入探讨，而基于消费者感知视角、商户利益视角等都没有进行考虑。而传播说服理论指出，除了信源的因素，信息传播过程中，信息接收者和传播情景也是影响信息传播效果的重要因素。此外，还有研究指出，信息接收者本身的能力、涉入度，对商品和商户的熟悉程度等均会不同程度地影响信息接收者的反应，也就是本研究中消费者的反应。本研究仅考虑了社会临场感这一个因素是不全面的，未能综合考虑各种因素对整体模型的综合影响，这一点本研究确实存在不足。

（二）本研究界定的情感体验为愉悦感和信任感。本研究侧重研究了消费者的情感体验为消费者在社会临场感之中产生的愉悦感和信任感，但事实上，愉悦感和信任感之间应该也存在相互作用的关系，二者应该有互相加深的可能，对人类消费情感的深入探索在本文中并没有更多的体现，是对情感体验研究的不足一方面。从另一方面来说，消费者的情感体验也不应该仅仅只有愉悦感和信任感两种情感，人类是情感体验极其复杂的动物，应该还存在更多的情感体验，和针对互联网这种新兴事物可能产生的新的未被界定的情感，但本研究并未对此进行更加深入的挖掘，也应该是本文的遗憾之一。因此，本研究在情感体验界定这一点上存在着一定的局限性。

（三）调节变量的加入问题。本研究属于初次探讨在线商户商品信息呈现对消费者购买意愿影响的关系研究，仅仅涉及了"S－O－R"三个环节及四个层次的主要研究变量，初步揭示了四个不同层次变量间的作用关系，并没有选取调节变量加入不同层次变量间进行分析探讨，具有一定的局限性。目前，已有学者初步探讨了产品类型在信息内容呈现对消费者内在状态影响关系中的调节作用（廖以臣，2012）；同时，消费者涉入程度、消费者商品熟悉程度以及消费者自身的各种能力等也会对品牌信息内容呈现和消费者的社会临场感、愉悦感和信任感关系产生不同的影响。因此，本研究在这一方面也存在一定的局限性。

（四）本研究所收集数据样本也存在着一定的局限性。笔者虽然尽可能地收集问卷，并希望可以覆盖到各行各业和各个年龄层次的消费者，但网络购物本身参与的年轻人较多，使部分年龄稍长并没有进行过网络购物的人填写的问卷被判定为无效问卷。同时，数据样本容量也不够庞大，仅为558份，对调查问卷中题项的测试可能存在着一定的偏差。因此，本研究在这一方面存在着一定的局限性。

（五）本研究操控方面也存在一定的局限。本研究调查的是在线商户商品信息呈现对消费者购买意愿影响的研究，主要讨论的是商户商品信息呈现都有怎么样的方式。在消费者最终决定购买某个产品时，除了考虑自身对信息的态度和情感因素之外，还要受到传播信息受众的影响，如受众的规模等因素。但在进行正式问卷设计时，并没有对这一调查情境进行很好的操控，这也是本研究的一大缺憾之处。

7.2.2　研究展望

本研究的结论能够为下一步的研究工作提供理论基础，可以从以下几点进行进一步的研究：

（一）推进在线商户商品信息呈现对消费者购买意愿影响的相关研究。本研究仅基于社会临场感视角对在线商户商品信息呈现形式和内容进行了讨论。未来可以扩大研究层面，从消费者利益、消费者感知、商户利益、消费者与商户关系等多视角进行探讨和研究。

（二）对消费者社会临场感可以影响的消费者情感体验进行进一步的研究。本研究对社会临场感的讨论还处于比较初级的阶段，社会临场感还包括了哪些更深层次的情感？社会临场感还能引发哪些情感的产生以及哪些信息刺激还可以激发消费者的社会临场感，在本文中都没有更深入的讨论。同时，本文也没有对社会临场感进行更加细化的情感分类，社会临场感是否还存在更多的特点，比如，在线临场感、间接临场感和社会临场感的关系，等等。本研究仅采用了愉悦感和信任感两个变量来说明消费者情感体验，后续研究中可以加入诸如消费者唤起、满意、感知风险等变量继续研究。

（三）加入调节变量。本研究考虑到模型的复杂性并没有加入调节变量，但是在现实中，消费者在线购物是受到许多因素潜移默化的影响的，加入调节变量对研究的有效性有着进一步的提高。在线购物受到许多消费者自身因素的影响，最简单的比如年龄、职业，等等，都可能作为调节变量出现在消费者购物的各个环节中，潜移默化地影响着消费者的购物过程，本文后续加入的调节变量目前考虑为商品熟悉度、商品品牌涉入度，等等。

（四）努力拓展样本数量，提高样本覆盖的人群，使样本数据更具有说服力。同时也可采用实验研究的方法，通过对控制变量进行严格的操控，深入研究各个变量之间的关系。通过不同的研究方法，并将获得的研究结论与本研究的结论进行对比，从而验证本研究结果的正确性或提出意见。

（五）扩展研究情境，以进一步验证本研究模型的有效性。本研究的数据收集是在街头进行的。以后可以把模型拿到其他网络平台进行验证，或者通过多个移动网络平台进行数据收集，通过不同的问卷收集背景，来对研究模型进一步验证，以确保研究具有更普遍的适用性。

（六）本研究是从消费者个体视角，研究消费者的购买意愿。事实上，若要有效提升在线商户商品信息呈现的水平和在线商户商品信息的管理能力，仅仅从消费者的角度出发寻找解决办法是无法从根本上解决企业存在的问题的，还要从企业的视角出发，站在企业的高度，科学系统地开展相关研究。因此，未来的研究还可以从企业视角出发，从企业层面研究哪些能够帮助商户更好地完成商品信息呈现，及商品信息管理的问题，最终目的是解决与消费者的在线沟通问题。

参 考 文 献

[1] Preecf J, Nonnecke B, Andrews D. The top five reasons for lurking: improving community experiences for everyone [J]. Computers in Human Behavior, 2004, 20 (2): 201 –223.

[2] Nielsen J. Designing web usability: The practice of simplify [M]. Indianapolis Indiana: New Riders Publishing , 2000.

[3] Romm C, Pliskin N, Clarke R. Virtual communities and society: Toward an integrative three phase model [J]. International Journal of Information Management the Journal for Information Professionals, 1997, 17 (4): 261 –270.

[4] 赵晓煜, 曹忠鹏, 李慢. 购物网站中的社会线索与顾客行为意向的关系研究 [C]. 2010.

[5] 廖以臣. 信息内容呈现对消费者在线信任的影响——以C2C网上商店为例 [J]. 经济管理, 2012 (2): 159 –165.

[6] 廖以臣, 翟沁丽, 严思怡. 内容重要还是形式重要——企业在线分享视频广告的分享扩散研究 [J]. 中国地质大学学报 (社会科学版), 2015, 15 (2): 113 –121.

[7] 鲁晓明, 王博文, 詹刘寒. 淘宝网商品信息组织分析 [J]. 图书情报工作, 2013 (s2): 244 – 248.

[8] Robert L P, Dennis A R. Paradox of richness: a cognitive model of media choice [J]. IEEE Transactions on Professional Communication, 2005, 48 (1): 10 –21.

[9] Daft R L, Lengel R H. Information richness: A new approach to managerial behavior and organizational design. [J]. Research in Organizational Behavior, 1983, 6 (1): 191 –233.

[117] Osei Appiah Ph. D. Rich Media, Poor Media: The Impact of Audio/Video vs. Text/Picture Testimonial Ads on Browsers 'Evaluations of

Commercial Web Sites and Online Products ［J］. Journal of Current Issues & Research in Advertising, 2006, 28 (1): 73 – 86.

［11］ Lu Y, Dou X, Kumar S. Using Media Richness and Interactivity in Website Design: Promoting Physical Activity Among College Students ［J］. Computers in Human Behavior, 2011, 41: 40 – 50.

［12］刘顺忠. 在线客服沟通方式和商品特征对顾客网络购物意向影响的研究 ［J］. 消费经济, 2015 (4): 30 – 34.

［13］ Dennis A R. Rethinking media richness: Towards a theory of media synchronicity ［C］ // Hawaii International Conference on System Sciences. IEEE Computer Society, 1999.

［14］闵庆飞, 张克亮, 王建军. MST 视角的 GVT 沟通影响因素案例研究 ［J］. 管理案例研究评论, 2013, 6 (05): 380 – 392.

［15］ Parise S, Kiesler S, Sproull L, et al. Cooperating with life – like interface agents ［J］. Computers in Human Behaviour, 1999, 15 (2): 123 – 142.

［16］ Shannon C E, Weaver W, Wiener N. The Mathematical Theory of Communication ［M］. s. n., 1949.

［17］ Hovland CI. Social Communication ［J］. Proceedings of the American Philosophical Society, 1948, 92 (5): 371 – 375.

［18］ Hovland, CarlIver. Communication and persuasion ［M］. 北京: 中国传媒大学出版社, 2013.

［19］ Duncan T, Moriarty S E. A Communication – Based Marketing Model for Managing Relationships ［J］. Journal of Marketing, 1998, 62 (2): 1 – 13.

［20］章晶晶. 网络环境下口碑再传播意愿的影响因素研究 ［D］. 浙江大学, 2007.

［21］王真真. 中国旅游在线评论对旅游消费者购买决策影响的实证研究 ［D］. 北京第二外国语学院, 2012.

［22］ Cheung C M K, Thadani D R. The impact of electronic word – of – mouth communication: A literature analysis and integrative model ［J］. Decision Support Systems, 2012, 54 (1): 461 – 470.

［23］ Hovland CI, Weiss W. The Influence of Source Credibility on Communication Effectiveness ［J］. Educational Technology Research and

Development, 1953, 15 (2): 142 – 143.

[24] Berlo DK, Lemert JB, Mertz RJ. Dimensions for Evaluating the Acceptability of Message Sources [J]. Public Opinion Quarterly, 1969, 33 (4): 563 – 576.

[25] Lowry PB, Wilson DW, Haig WL. A Picture Is Worth a Thousand Words: Source Credibility Theory Applied to Logo and Website Design for Heightened Credibility and Consumer Trust [J]. International Journal of Human – computer Interaction, 2014, 30 (1): 63 – 93.

[26] Kelman HC. Process of Opinion Change [J]. Public Opinion Quarterly, 1961, 25 (1): 57 – 78.

[27] White JD, Tashchian A, Ohanian R. An Exploration Into the Scaling of Consumer Confidence: Dimensions, Antecedents, and Consequences [J]. Journal of Social Behavior & Personality, 1991, 6 (3): 509 – 528.

[28] Petty RE, Cacioppo JT. Communication and Persuasion: Central and Peripheral Routes to Attitude Change [J]. American Journal of Psychology, 1986, 101 (1): 113 – 128.

[29] Simpson EK, Kahler RC. A Scale for Source Credibility, Validated in the Selling Context [J]. Journal of Personal Selling and Sales Management, 1981, 1 (1): 17 – 25.

[30] Desarbo WS, Harshman RA. Celebrity – brand Congruence Analysis [J]. Journal of Current Issues & Research in Advertising, 2012, 8 (1): 17 – 52.

[31] Petty R E , Cacioppo J T . The Elaboration Likelihood Model of Persuasion [J]. Advances in Experimental Social Psychology, 1986 (19): 123 – 205.

[32] Angst C M , Agarwal R . Adoption of electronic health records in the presence of privacy concerns: The elaboration likelihood model and individual persuasion [J]. Mis Quarterly, 2009, 33 (2): 339 – 370.

[33] Goha D, Chib J. Central or peripheral? Information elaboration cues on childhood vaccination in an online parenting forum [J]. Computers in Human Behavior, 2017 (69): 181 – 188.

[34] Baek H, Ahn J H, Choi Y. Helpfulness of online consumer re-

view: Readers' objectives and review cues [J]. International Journal of E-lectronic Commerce, 2012, 17 (2): 99 – 126.

[35] Huang S L , Lin F R , Yuan Y . Understanding Agent – Based On – Line Persuasion and Bargaining Strategies: An Empirical Study [J]. International Journal of Electronic Commerce, 2006, 11 (1): 85 – 115.

[36] 腾艳杨. 社会临场感研究综述 [J]. 现代教育技术, 2013, 23 (3): 64 – 70.

[32] Parker E B, Short J, Williams E, et al. The Social Psychology of Telecommunication [J]. Contemporary Sociology, 1978, 7 (1): 32.

[129] Walther J B. Relational Aspects of Computer – Mediated Communication: Experimental Observations over Time [J]. Organization Science, 1995, 6 (2): 182 – 203.

[39] Heeter C. Reflections on Real Presence by a Virtual Person [J]. Presence, 2003, 12 (4): 335 – 345.

[40] L Rourke , T Anderson , DR Garrison , W Archer Asseising Social Presence I n Asynchronous Text – based Computer Conferencing. [J]. Journal of Distance Education, 2001, 14 (3): 51 – 70.

[41] Lowenthal P R. The evolution and influence of social presence theory on onlineA learning. [M]. Social Computing Concepts Methodologies Tools & Applications, 2010: 124 – 139.

[42] Garrison D R, Anderson T, Archer W. Critical Inquiry in a Text – Based Environment: Computer Conferencing in Higher Education [J]. Internet & Higher Education, 1999, 2 (2 – 3): 87 – 105.

[43] P Rogers, M Lea. Social presence in distributed group environments: The role of social identity [J]. Behaviour & Information Technology, 2005, 24 (2): 151 – 158.

[44] Tu C H. The Measurement of Social Presence in an Online Learning Environment [C] // 2002.

[45] Tu C H. On – line learning migration: from social learning theory to social presence theory in a CMC environment [J]. Journal of Network & Computer Applications, 2000, 23 (1): 27 – 37.

[46] Biocca F, Harms C, Gregg J. The Networked Minds Measure of Social Presence: Pilot Test of the Factor Structure and Concurrent Validity

［J］. Interface & Network Design Lab，2001.

［47］G Riva，G Castelnuovo，A Gaggioli，Mantovani Towards a cultural approach to presence. Paper presented at the presence 2002，Porto，Portugal，2002.

［48］Shen K N，Khalifa M. Exploring multi－dimensional conceptualization of social presence in the context of online communities ［C］. International Conference on Human－Computer Interaction：Applications and Services. Springer－Verlag，2007：999－1008.

［49］Kumar N，Benbasat I. Para－Social Presence and Communication Capabilities of a Web Site：A Theoretical Perspective ［J］. E－Service，2002，1（3）：5－24.

［50］徐琦. 虚拟学习社区中的社会存在感研究 ［D］. 曲阜师范大学，2006.

［51］王广新. 网络课程论坛内社会临场感的结构与影响因素 ［J］. 电化教育研究，2008（11）：48－52.

［52］Choi J，Hong J L，Yong C K. The Influence of Social Presence on Evaluating Personalized Recommender Systems ［C］. Pacific Asia Conference on Information Systems，Pacis 2009，Hyderabad，India，July. DBLP，2009：49.

［53］周菲，李小鹿. 社会临场感对网络团购消费者再购意向影响研究 ［J］. 辽宁大学学报（哲学社会科学版），2015，43（4）：113－121.

［54］Mehrabian A，Russell J A. An approach to environmental psychology ［M］. MIT，1974.

［55］Eroglu S A，Machleit K A，Davis L M. Atmospheric qualities of online retailing：A conceptual model and implications ［J］. Journal of Business Research，2001，54（2）：177－184.

［56］Hsu H Y，Tsou H T. The effect of website quality on consumer emotional states and repurchases intention ［J］. African Journal of Business Management，2011，5（15）：6195－6200.

［57］陈力丹. 舆论学：舆论导向研究 ［M］. 上海：交通大学出版社，2012.

［58］Jacoby J. The emerging behavioral process technology in consumer decision – making research ［J］. Advances in Consumer Research, 1977.

［59］Resnik A, Stern B L. An Analysis of Information Content in Television Advertising ［J］. Journal of Marketing, 1977, 41 (1): 50 –53.

［60］邱毓频. 资讯丰富度对网路购物意愿之研究 ［D］. 台湾: 台湾交通大学传播研究所, 2001.

［61］GAO Y. Linking information content, presentation attributes, and system design features with consumer attitudes in hypermedia commercial presentations ［D］. New York: City University of New York, 2002.

［62］马翠嫦. B2C 网站信息呈现与顾客信息搜寻关系研究 ［J］. 现代图书情报技术, 2007, 2 (4): 21 –27.

［63］Holbrook M B, Batra R. Assessing the Role of Emotions as Mediators of Consumer Responses to Advertising ［J］. Journal of Consumer Research, 1987, 14 (3): 404 –20.

［64］段涛、周洁如. 社交网品牌社区信息发布互动性对用户品牌认知的影响 ［J］. 西南民族大学学报 (自然科学版), 2015, 41 (2): 256 –260.

［65］张梦雪. 在线沟通与消费者线上购买意愿的关系研究 ［J］. 商, 2016 (19).

［66］邱长波, 孙凯, 古安伟. 移动互联网环境下品牌信息内容呈现对消费者参与影响的理论模型研究 ［J］. 图书情报工作, 2016 (10): 40 –46.

［67］郑春东, 胡慧莹, 韩晴. 网上商店产品展示研究综述——基于对 SOR 模型的拓展 ［J］. 大连海事大学学报 (社科版), 2016, 15 (1): 62 –68.

［68］Holbrook M B, Hirschman E C. The experiential aspects of consumption: Consumer fantasies, feelings, and fun. ［J］. Journal of Consumer Research, 1982, 9 (2): 132 –140.

［69］B. 约瑟夫·派恩, 詹姆斯H. 吉尔摩, 派恩, 等. 体验经济 ［M］. 北京: 机械工业出版社, 2016.

［70］B. 约瑟夫·派恩, 詹姆斯H. 吉尔摩, 派恩, 等. 体验经济 ［M］. 北京: 机械工业出版社, 2016.

［71］Schmitt B H. Experiential Marketing : How to get Customers to

Sense, Feel, Think, Act and Relate to your Company and Brands [M].
New York：1999.

　[72] Mcluhan B, Robert. Go Live with a Big Brand Experience [J].
Marketing, 2000：45 –46.

　[73] Meyer C, Schwager A. Understanding customer experience [J].
Harvard Business Review, 2007, 85（2）：116.

　[74] 裴娣娜. 发展性教学论 [M]. 沈阳：辽宁人民出版
社, 1998.

　[75] 朱世平. 体验营销及其模型构造 [J]. 商业经济与管理,
2003（5）：25 –27.

　[76] 梁健爱. 基于消费者体验的营销对策探讨 [J]. 广西社会科
学, 2004（9）：45 –47.

　[77] 廖以臣. 消费体验及其管理的研究综述 [J]. 经济管理,
2005（14）：43 –50.

　[78] 刘建新, 孙明贵. 顾客体验的形成机理与体验营销 [J]. 财
经论丛（浙江财经大学学报）, 2006（3）：95 –101.

　[79] 孟昭兰. 情绪心理学. 北京：北京大学出版社 [M]. 2005.

　[80] 龚健. 基于当代营销模式下的产品体验价值评价体系研究
[D]. 湖南大学, 2008.

　[81] Hirschman E, Holbrook M. Hedonic consumption：emerging
concepts, methods, and propositions [J]. Journal of marketing, 1982, 46
（summer）：92 –101.

　[82] Jarvenpaa SL, Todd PA. Is there a future for retailing on the in-
ternet? In Peterson. R. A（Ed.）Electronic Marketing and the consumer
[C]. sage, Thousand Oaks, CA, 1997.

　[83] Russell J, Cohn R. Usability [M]. Stoughton：Book on De-
mand Ltd, 2012

　[84] Ezeh C, Harris L C. Servicescape research：a review and a re-
search agenda [J]. The Marketing Review, 2007, 7（1）：59 –78.

　[85] Russell J A, Ward L M, Pratt G. Affective quality attributed to
environment：A factor analytic study [J], Environment and Behavior,
1981, 13（3）：259 –288.

　[86] Granovetter, Mark. Economic Action and Social Structure：The

Problem of Embeddedness ［J］. American Journal of Sociology, 1985, 91 (3): 481 –510.

［87］Hosmer L T. Trust: The Connecting Link between Organizational Theory and Philosophical Ethics ［J］. The Academy of Management Review, 1995, 20 (2): 379 –403.

［88］Lewicki & Bunker, 1995: Lewicki R J, Bunker B B. Trust in relationships: A model of development and decline. ［C］// B B Bunker & J Z Rubin, Conflict, Cooperation & Justice. 1995.

［89］GEFEN D, KARAHANNA E, STRAUB D W. Trust and TAM in online shopping: an integrated model ［J］. Mis Quarterly, 2003, 27 (1): 51 –90.

［90］ZAFEIROPOULOU A M. A paradox of privacy: unravelling the reasoning behind online location sharing ［D］. University of Southampton, 2014.

［91］SALO J, KARJALUOTO H. A conceptual model of trust in the online environment ［J］. Online Information Review, 2007, 31 (5): 604 –621.

［92］VENKATESH V, MORRIS M G, DAVIS G B, et al. User acceptance of information technology: toward a unified view ［J］. Mis Quarterly, 2003, 27 (3): 425 –478.

［93］马戎. "差序格局" ——中国传统社会结构和中国人行为的解读 ［J］. 北京大学学报 (社会科学版), 2007, 44 (2): 131 –142.

［94］费孝通. 乡土中国 ［M］. 北京: 中华书局, 2013: 24 –33.

［95］钱穆. 晚学盲言 ［M］. 桂林: 广西师范大学出版社, 2004: 178 –187.

［96］聂勇浩, 罗景月. 感知有用性、信任与社交网站用户的个人信息披露意愿 ［J］. 图书情报知识, 2013 (5): 89 –97

［97］贺爱忠, 李钰. 商店形象对自有品牌信任及购买意愿影响的实证研究 ［J］. 南开管理评论, 2010 (02): 81 –91.

［98］张琦, 钱晓, 谭晨晨. 无人经济背景下消费者临场感及消费信任机制研究 ［J］. 电子商务, 2019 (10): 37 –39

［99］金晓玲, 田一伟. 共享经济下消费者信任和不信任的形成机制——基于结构方程模型和模糊集定性比较方法 ［J］. 技术经济,

2019, 38 (08): 99 – 107.

[100] 沈鹏熠, 范秀成. 在线零售商营销道德、购物体验与顾客行为倾向研究 [J]. 大连理工大学学报 (社会科学版), 2016, 37 (3): 70 – 76.

[101] Hoffman D L, Novak T P. Marketing in hypermedia computer – mediated environments: Conceptual foundations. [J]. Journal of Marketing, 1996, 60 (3): 50 – 68.

[102] Koufaris M. Applying the Technology Acceptance Model and Flow Theory to Online Consumer Behavior [J]. Information Systems Research, 2002, 13 (2): 205 – 223.

[103] 常润芳. B2C 服装电子商务沉浸感提升策略研究 [D]. 哈尔滨工业大学, 2010.

[104] 陈洁, 丛芳, 康枫. 基于心流体验视角的在线消费者购买行为影响因素研究 [J]. 南开管理评论, 2009, 12 (2): 132 – 140.

[105] 詹思汗, 陈丽清, 张诗臻. 消费者心流体验对购买意愿的影响——基于品牌信任的中介效应 [J]. 经营与管理, 2013 (11): 99 – 103.

[106] Gentile C, Spiller N, Noci G. How to Sustain the Customer Experience: An Overview of Experience Components that Co – create Value With the Customer [J]. European Management Journal, 2007, 25 (5): 395 – 410.

[107] Eagly A H, Chaiken S. The psychology of attitudes. [M]. The psychology of attitudes. Harcourt Brace Jovanovich College Publishers, 1993.

[108] Ajzen I, Driver B L. Application of the theory of planned behavior to leisure choice. [J]. Journal of Leisure Research, 1992, 24 (3): 207 – 224.

[109] M Fishbein, I Ajzen. Believe, Attitude, Intention and Behavior: An introduction to Theory and Research [M]. Reading, Mass: Addison – wesley Rab. Co., 1975: 3 – 7.

[110] Burke J J, Klein R R, Mullet J E. Accumulation of Heat Shock Proteins in Field – Grown Cotton [J]. Plant Physiology, 1985, 78 (2): 394 – 8.

[111] Dodds W B, Monroe K B, Grewal D. Effects of price, brand,

and store information on buyers´product evaluations. ［J］. Journal of Marketing Research, 1991, 28（3）: 307 – 319.

［112］朱智贤. 关于思维心理研究的几个基本问题［J］. 北京师范大学学报, 1984（1）: 1 – 7.

［113］韩睿, 田志龙. 促销类型对消费者感知及行为意向影响的研究［J］. 管理科学, 2005, 18（2）: 85 – 91.

［114］冯建英, 穆维松, 傅泽田. 消费者的购买意愿研究综述［J］. 现代管理科学, 2006（11）: 7 – 9.

［115］Everard A, Galletta D F. How Presentation Flaws Affect Perceived Site Quality, Trust, and Intention to Purchase from an Online Store.［J］. Journal of Management Information Systems, 2005, 22（3）: 56 – 95.

［116］Liu C, Arnett K P. Exploring the factors associated with Web site success in the context of electronic commerce［M］. Amsterdam: Elsevier Science Publishers B. V. 2000.

［117］Heijden H V D, Verhagen T, Creemers M. Understanding online purchase intentions: contributions from technology and trust perspectives［J］. European Journal of Information Systems, 2003, 12（1）: 41 – 48.

［118］Wan H A. Opportunities to enhance a commercial website［J］. Information & Management, 2000, 38（1）: 15 – 21.

［119］Heijden H V D. Factors influencing the usage of websites: the case of a generic portal in The Netherlands［M］. Amsterdam: Elsevier Science Publishers B. V. 2003.

［120］Tarafdar M, Zhang J J. Analyzing the Influence of Website Design Parameters on Website Usability［J］. Information Resources Management Journal, 2005, 18（4）: 62 – 80.

［121］Corritore C L, Kracher B, Wiedenbeck S. On – line trust: concepts, evolving themes, a model［J］. International Journal of Human – Computer Studies, 2003, 58（6）: 737 – 758.

［122］Zviran M, Glezer C, Avni I. User satisfaction from commercial web sites: The effect of design and use［J］. Information & Management, 2006, 43（2）: 157 – 178.

［123］Kim J, Fiore A M, Lee H H. Influences of online store perception, shopping enjoyment, and shopping involvement on consumer patronage behavior towards an online retailer ☆ [J]. Journal of Retailing & Consumer Services, 2007, 14 (2): 95 – 107.

[124] Chen M Y, Teng C I. A comprehensive model of the effects of online store image on purchase intention in an e – commerce environment [J]. Electronic Commerce Research, 2013, 13 (1): 1 – 23.

[125] 欧阳文静. 网络与实体店铺印象维度 – 感知信任及购买意愿的比较 [J]. 中国流通经济, 2013 (11).

[126] Kuan – Pin Chiang. Effects of price product type and convention on consumer intention to shop online [C]. American Marketing Association. Conference Proceedings. 2001: 12, 163 – 169.

[127] Bart Y, Shanker V, Sultan F&Urban G L. Are the Drivers and Role of Online Trust the Same for all Web Sites and Consumers? A Large Scale Exploratory Empirical Study. [J]. Journal of Marketing, 69 (4), 133 – 152.

[128] Wujin Chu, Beomjoon Choi, Mee Ryoung Song. The Role of On – line Retailer Brand and Infomediary Reputation in Increasing Consumer Purchase Intention [J]. International Journal of Electronic Commerce, 2005, 9 (3): 115 – 127.

[129] Wong J, Law R. Analysing the intention to purchase on hotel websites: a study of travellers to Hong Kong [J]. International Journal of Hospitality Management, 2005, 24 (3): 311 – 329.

[130] Iwaarden J V, Wiele T V D, Ball L, et al. Perceptions about the quality of web sites: a survey amongst students at Northeastern University and Erasmus University [J]. Information & Management, 2004, 41 (8): 947 – 959.

[131] Urban G L, Sultan F&Qualls W J. Placing trust at the center of your Internet strategy [J]. Sloan Manage Rev, 2000 (42): 39 – 48.

[132] M Limayem, CMK Cheung, GWW. Chan A Meta – Analysis of Online Consumer Behavior Empirical Research [C] Paper in 8th AIM Conference, May 21st and 23rd, Grenoble, France, 2003.

[133] Gefen D, Karahanna E, Straub D W. Trust and TAM in On-line Shopping: An Integrated Model [J]. Mis Quarterly, 2003, 27 (1):

51 – 90.

[134] Kim D, Ferrin D, Rao R. a trust – based consumer decision – making model in electronic commerce [J]. Decision Support Systems, 2008, 44 (2): 544 – 564.

[135] Boshoff C, Schlechter C, Ward S. The mediating effect of brand image and information search intentions on the perceived risks associated with online purchasing on a generically – branded website [J]. Management Dynamics Journal of the Southern African Institute for Management Scientists, 2009.

[136] Korzaan M L, Boswell K T. The Influence of Personality Traits and Information Privacy Concerns on Behavioral Intentions [J]. Journal of Computer Information Systems, 2008, 48 (4): 15 – 24.

[137] Hausman A V, Siekpe J S. The effect of web interface features on consumer online purchase intentions [J]. Journal of Business Research, 2009, 62 (1): 5 – 13.

[138] 陈娅. C2C 网上商店形象对消费者购买意愿的影响研究 [D]. 重庆大学, 2008.

[139] 范晓屏, 马庆国. 基于虚拟社区的网络互动对网络购买意向的影响研究 [J]. 浙江大学学报: 人文社会科学版, 2009 (5): 149 – 157.

[140] 唐馥馨. 网店装修对消费者购买意愿的影响 [D]. 浙江大学, 2012.

[141] 徐小龙. 虚拟社区对消费者购买行为的影响——一个参照群体视角 [J]. 财贸经济, 2012 (02): 116 – 125.

[142] 左文明, 王旭, 樊偿. 社会化电子商务环境下基于社会资本的网络口碑与购买意愿关系 [J]. 南开管理评论, 2014 (4): 40 – 150.

[143] 张明立, 涂剑波. 虚拟社区共创用户体验对用户共创价值的影响 [J]. 同济大学学报 (自然科学版), 2014 (7): 1140 – 1146.

[144] 郭海玲, 赵颖, 史海燕. 电商平台短视频信息展示对消费者购买意愿的影响研究 [J]. 情报理论与实践, 2019, 42 (05): 141 – 147.

[145] 赵保国, 赵昱. 微博的信息瀑布对消费者购买意愿的影响

［J］. 图书情报工作, 2018, 62 (S1): 96 - 100.

［146］卢云帆, 鲁耀斌, 林家宝. 在线沟通对顾客网上购买决策影响的实证研究［J］. 图书情报工作, 2012, 56 (12): 130 - 137.

［147］范晓屏. 基于虚拟社区的网络互动对网络购买行为的影响研究［D］. 浙江大学, 2007.

［148］林振旭. 网站特性与风险认知对消费者网络购买意愿影响之研究［D］. 复旦大学, 2007.

［149］张建. 网站质量对顾客购买意愿影响的实证研究——基于顾客信任的视角［D］. 吉林大学, 2009.

［150］王娜. 基于我国市场环境下消费者网络购物影响因素分析［D］. 吉林大学, 2009.

［151］潘煜, 张星, 高丽. 网络零售中影响消费者购买意愿因素研究——基于信任与感知风险的分析［J］. 中国工业经济, 2010 (7): 115 - 124.

［152］Laurie A B, Alvin CB. Effects of Print Ad Pictures and Copy Containing Instructions to Imagine on Mental Imagery That Mediates Attitudes ［J］. Journal of Advertising, 1997, 26 (3): 33 - 44.

［153］Townsend C, Kahn B E. The "Visual Preference Heuristic": The Influence of Visual versus Verbal Depiction on Assortment Processing, Perceived Variety, and Choice Overload ［J］. Journal of Consumer Research, 2014, 40 (5): 993 - 1015.

［154］Shneiderman B, Bederson B B. The Craft of Information Visualization: Readings and Reflections ［M］. San Francisco: Morgan Kaufmann Publishers Inc., 2003.

［155］谭章禄, 方毅芳, 吕明, 等. 信息可视化的理论发展与框架体系构建［J］. 情报理论与实践, 2013, 36 (1): 16 - 19.

［156］Li Q, Huang Z, Christianson K. Visual attention toward tourism photographs with text: An eye - tracking study ［J］. Tourism Management, 2016 (54): 243 - 258.

［157］Liu Y. Developing a Scale to Measure the Interactivity of Websites ［J］. Journal of Advertising Research, 2003, 43 (2): 207 - 216.

［158］Novak T P, Hoffman D L, Yung Y F. Measuring the Customer Experience in Online Environments: A Structural Modeling Approach ［J］.

Marketing Science, 2000, 19 (1): 22 –42.

[159] 李光明, 蔡旺春. 基于网站特性的在线购物体验研究 [J]. 中国流通经济, 2015 (11): 96 –104.

[160] Short J, Williams E, Christie B. The Social Psychology of Telecommunications [J]. Contemporary Sociology, 1978, 7 (1): 32.

[161] 于婷婷, 窦光华. 社会临场感在网络购买行为研究中的应用 [J]. 国际新闻界, 2014 (5): 133 –146.

[162] Biocca F, Harms C, Burgoon J K. Toward a More Robust Theory and Measure of Social Presence: Review and Suggested Criteria [J]. Presence: Teleoperators and Virtual Environments, 2003, 12 (5): 456 –480.

[163] Westbrook R A, Oliver R L. The Dimensionality of Consumption Emotion Patterns and Consumer Satisfaction [J]. Journal of Consumer Research, 1991, 18 (1): 84 –91.

[164] 唐小飞, 周庭锐, 陈淑青. 中国市场关系投资对顾客忠诚影响的实证研究——来自四川、云南和浙江三省酒店业顾客赢回管理的研究 [J]. 中国工商管理研究前沿, 2008 (1).

[165] Mehrabian A. Basic Dimensions for a General Psychological Theory [J]. 1980.

[166] 于端晓. 在线购物体验对顾客购买意愿的影响研究 [D]. 南京财经大学, 2013.

[167] Sautter P, Hyman M R, Lukosius V. E – tail atmospherics: A critique of the literature and model extension [J]. Journal of Electronic Commerce Research, 2004, 5 (1): 14 –24.

[168] Mehrabian A, Russell L J. An approach to environmental psychology[M]. Cambridge, MA, USA and London, UK: MIT Press, 1974.

[169] Donovan R J, Rossiter J R. Store atmosphere and purchasing behavior [J]. Journal of Retailing, 1994, 70 (3): 283 –294.

[170] Bitner M J. Servicescapes: the impact of physical surroundings on customer and employees [J]. Journal of Marketing, 1992, 56 (4): 57 –71.

[171] Kim J H, Kim M, Kandampully J. Buying environment characteristics in the context of e – service [J]. European Journal of Marketing,

2009, 43（9/10）：1188 –1204.

［172］赵晓煜，曹忠鹏. 享乐型服务的场景要素与顾客行为意向的关系研究 ［J］. 管理科学，2010，23（4）：48 –57.

［173］范静，万岩，黄柳佳. 基于刺激 – 机体 – 响应（SOR）理论的推荐者社交网站效果研究 ［J］. 上海管理科学，2014，36（2）：51 –54.

［174］Wang L C, Baker J, Wagner J A, et al. Can a Retail Web Site Be Social ［J］. Journal of Marketing, 2013, 71（3）：143 –157.

［175］Fortin D R, Dholakia R R. Interactivity and vividness effects on social presence and involvement with a web – based advertisement ［J］. Journal of Business Research, 2005, 58（3）：387 –396.

［176］Cyr D, Hassanein K, Head M, et al. The role of social presence in establishing loyalty in e – Service environments ［J］. Interacting with Computers, 2007, 19（1）：43 –56.

［177］Gunawardena C N. Social Presence Theory and Implications for Interaction Collaborative Learning in Computer Conferences ［C］. International Journal of Educational Telecommunications. 1995.

［178］Gefen D, Straub D W. Managing User Trust in B2C e – Services ［J］. e – Service Journal, 2003, 2（2）：7 –24.

［179］Gefen D, Straub D W. Consumer trust in B2C e – Commerce and the importance of social presence：experiments in e – Products and e – Services ［J］. Omega, 2004, 32（6）：407 –424.

［180］LingyunQ, Dong L. Applying TAM in B2C E – Commerce Research：An Extended Model ［J］. 清华大学学报自然科学版（英文版），2008, 13（3）：265 –272.

［181］Hassanein K, Head M, Ju C. A cross – cultural comparison of the impact of Social Presence on website trust, usefulness and enjoyment ［J］. International Journal of Electronic Business, 2009, 7（6）：625 –641.

［182］Crotts J C, Magnini V P. The customer delight construct：is surprise essential ［J］. Annals of Tourism Research, 2011, 38（2）：719 –722.

［183］陈阳. 购物网站中的社会线索与顾客行为意愿的关系研究

［D］．东北大学，2011．

　　［184］尚林．B2B 客户推荐意愿影响因素研究——基于关系营销理念和社会交换理论［J］．理论与改革，2015（4）：102－106．

　　［185］Kahneman D, Tversky . Prospect Theory : An Analysis Of Decision Under Risk［J］．Econometrica，1979，47（2）：263－291．

　　［186］Sherman E, Mathur A, Smith R B. Store environment and consumer purchase behavior：Mediating role of consumer emotions［J］．Psychology & Marketing，1997，14（4）：361－378．

　　［187］袁荃．社会研究方法［M］．武汉：湖北科学技术出版社，2012．

　　［188］许正良．管理研究方法［M］．长春：吉林大学出版社，2004．

　　［189］Jiang Z. , Benbasat I. . Research Noteinvestigatingthe Influence of the Functional Mechanisms ofOnline Product Presentations［J］．Information Systems Re-search，2007，18（4）：454－470．

　　［190］廖以臣．信息内容呈现对消费者在线信任的影响——以 C2C 网上商店为例［J］．经济管理，2012（2）：159－165．

　　［191］Hassanein K. , Head M. . Manipulating PerceivedSocial Presence Through the Web Interface and Its Impact onAttitude Towards Online Shopping［J］．International Journal ofHuman－Computer Studies，2007，65（8）：689－708．

　　［192］McKnight, Harrison D, Choudhury, et al. Trust in e－commerce vendors：a two－stage model［J］．2000．

　　［193］Mcknight D H, Choudhury V, Kacmar C. Developing and Validating Trust Measures for e－Commerce：An Integrative Typology［J］．Information Systems Research，2002，13（3）：334－359．

　　［194］王全胜，郑称德，周耿．B2C 网站设计因素与初始信任关系的实证研究［J］．管理学报，2009，6（4）：495．

　　［195］Pavlou P A, Fygenson M. Understanding and Predicting Electronic Commerce Adoption：An Extension of the Theory of Planned Behavior［J］．Mis Quarterly，2006，30（1）：115－143．

　　［196］Shepherdc J, Vincent C. Interviewer－Respondent interactions in CATI interviews［C］．Proceedings of the Annual Research Conference.

Bureau of the Census, 1991: 523 –536.

［197］Devellis R F. A consumer's guide to finding, evaluating, and reporting on measurement in struments ［J］. Arthritis Care and Research, 1996 (9): 239 –245.

［198］Lederer A L, Sethi V. Critical Dimensions of Strategic Information Systems Planning ［J］. Decision Sciences, 1991, 22 (1): 104 –119.

［199］Schumacker R. E. LomaxR. G. A beginner's guide to structural equation modeling. Mahwah, ［M］. NJ: Lawrence Erlbaum Associates , 1996.

［200］Mueller RO. Structural Equation Modeling: Back to Basics ［J］. Structural Equation Modeling a Multidisciplinary Journal, 1997, 4 (4): 353 –369.

［201］黄芳铭. 结构方程模式: 理论与应用 ［M］. 北京: 中国税务出版社, 2005.

［202］Kline Rex. Principles and Practice of Structural Equation Modeling (Third ed.) ［M］. NY: Guilford Press, 2011.

［203］Hancock GR. Fortune Cookies, Measurement Error, and Experimental Design ［J］. Journal of Modern Applied Statistical Methods, 2003, 2 (2): 293 –305.

［204］Kline RB. Software Review: Software Programs for Structural Equation Modeling: Amos, Eqs, andLisrel ［J］. Journal ofPsychoeducational Assessment, 1998, 16 (4): 343 –364.

［205］Preacher K J, Hayes A F. SPSS and SAS procedures for estimating indirect effects in simple mediation models ［J］. Behavior Research Methods Instruments & Computers, 2004, 36 (4): 717 –731.

［206］陈瑞, 郑毓煌, 刘文静. 中介效应分析: 原理、程序、Bootstrap 方法及其应用 ［J］. 营销科学学报, 2013 (4): 120 –135.

附录：调查问卷

在线商户商品信息呈现对消费者
购买意愿影响的调查

I 总体介绍

尊敬的女士、先生：

您好！感谢您百忙之中抽出时间参与本次调研。

本调查用于研究在线商户信息呈现对消费者购买意愿的影响，调查所得资料仅用于撰写博士论文，内容将被绝对保密。您不必在调查中表明身份，敬请安心作答。问卷中的答案没有对错之分，反映真实情况对本调查结果的质量非常重要。请您认真阅读，并选择最接近您观点的答案。

问卷填写时间大概为 10 分钟。

再次对您的真诚合作致以衷心的感谢，祝您工作顺利，前程似锦！

吉林大学管理学院博士研究生

喻昕敬上

电子邮箱：58845887@ QQ.com

II 筛选题项与情境设置

1. 过去的六个月里，您是否有过网络购物的经历？［单选题］［必答题］

○是

请继续填写整份问卷。

○不是　　（请跳至问卷末尾，提交答卷）

请终止填写，提交问卷。

2. 在现实生活中，您可能会用到不同的网络平台来购买产品或者服务，如天猫、淘宝、京东、唯品会等，请选择一个您最熟悉的网络购物平台，并结合您在该平台上最近的一次购物体验来回答下述所有问题。

以下，我们用 A 来代表您选定的网购平台（如淘宝），B 代表您最近一次在 A 平台购物时所涉及的在线商户（如淘宝上一家卖优衣库的独立商户）

您本次所购买的商品类别是：［单选题］［必答题］
○家用电器
○手机、数码产品
○电脑、办公用品
○音像出版品
○服饰、箱包
○家居用品、化妆品
○食品、酒水
○其他（请指明:）_____

III　主体题项

1. 以下题项用于描述您本次购物体验中，对于商户 B 所呈现产品信息的视觉感受。［矩阵量表题］［必答题］

	非常不同意	比较不同意	一般	比较同意	非常同意
商户 B 提供的产品信息形式是多样化的，包括文字、图片、视频等	○	○	○	○	○
不同形式的产品信息（文字、图片、视频等），在内容上是相辅相成的	○	○	○	○	○

续表

	非常不同意	比较不同意	一般	比较同意	非常同意
商户 B 呈现的商品信息十分生动形象	○	○	○	○	○
商户 B 提供的商品信息很有趣	○	○	○	○	○

2. 以下信息用于描述您在本次网购过程中，所感知到网站设计的交互性。［矩阵量表题］［必答题］

	非常不同意	比较不同意	一般	比较同意	非常同意
在本次网购中，我与商户 B 是在一个双向平台中顺畅地交流	○	○	○	○	○
对于我提出的各种问题和疑问，商户 B 能快速有效地给予解决和答复	○	○	○	○	○
我在网购过程中，可以自行控制与商户 B 的交流互动	○	○	○	○	○

3. 以下题项用于描述在本次网购过程中，商户 B 提供的产品属性信息：［矩阵量表题］［必答题］

	几乎没有	有，但比较粗略	一般	比较详细	非常详细
商品的外观特性（如大小、颜色、规格等相关的参数特性）	○	○	○	○	○

续表

	几乎没有	有，但比较粗略	一般	比较详细	非常详细
商品的购买信息（如实时价格、原始价格、折扣信息、成交量等）	○	○	○	○	○
商品技术的相关信息（如品牌发展历史、产品发源地、供应商、专利技术等）	○	○	○	○	○

4. 以下题项用于描述在本次网购过程中，商家提供的与商品服务相关的信息：[矩阵量表题] [必答题]

	非常不同意	比较不同意	一般	比较同意	非常同意
商户 B 提供的商品使用指南很详实（如用法、用量、注意事项）	○	○	○	○	○
商户 B 提供了商品使用技巧（如收纳和清洗技巧、与其他商品配合的技巧）	○	○	○	○	○
总之，商户 B 提供的商品使用信息十分方便有效	○	○	○	○	○

5. 以下题项用于描述在本次网购过程中，与所购买商品相关的评价型信息：[矩阵量表题] [必答题]

	非常不同意	比较不同意	一般	比较同意	非常同意
平台 A 提供的与商户 B 信誉相关的信息非常详细（如信用评级、创店时间、联络方式等）	○	○	○	○	○
其他消费者对该商品的评价比较充分（如产品质量、与描述的相符程度等）	○	○	○	○	○
其他消费者对相关第三方物流的评价比较充分（如发货速度）	○	○	○	○	○
其他消费者的信息评价形式是多样化的，包括好评、中评、差评、追评等	○	○	○	○	○

6. 以下题项用于描述在本次网购过程中，与所购买商品相关的担保型信息：［矩阵量表题］［必答题］

	非常不同意	比较不同意	一般	比较同意	非常同意
本次网购享受消费者担保计划（如正品保障、假一赔十、七天无条件退货等）	○	○	○	○	○
一旦商品出现问题，商户 B 给出了明确的赔付信息	○	○	○	○	○
商户 B 提供的担保信息足以帮助我评估该商品的购买风险	○	○	○	○	○

7. 以下题项用于描述您在本次购物体验中，所感知到的社会临场感：[矩阵量表题][必答题]

	非常不同意	比较不同意	一般	比较同意	非常同意
商户 B 提供的信息让我不自觉地感到网站的商品仿佛就在我眼前	○	○	○	○	○
商户 B 提供的信息让我感到自己仿佛在真实的商城购物	○	○	○	○	○
商户 B 提供的信息让我有一种与人打交道的感觉	○	○	○	○	○
商户 B 提供的信息让我体会到温馨的感觉	○	○	○	○	○

8. 以下题项用于描述您在本次购物体验中，所感知到的社会临场感：[矩阵量表题][必答题]

	非常不同意	比较不同意	一般	比较同意	非常同意
浏览该商户的商品信息让我感到快乐	○	○	○	○	○
浏览该商户的商品信息让我感到轻松	○	○	○	○	○
浏览该商户的商品信息让我感到舒畅	○	○	○	○	○
浏览该商户的商品信息让我感到有趣	○	○	○	○	○

9. 以下题项用于描述您对商户 B 的信任感：［矩阵量表题］［必答题］

	非常不同意	比较不同意	一般	比较同意	非常同意
我认为商户 B 是值得信任的	○	○	○	○	○
我认为商户 B 提供的信息是真实可靠的	○	○	○	○	○
我觉得商户 B 对我是善意的	○	○	○	○	○
我认为商户 B 不会欺骗顾客	○	○	○	○	○

10. 以下题项用于描述您今后在商户 B 购买产品的意愿：［矩阵量表题］［必答题］

	非常不同意	比较不同意	一般	比较同意	非常同意
我很可能在 B 商户处购买商品	○	○	○	○	○
我倾向于在 B 商户处购买商品	○	○	○	○	○
如果有需要，我会优先考虑在商户 B 处购买商品	○	○	○	○	○
我将来会继续在商户 B 处购买商品	○	○	○	○	○

IV 背景题项

1. 您的性别？［单选题］［必答题］
○ 男

○ 女

2. 您的年龄？［单选题］［必答题］

○ 20 岁以下

○ 21~30 岁

○ 31~40 岁

○ 41~50 岁

○ 50 岁以上

3. 您的教育程度？［单选题］［必答题］

○初中及以下

○高中/中专/技校

○大专

○本科

○硕士及以上

4. 您目前从事的职业？［单选题］［必答题］

○全日制学生

○销售人员

○生产人员

○市场/公关人员

○客服人员

○人力资源

○行政/后勤人员

○财务/审计人员

○文职/办事人员

○管理人员

○技术/研发人员

○教师

○顾问/咨询

○专业人员（如会计师、律师、建筑师、医护人员、记者等）

○ 其他

5. 您的月可支配收入？［单选题］［必答题］

○1000 以下

○1000~2000 元

○2001~3000 元

○3001～5000 元

○5001～8000 元

○8000 元以上

6. 过去的 6 个月内，您的网购次数是：［单选题］［必答题］

○1～2 次

○3～5 次

○5～10 次

○10 次以上

7. 如果您对本研究的结论感兴趣，请您填写您常用的 Email 地址：［填空题］